宁大中文学术文库

丁 薇 著

TALMY

基于概念结构理论的"把"字句研究与偏误分析

BASED ON THE CONCEPT OF
"BA" STRUCTURE THEORY RESEARCH AND
ERROR ANALYSIS

中国社会科学出版社

图书在版编目(CIP)数据

基于概念结构理论的"把"字句研究与偏误分析/丁薇著.—北京：中国社会科学出版社，2018.12
ISBN 978-7-5203-0597-6

Ⅰ.①基⋯ Ⅱ.①丁⋯ Ⅲ.①"把"字-句法-研究 Ⅳ.①H146.3

中国版本图书馆 CIP 数据核字(2017)第 126535 号

出 版 人	赵剑英
责任编辑	任　明
责任校对	周　昊
责任印制	李寡寡

出　　版	中国社会科学出版社
社　　址	北京鼓楼西大街甲 158 号
邮　　编	100720
网　　址	http://www.csspw.cn
发 行 部	010-84083685
门 市 部	010-84029450
经　　销	新华书店及其他书店

印刷装订	北京君升印刷有限公司
版　　次	2018 年 12 月第 1 版
印　　次	2018 年 12 月第 1 次印刷

开　　本	710×1000　1/16
印　　张	19.25
插　　页	2
字　　数	268 千字
定　　价	75.00 元

凡购买中国社会科学出版社图书，如有质量问题请与本社营销中心联系调换
电话：010-84083683
版权所有　侵权必究

序　　一

　　诚如作者在本书"绪论"中所说,"把"字句是个复杂的句式。近一个世纪以来,学界对此付出了极大的研究热情,已取得相当丰硕的研究成果,但有些问题仍然存有争议,有些现象仍然不能很好地得到解释。例如"把"字句到底表示什么样的语法意义,"处置说"和"致使说"各执一端,更何况还有颇有说服力的"位移说"的解释。张旺熹曾经对1996年第1季度《人民日报》(577万字)的语料中收集来的2160个"把"字句进行统计,明确表示这些"把"字句中表示物体发生位移的VP结构就有一半,而它们又基本上以方位介词短语和趋向短语为补语标记。他还指出徐卡嘉统计了王朔小说(基本上为口语体)65万字的语料,其中介词短语和趋向动词作补语的比例也在一半左右。也就是说,"把"字句中有将近一半是和处所这个语义角色发生联系,和物体的位移发生联系,"位移说"就是建立在这样的基础上的。所以这么多年来,语法学家们对"把"字句的探索和研究从来没有间断过,任何版本的《现代汉语》教材中,"把"字句永远占据着汉语特殊句式中第一的位置。丁薇的《基于概念结构理论的"把"字句研究与偏误分析》一书,对于汉语作为母语的研究者和教学者来说,是一本值得一读的学术著作。

　　"把"字句是汉语中的特殊句式,这种句式在很多语言中都没有,例如在土耳其语、韩语、蒙古语等阿尔泰语系中,例如在英语、法语、俄语等印欧语系中,都看不到类似于"把"字句这样的表达方式。对一位教外国人学汉语的老师,能够真正地理解"把"字句的结构和用法已经是很难了,更何况教会学生使用好"把"字句。所以，"把"字句在对外汉语教学中一直是一个老大难的问题。怎么教、如何教对从事对外汉语教学的老师来说一直是一个头疼的问题。"把"字句在"语法等级大纲"中，从"甲级"到"丁级"都有，说明"把"字句的习得确实有一定的难度。"把"字句的语法项目的选取和排序如何体现出针对性来？如何充分考虑到不同的母语影响这个因素？如何设计和归纳出不同母语背景的学生习得"把"字句时的规则？如何在"把"字句教学中体现"从意义到形式"，体现"组装的语法"、"讲条件的语法"？上述这些问题可以说是整个对外汉语学界都在关注和思考的问题。丁薇的《基于概念结构理论的"把"字句研究与偏误分析》一书，更多地从对外汉语教学的实际情况出发，将"把"字句的本体研究和应用研究相结合，对于汉语作为第二语言的研究者和教学者来说，这更是一本值得一读的学术著作。

20 世纪语言研究形成了两大阵营：结构主义和功能主义。功能主义认为语言研究的中心问题是透过语境和功能来解释形式，句法不是自足的系统，而是由语义、语用、篇章、功能等因素构成，并可从这些因素中推导出来。但功能与形式之间的关系很难建立，功能解释中涉及到的许多概念也常常会有不同的解释。所以，功能主义和结构主义一样，在理论上都不是完美的，它们所提出的普遍原则其适用性都是有限的，即只具有相对的普遍性，不具有绝对的有效性，很难经得起语料的检验。在这样的理论背景下，这本著述以认知语义学为基础，引进 Talmy 的概念结构理论来分析"把"字句，事实上是存在一定风险的。但作者认为认知语言学比较关注语言之间的差异，注重形式上相似语句的意义差别，因此跟语言教学，包括外语教学和对外汉语教学比较贴近。概念结构理论对语义剖析细致入微，对意义与形式映射关系的研究以及语义和句法的分析，可以用来解释许多从语言内部解释不了的语言问题，可以指导二语学习者深入语言的深层概念体系，充分利用已有的经验知识和认知能力来理解语言，减少偏误。运用概念结构理论来研究汉语传统的"把"字句，反映了作者的学术目光，透视出作者研究作风上的执着和坚持，这些都是值得赞赏的。

作者深知"概念结构理论"的长处和短处，认为"外国人学习'把'字句时不能准确地把握'把'字句表达的语法意义，不能正确地掌握'把'字句在实际运用时的限制规则，因而也就不知道到底出错在哪里，为什么出错。由于对外汉语教学对象的特殊性，找到'把'字句偏误现象在认知上的共性则可大大提高教学的效率"。《基于概念结构理论的"把"字句研究与偏误分析》一书，以"HSK动态作文语料库""中介语偏误信息语料库""北京大学CCL现代汉语语料库""教材语料库"等语料库中大量语料为研究的出发点；运用相关句式的变换考察"把"字句特殊的语义和语用功能，把外国留学生和本族人对相同语义采用不同形式的表达进行对比，深入分析偏误成因；最后才力求对所出现的偏误现象作出认知上的分析和解释。这样的研究方法和研究思路避免了功能主义"很难经得起语料的检验"的弊病的发生。这使我想起我在一次研究生课上介绍西方现代语言学的研究态度时说过的一些话：西方现代理论十分欢迎语言研究中的"例外"和"反例"，认为与已有规则相矛盾的"例外"与"反例"是推动理论发展的动力，总是把已有理论放在"例外"和"反例"面前，接纳它们，研究它们，从中找出理论上的不足。读者阅读这部著述时，会深切地感觉到这种西方现代语言学研究方法的浸润和影响，会不由自主地接受作者给出的归纳和解释。

作者丁薇现就职于浙江宁波大学人文学院，这也是她大学就读的学校。能在自己母校工作，是人生的一大幸事。她博士毕业之后工作的单位原是宁波的另一所大学浙江万里学院，后来她才被宁波大学聘用。记得她去宁波大学工作前，曾经与我通过电话。宁波大学聘用条件和考核制度都很严格，我担心她在当时的情况下难以承担重压，但她表示愿意接受学术的"拷打"，愿意在宁波大学承受人生的"洗礼"。几年过去了，丁薇交出了一份在我看来尚属满意的答案，无论在学业上，还是在家业上，无论在教学上，还是在语法、方言的研究上，都取得了成绩，这是她一步一步走出来的，一点一滴积累起来的。

踏实，可以说是丁薇做人做学问的最大特点。丁薇性格平和，态度温柔，举止言谈彬彬有礼，毫不张扬，待人说话做事总是慢了半拍，因为她是一个慢性子的人。其实，这些都是表象，丁薇身上也有浙东人的一种"执拗"：认为是对的，一定会坚持；认为该做的，一定会拿出全力。哪怕起跑慢了，哪怕基点低了，哪怕时间迟了，只要还有希望，就要争取，就要去做。当初定论文选题时，丁薇征求过我意见，她知道做这样的论文吃力不讨好，事倍功半，但她最后还是坚定地选择了这个题目，在学术浮夸、人心浮动的当下，要有"定心"才能做得好这样的论文，丁薇是有很强的"定心"的。其实，在上面介绍著述的时候，读者也可以了解到，只有很执着、很坚持的学者，才能完得成这样的研究任务。荀子《劝学》中说，"不积跬步，何以至千里"，丁薇深谙其中之真谛也。

丁薇2005年在上海师范大学对外汉语学院攻读硕士学位，那一级有50多位同学。05级硕士研究生被称为"黄金级"，在学术研究上、在教学实习上、在中外互动、研本互动的活动组织上，在学院文艺汇演上，在考博就业上，这个年级都比其他年级好。在这个年级中，丁薇并不起眼，但她却获得了同学们给予的"知性姐姐"的雅号。所谓"知性"，是指"内在的文化涵养自然发出的外在气质"，全班30多位女同学，唯有丁薇独享"知性"称号。丁薇默默无闻地做了很多好事，例如她积极参加献血，而且是不记姓名，毫无报酬的社会献血；08年汶川地震，丁薇在学校捐款时并不出众，其实她已经在外面毫不声张地捐出了自己的当月生活费。丁薇就是这样一个人，不哗众取宠，不振臂高挥，朴素无华是她做人的本色，这种本色在著述中也是有所体现的。

丁薇博士毕业将近四年。记得2011年时，丁薇完婚，我送她和她的夫婿闫海福先生对联一副，上联为：三门越东采薇，奇葩沃土处置，典型文理结合，生儿育女，遂成连续统；下联为：一勾漠北观海，才子明州位移，致使南北交融，说情论缘，才知动因说。横批：把爱情进行到底。如丁薇在"后记"中所说，"对联巧妙地结合了我的博士论文中有关"把"字句的语法术语,并融汇夫妻双方的姓名和典故"。录入其上,让读者们更为深入地了解本书的作者,通过作者再深入地了解本书。

是为序。

齐沪扬 2017 年 4 月于浙江杭城

序　二

人类与其他动物——包括我们的近亲——灵长类的最大区别就在于拥有高超的语言能力和复杂的语言表达系统。运用语言是人类拥有的能力之一，语言能力是大自然赋予人类的最为珍贵的礼物。语言能力根本改变了人类表达和沟通的方式，促使我们创造了文化，提升了改造自然、创造财富的能力，也丰富了我们的心灵世界。语言还帮助人类传承知识，积累智慧，使得我们脱离了丛林，成了地球上最具智慧的群体。

人类关心并研究自己的语言，从有记载的文献算起，也有二三千多年了，语言研究的历史称得上是源远流长。一代又一代的中外学者孜孜矻矻，大师鼎立，硕果累累，流派如林。然而，语言是如何产生、演进的？语言与人的心智有什么关系？语法系统里的语素、词、句子、话语、篇章结构是如何组织起来的？这些问题依然没有得到很好的解决，它们不时搅扰着我们探索的灵魂，让我们不安，也让我们奋进……

在学习语言和观察孩子们获得语言的过程中，我愿意接受以下六点学术认识。这些认识可能不属于具体哪个人，但是，跟我的想法一致，我把它们表述如下：

1. 人类的语言能力来自大自然的进化，这种能力存储于人脑中的某个区域中，这方面的研究已经有了很好的成绩。我不是脑科学家，没有能力也没有机会去亲自研究，但是我相信这研究成果不是无稽之谈。

2. 人脑是人类心智的器官，举凡比较、概括、抽象、类推、联想、判断以及规则化、系统化等等能力都是心智的表现，哲学、心理学和逻辑学等领域所讲的人类的思维其实就是人类的心智。心智是人类与生俱来的，伴随着人的成长而成长。然而，语言却不是人类获得心智的前提，而是心智的表现，两者之间不具有必然的联系。许多动物都有很高的心智——如黑猩猩，但是它们的语言能力却很低。许多一出生就丧失语言能力的人，他们的心智不一定低于常人。

3. 人类具有产生语言、习得语言、储存语言、运用语言和传承语言的能力，但是语言本身却是人类创造出来的，语言是文化的一部分，它不是自然的产物。语言中的每一个音节、每一个词、每一个句子，都是我们创造出来的，这是人类心智的创举。我们可以想象，当我们的祖先说出第一个词（有音有义）、第一次把一个词跟另一个词连接起来，这是何等伟大的发明！一个部族的语言形成后，它不仅会成为全体成员的交际工具，而且也会具有传承功能，通过学习，一代一代地流传下去，并伴随使用这种语言的群体发展而发展、变化而变化、分化而分化、融合而融合、灭亡而灭亡。

4. 语言的形成和运行是通过人脑进行的。心智形成的概念转化为词、各种逻辑关系转化为各种词法和句法，无疑都是人类心智的综合运用。也就是说，语言是人类主观（心智）对客观（各种事物、事物的性质、行为、过程、关系等等）的反映，是人脑认知功能的充分体现。语言形成的过程就是人脑语言功能的逻辑设计过程，这种设计具有主观性、群体性（民族性）、区域性、时代性。与此相关的是，语言又会作用于心智，成为心智的一部分，会变成思维依赖的工具。我们在思考时，脑中就会运行语言网络，受过教育的人，甚至会出现词的书面形象。当然，人类是如何将心智跟语言结合起来的，我们所知尚少。所以，任何将语言与心智关联起来的研究，都是值得赞许的。但是，语言作为文化现象，它仅仅是心智的创造物，它依附于心智，表现心智，所以，语言可以千差万别，而人类的心智却基本一致。

5. 任何语言的语素、词、短语、单句、复句到成段的话，都是通过语法手段（规则）实现的，这些语法手段将不同的语言片段组织排列起来，形成有效的表达。但是，各个语言为什么可以这么说，也可以那么说，但是绝不可以这样说……，则是一种语言一个样，这就是所谓的"语言精神"。"语言精神"就是语言的文化属性的体现，它充分表现了不同语言群体创造语言的特性，这跟人脑的结构无关，跟群体的不同创造过程有关——就像各个民族设计的房屋不同一样。

6. 人脑的语言区域的神经结构和工作原理亟待有关学科取得突破，语言如何嵌入脑区并运行的机制也需要突破，但是，自然语言不会是脑区自然生长出来的。脑区是硬件，语言是软件，硬件有硬件的原理，软件有软件的原理，语言学的使命应该是为两者的结合研究铺路架桥，但绝对包打不了天下。

上述各点，涉及到脑科学、神经科学、心理学、哲学、逻辑学等诸多学科。这些学科于我来说，全是外行，没有下过任何功夫，阅读的文献也极其有限。我在这里之所以腆着脸，说了些不着边际的外行话，全是因丁薇的这部著作——《基于概念结构理论的"把"字句研究与偏误分析》引发的。

丁薇的这部著作借用了认知语言学的概念结构理论来分析汉语的"把"字句及外国学生学习把字句的偏误问题。概念结构理论涉及到了语言与心智的关系，就跟我上面概括的学术观点相关。因此，我啰嗦的那些话，不能全算无的放矢。

按照丁薇的梳理，"概念结构"由西方的语言学学者提出来的，是认识语言学的重要理论，与人类的心智有极大的关联，是在与客观世界互动的过程中形成的。在人的主观体验的基础上形成的概念结构对语言的结构具有相当大的影响，语言结构不过是概念结构的反映。语言跟人的主观看法、心理等因素有关。概念结构理论在研究过程中，提出了很多概念结构模式，包括语域、认知模式、意象图式、映射、心理空间等，也提出几个具有普遍意义的语言研究（主要在句法与意义方面）的范畴，如事件（Event）、状态（State）、实体（Thing）、路径（Path）、处所（Place）、特征（Property）等，其中

"事件"和"状态"是两个最基本的类别。这些范畴运用到语义与句法的研究中,取得了很好的成就。

丁薇接受了这一概念结构理论,并运用这一理论研究了汉语里一个富有特色的句式——"把"字句。"把"字句的研究本已广泛而深入,如果没有新理论的介入,很难再有新的突破,丁薇就是在这难以突破的背景下,借用概念结构理论,硬是取得了不少突破,让我们看到了"把"字句更多的深层的结构形式。我这里仅举出三点,就足以显示她的成功:

1. 丁薇在研究概念结构的过程中,获得了新的学术认知,形成了自己的研究依据。

丁薇在本书中提出不少自己对语言研究的看法,比如,语言是人的感觉器官对世界经验的认知加工,是主客观互动的结果。因此,语言教学应该基于学习者对语言概念的体验和认知。句法研究应从概念角度出发,考察语言的形式特征,从语法结构在表达概念结构中所具有的功能来解释语法结构。这样就可以诠释语言本质,在某种程度上也可以揭示人类大脑的思维方式和认知规律。

这些看法无疑都是她学习的心得,是支撑她研究"把"字句的理论基础。

2. 对把字句的进行了全新分类。

过往的研究对"把"字句的句型类别作了许多研究,概括出了许多不同的类型和句式,然而,丁薇根据概念结构理论,概括出了"把"字句的全新的类型并归纳了相关句型:

(1) 表达运动事件的"把"字句

句式1:S+把+N1+V 在/到/给/向/往+N2

句式2:S +把+N+V+(RC)+来/去(RC 为结果补语)

句式3:S +把+N+状语+V

(2) 表达状态变化事件的"把"字句

句式1:S+把+N+V+得+AP/VP

句式2:S+把+N+V+RC(结果补语)

句式3：S+把+N+V+（了）

（3）表达实现事件的"把"字句

句式1：S+把+N+V+得+AP/VP

句式3：S+把+N+V+RC

句式2：S+把+N+V+DC（趋向补语）

（4）表达廓时事件的"把"字句

句式1：S+把+N1+VP+了1+N2

句式2：S+把+N+VP+了1+2

句式3：S+把+N1+状语成分+V+着1

句式4：S+把+N1+V+着2

句式5：S+把+N1+V+过1/过2

句式6：S+把+V+下来/下去

这样的分类和句式归纳，无疑对把字句的认识有重要意义。

3. 对把字句作了重新分析，得出了前人没有看到的结构形式。

丁薇对四种类型的把字句及其句式都从概念结构理论角度予以重新分析，得出了全新的认识。比如她在对运动事件的把字句的分析中，运用概念结构理论提出的凸体（figure）、衬体（ground）、运动（motion）、路径（path）等范畴，对诸如"我把她抱进屋"，可以分析为：

［我 AMOVE 她 进 屋］主事件 + ［我抱她］副事件

这样的分析，无疑是我们认识"把"字句的新视角。

以上是丁薇突破的几个侧面，全是她的研究心得。为了不拉长篇幅，我就不多说了。我相信，读过这部著作的读者自会有各自的收获。

丁薇与我有师生之谊，2009年秋天，她放弃了在浙江大学从事的对外汉语的教辅工作，来到苏州大学读博。这之前，她已在上海师大跟随齐沪扬先生研究过现代汉语语法，并获得了硕士学位。本来我是没有资格也没胆量给丁薇当导师的，恰巧当时苏州大学获得了汉语国际教育的学位授予权，需要有人招收语言教学方面的博士生，因为我对语言教学有过一定的研究，这个任务就落在了我的肩上。就这样，因缘际会，丁薇成了苏州大学语言学与应用语言学语言教学研究方向的博士生。

丁薇在苏州大学的四年里，我们一起分享了学习中的种种苦与乐。作为导师，我对她研究的课题完全是外行，我努力去理解她引用的理论和诠释，阅读她翻译的外文资料，查勘她找来的语料库，倾听她研究过程中的郁闷与开心。丁薇聪颖过人，领悟能力极强，终于写成这部博士学位论文，并获得学界好评。

丁薇取得的成绩，我的贡献不能说一点没有，但是，主要的还应归功于齐沪扬先生的耳提面命。齐先生对丁薇的关怀，我感同身受；有齐先生帮忙，作为导师，我心里多少有点底气。我要真诚地谢谢齐先生！

以丁薇的聪慧和勤奋，其学术前景不可限量，我相信她会取得越越多的成果奉献给学术界，期待着！

是为序。

张玉来
2017年4月旅居韩国外国语大学中

中文摘要

目前，"把"字句的本体研究对有些现象不能作出很好的解释，体现在应用领域的一个局限就是不能很好地满足对外汉语教学的需要。由于对外汉语教学对象的特殊性，找到"把"字句偏误现象在认知上的共性则可大大提高教学的效率。本书以认知语义学为基础，引进 Talmy 的概念结构模式，将"把"字句这一复杂的宏观事件分为四种不同的事件类型，运用概念结构的限制条件、概念结构的句法显现原则，结合构式语法理论及类型学研究的相关理论，对"把"字句进行研究并解释中介语语料中相关的偏误现象。

第一章是绪论。介绍本书的选题意义、研究内容、研究范围和研究方法。

第二章分别从起源、语义、句法、语用、认知、类型学以及对外汉语教学和二语习得研究几个方面对前辈时贤的研究作了综述，找出需要深入研究的问题和突破口。

第三章介绍了概念结构理论，分析以往研究方法的不足，并指出概念结构理论对"把"字句偏误分析的指导意义。

第四章对表达运动事件的"把"字句进行了研究。对二语学习者易在此类"把"字句习得中出现的与概念结构相关的偏误现象作出了解释。得出的主要结论包括：动词遗漏现象的深层原因是不同语言的词汇化模式有差异；动趋式"S+把+N+V+（RC）+（来/去）"不能转换为 SVO 语序是因为受到了概念显现的形式限制；动介式"S+把+N1+V 给+N2"与"S+把+N1 给+N2+V+R"表达形式的不同是由于动词和路径之间组合的紧密程度不同；有关表达运动事件"把"

字句的衬体的偏误分析，验证了衬体显现的一个基本原则：不同的处所成分，也即衬体，凸显程度不同，它们一般与凸显程度相当的句法位置匹配。

第五章对表达状态变化事件的"把"字句进行了研究。运用概念凸显理论对"一碗饭就把他吃饱了"类句子进行分析，认为"*饭就把他吃饱"不成立，是因为"就"体现了一种说话人认为数量少的主观小量，与它所要凸显的概念成分必须匹配，因此使事中表主观小量的数量词不可缺少。

由状态变化事件中动词词汇化模式不同造成的偏误，是因为二语学习者不清楚具体的状态动词是否在目的语中也存在相应的词汇化使役形式。

状态改变事件"把"字句，其补语及其概念结构上的偏误体现在两类句式中：1."S+把+N+V+得+VP"的回避和偏误现象比较严重，很多句子可以和主谓宾句转换，误使二语学习者认为这两个句式等同。状态补语具有描写性，描写性的补语所代表的状态具体、信息量大、可预测性低，在认知上更突显，倾向于成为焦点。因此，从认知动因上分析，凸显的补语要求占据句尾位置，宾语必须前置。2."S+把+N+V+RC"句式中与概念结构相关的偏误现象及其解释分为三个方面：（1）衬体的凸显程度与句法位置不匹配。（2）路径衬体合并后的使动化造成偏误。（3）使事产生的影响方式与衬体所表达的事件结果不匹配。

我们还另设一节专门讨论了表心理状态变化事件的"把"字句，认为心理力作用的强度是一个由强到弱的连续统，作用力的强弱是能否构成把字句及其各类"把"字句比率不同的原因。

第六章分析了表达实现事件的"把"字句。首先，对实现事件中的动词进行了分析。按照语义类别分为：自身完成动词、未尽完成义动词、蕴涵完成义动词和充分实现动词，并结合"把"字句，对各类型动词在"把"字句中的使用情况和限制进行分析。接着，对表实现事件的把字句的三类下位句式进行偏误分析。句式"S+把+N+V

+RC"的偏误现象与补语的预期性有关，非预期结果的实现事件倾向选择"把"字句。"S+把+N+V+得+VP/AP"的偏误现象可以从概念结构中主事件和副事件之间的联系紧密性角度以及描写性补语的可预测性来解释。"S+把+N+V+DC"的偏误则是由于不清楚概念结构以及概念显现的形式限制。

第七章分析了表达廓时事件的"把"字句。分析了带时体标记"着"、"了"、"过"形成的"把"字句和"V+下来（时体）"、"V+下去（时体）"构成的"把"字句。时体标记"上"，"开"，"起"，"起来"不能构成"把"字句，这是因为它们表示起始。没有续段和结果，凸体受到的影响力小，因此凸显程度不高，不能显现在凸显程度高的"把"字句宾语位置。

在廓时事件中，主事件是廓定事件时体的事件，凸体与副事件的概念成分同指，因此主事件和副事件联系的紧密程度、事件的可预测性等原则都很难体现，故在其他三种事件类型中所使用的分析方法受到一定的局限。廓时事件概念结构的构成主要跟衬体所表示的时体意义及凸体所代表的事件类型相关，两者必须互相匹配。这一原则始终贯穿在各类表廓时事件的"把"字句的偏误分析之中。

关键词：偏误；事件；概念结构；限制条件；句法显现

Abstract

    Ba constructions, a special sentence pattern in Chinese, have almost no equivalent with similar forms and corresponding functions in any other language. In view of the particularity of the students of Teaching Chinese as a Foreign Language (TCFL), the teaching efficiency can be greatly promoted by means of a profound understanding of the cognitive commonality concerning the errors of *Ba* constructions in actual use. Within the framework of cognitive semantics, the present study introduces into the analysis the conceptual structure model proposed by Talmy. *Ba* constructions, the macro-event, are thus further divided into four different event types. Combining the theory of construction grammar and typological studies, this study explains the errors concerning *Ba* constructions in the interlanguage by means of analyzing the constraints and the syntactic manifestation of the conceptual structure.

    This thesis consists of seven chapters. The first chapter is an introduction, in which the significance, content and method of the study are included.

    Chapter Twois the literature review, which aims to identify the research questions and the breakthrough point of the present study by thoroughly reviewing the previous related studies of *Ba* constructions in such areas as the origin, semantics, syntax, pragmatics, cognition, typology, TCFL and Second Language Acquisition (SLA).

    Referring to the shortcomings of the current research methods, the third chapter introduces Conceptual Structure Theory and illustrates the significance of the theory in error analysis of *Ba* constructions.

Byanalyzing the *Ba* constructions expressing a motion event as the framing event, the fourth chapter explains the errors concerning the conceptual structure of the students of TCFL in their acquisition of such constructions. It is found that the reason behind the omission of the verb lies in the different lexicalization patterns of various languages. The verb-direction construction "S+*ba*+N+V+(RC)+(*lai/qu*)" cannot be transformed into the SVO word order due to the formal constraint of the conceptual manifestation; the formal difference between the two verb+preposition constructions of "S+*ba*+N1+V *gei* +N2" and "S+*ba*+N1 *gei* +N2+V+R" is caused by the different degrees of cohesion in the combination of the verb and the Path. Through error analysis of the Ground of the *Ba* constructions expressing a motion event as the framing event, a fundamental rule of Ground manifestation can be testified, namely, with different degrees of salience, different elements of location, or Ground, generally appear in the syntactic positions of the corresponding degree of salience.

Chapter Five analyzes such sentences as "*yī wǎn fàn jiù bǎ tā chī bǎo le*" under the guidance of Conceptual Salience Theory. The speaker uses *jiù* to express a subjective small quantity, which must be in correspondence with the concept it makes salient. Therefore, the sentence "*∗fàn jiù bǎ tā chī bǎo le*" is incorrect because the numeral-classifier expressing a subjective small quantity in the Agent is missing.

The errors can also be caused by the different lexicalization patterns of the verb in the event of state change. This is mainly because of the learners' unawareness of the corresponding lexicalized causative constructions of specific stative verbs in the target language.

The errors of the complement and its conceptual structure in the *Ba* constructions expressing state change as the framing event show themselves in two types of sentences. 1. The construction "NP1+*ba*+NP2+V+*de*+VP" is often interchangeable with SVO structure, which makes students of TCFL think they are completely equivalent. As a result, avoidance and errors concerning this construction prevails. The stative complement is descriptive, which tends to make itself the focus because of its specificity, informativeness, low predictability, and cognitive salience. Therefore, from the perspective of cognitive motivation, the salient complement tends to appear at the end of the sentence while the object should be pre-positioned. 2. The conceptual structure related errors in the construction "NP1+ba+NP2+V+RC" can be explained in three ways: (1) the salience degree of the Ground is not in correspondence with the syntactic position; (2) the errors are caused by the causalization after the combination of the Path and the Ground; (3) the influence the Agent exerts is not in correspondence with the result represented by the Ground.

Furthermore, one more section is provided to discuss the *Ba* constructions expressing mental state change as the framing event. The intensity of mentality is regarded as a continuum from the weakest to the strongest, which explains the formation and frequency of *Ba* constructions in language use.

Chapter Six analyzes the *Ba* constructions expressing realization as the framing event. The verb in the realization event is first classified semantically into the intrinsic-fulfillment verb, the moot-fulfillment verb, the implied-fulfillment verb and the attained-fulfillment verb, whose uses and constraints in *Ba* constructions are analyzed after that. The error analysis is then carried out in the three subordinate structures of the *Ba* constructions expressing realization as the framing event. The error in the construction "S+ba+N+V+RC" is related to the predictability of the complement because the realization event of the non-predictable result tends to be expressed by *Ba* constructions. Moreover, the errors in the construction "S+ba+N+V+de+VP/AP" can be explained based on the degree of cohesion between the major event and the minor event as well as the predictability of the descriptive complement. Finally, the errors in the construction "S+*ba*+N+V+DC" are mainly due to the unfamiliarity of the conceptual structure and the formal constraint of the conceptual manifestation.

Chapter Seven analyzes the *Ba* constructions expressing temporal contouring as the framing event, which refer to those constructed by the verb with such tense and aspect markers as "*zhe*", "*le*" and "*guo*", or by the verb-direction constructions "V+*xialai*" and "V+*xiaqu*" with the complement expressing tense and aspect. It should be noted that such tense and aspect markers as "*shang*", "*kai*", "*qi*" or "*qilai*" cannot construct the *Ba* constructions. These markers cannot manifest themselves in the object position of *Ba* constructions with the high degree of salience. This is because they can only serve as the expression of the beginning and cannot show the duration or the result of the event, which means the Figure does not receive much influence and therefore does not have a high degree of salience.

In the event of temporal contouring, the major event is the one with tense and aspect being contoured, where the Figure and the conceptual elements of the minor event are co-referential, and thus it is difficult to manifest the principles governing the degree of cohesion between the major event and the minor event as well as the predictability of the event. Therefore, the analysis employed in the other three event types cannot be completely applied to the event of temporal contouring. This is due to the fact that the formation of the conceptual structure in the event of temporal contouring is mainly associated with the tense and aspect expressed by the Ground as well as the event type represented by the Figure and that the two must correspond to each other. This principle is applied throughout the error analysis of all types of *Ba* constructions expressing temporal contouring as the framing event.

Key words: errors; events; conceptual structure; constraints; syntactic manifestation

目 录

第一章 绪论 (1)
第一节 选题价值 (1)
一 学术价值 (2)
二 应用价值 (2)
第二节 研究内容 (3)
第三节 研究范围 (3)
一 事件类型 (3)
二 句式类型 (4)
第四节 研究方法 (5)
一 全面的语料收集和语料分析 (5)
二 变换分析和对比研究的方法 (6)
三 描写和解释相结合的方法 (6)

第二章 "把"字句的研究综述 (7)
第一节 起源和发展研究 (7)
第二节 语法意义的争论 (9)
一 处置说 (9)
二 致使说 (10)
第三节 句法研究 (12)
一 构成条件 (12)
二 句式变换 (13)
第四节 语用研究 (15)
第五节 认知研究 (16)

第六节　类型学上的研究 …………………………………… (19)
　　第七节　对外汉教学和二语习得研究 ……………………… (20)
　　　　一　经验总结式的研究 ………………………………… (20)
　　　　二　实验调查下的研究 ………………………………… (21)
　　　　三　功能法影响下的研究 ……………………………… (23)
　　　　四　系统性和指导性的研究 …………………………… (24)
　　　　五　近年来的研究动态 ………………………………… (25)
　　第八节　小结 ………………………………………………… (26)
第三章　概念结构理论和偏误分析 ……………………………… (27)
　　第一节　理论背景 …………………………………………… (27)
　　　　一　概念结构的提出 …………………………………… (27)
　　　　二　语言学领域的概念结构 …………………………… (27)
　　第二节　已往研究的不足 …………………………………… (41)
　　　　一　传统语法 …………………………………………… (41)
　　　　二　转换生成语法 ……………………………………… (42)
　　　　三　格语法理论 ………………………………………… (43)
　　　　四　语义指向分析 ……………………………………… (43)
　　　　五　配价理论 …………………………………………… (44)
　　　　六　题元角色理论 ……………………………………… (45)
　　第三节　认知语言学理论的优势 …………………………… (46)
　　第四节　概念结构理论对"把"字句偏误分析的指导
　　　　　　意义 ………………………………………………… (47)
　　　　一　语义在偏误分析中的地位 ………………………… (47)
　　　　二　认知在偏误分析中的作用 ………………………… (47)
　　　　三　概念结构理论的指导意义 ………………………… (49)
第四章　表达运动事件的"把"字句与偏误分析 ……………… (51)
　　第一节　引言 ………………………………………………… (51)
　　第二节　运动事件和"把"字句 …………………………… (52)
　　　　一　语料统计 …………………………………………… (55)

二　事件分类和表达式 …………………………………… (55)
　第三节　事件角色的特点 ………………………………………… (56)
　　一　使事具有直接性、参与性和意向性 ………………… (57)
　　二　凸体具有位移性、他控性和凸显性 ………………… (58)
　　三　衬体具有方位性和具体性 …………………………… (58)
　第四节　使事和凸体的关系 ……………………………………… (59)
　　一　使事和凸体具有紧密的联系性 ……………………… (59)
　　二　使事对凸体具有较大的影响力 ……………………… (60)
　第五节　动词和"把"字句 ……………………………………… (61)
　　一　使移动词的分类 ……………………………………… (62)
　　二　动词使用情况和偏误分析 …………………………… (67)
　第六节　运动事件中的路径和"把"字句 ……………………… (73)
　　一　路径的概念和分类 …………………………………… (73)
　　二　路径和"把"字句 …………………………………… (74)
　　三　基于概念结构理论的偏误分析 ……………………… (74)
　第七节　运动事件中的衬体和"把"字句 ……………………… (83)
　　一　起点为衬体的"把"字句 …………………………… (84)
　　二　经过点为衬体的"把"字句 ………………………… (84)
　　三　终点为衬体的"把"字句 …………………………… (86)
　第八节　小结 ……………………………………………………… (91)
第五章　表达状态变化事件的"把"字句与偏误分析 ………… (93)
　第一节　引言 ……………………………………………………… (93)
　第二节　"把"字句和状态变化事件 …………………………… (94)
　　一　语料统计 ……………………………………………… (95)
　　二　事件分类和表达式 …………………………………… (95)
　第三节　事件角色的特点 ………………………………………… (96)
　　一　使事具有无意向性、多样性和具体性 ……………… (96)
　　二　凸体具有他控性和变化性 …………………………… (99)
　　三　衬体具有描写性和结果性 …………………………… (100)

第四节 使事和凸体的关系……（100）
 一 客观概念距离的大小……（101）
 二 主观概念距离的大小……（101）
第五节 动词和"把"字句……（102）
 一 动词的语义类别……（103）
 二 使动动词和非使动动词……（105）
第六节 动词的使用情况和偏误分析……（106）
 一 概念内容不当……（107）
 二 动词的类别未受限制……（107）
 三 不该用而用……（108）
 四 漏用动词……（110）
 五 词汇化模式存在差异……（110）
第七节 状态变化事件中的补语（衬体）和"把"字句…（112）
 一 表达状态变化事件"把"字句的补语……（112）
 二 基于概念结构理论的偏误分析……（116）
第八节 表达心理状态变化事件的"把"字句……（123）
 一 心理力的强弱和"把"字句……（124）
 二 心理力的方向和"把"字句……（126）
 三 概念的凸显对句式的选择……（129）
 四 结语……（130）
第九节 小结……（130）

第六章 表达实现事件的"把"字句与偏误分析……（132）

第一节 引言……（132）
第二节 "把"字句和实现事件……（133）
 一 语料统计……（133）
 二 事件分类和表达式……（133）
第三节 事件角色的特点……（135）
 一 使事具有意向性和具体性……（135）
 二 凸体具有他控性和变化性……（136）

三　衬体具有描写性和结果性……………………（136）
　第四节　使事和凸体的关系……………………………（137）
　　　一　客观概念距离的大小………………………（137）
　　　二　主观概念距离的大小………………………（138）
　第五节　实现事件中的动词和"把"字句………………（139）
　　　一　事件和动词类别……………………………（139）
　　　二　实现事件中动词的类别……………………（141）
　第六节　动词使用情况和偏误分析……………………（148）
　　　一　概念内容不当………………………………（148）
　　　二　动词的类别未受限制………………………（148）
　　　三　使事与动词的作用方式不匹配……………（151）
　　　四　该用"把"字句而未用………………………（151）
　　　五　词汇化模式存在差异………………………（152）
　第七节　实现事件中的补语（衬体）和"把"字句………（153）
　　　一　S+把+N+V+DC（趋向补语）及其概念结构相关
　　　　　的偏误分析…………………………………（154）
　　　二　S+把+N+V+RC（结果补语）及其概念结构相关
　　　　　的偏误分析…………………………………（159）
　　　三　S+把+N+V+得+VP/AP及其概念结构相关的偏误
　　　　　分析……………………………………………（169）
　第八节　小结……………………………………………（173）
第七章　表达廓时事件的"把"字句与偏误分析…………（175）
　第一节　引言……………………………………………（175）
　第二节　"把"字句和廓时事件…………………………（178）
　　　一　语料统计……………………………………（178）
　　　二　事件分类和表达式…………………………（178）
　第三节　事件角色的特点………………………………（180）
　　　一　使事具有非凸显性…………………………（180）
　　　二　凸体具有事件性……………………………（180）

三　衬体具有时间性 …………………………………………（181）
　第四节　"了"、"着"、"过"和"把"字句 ………………（181）
　　　一　"了"和"把"字句及其偏误分析 ……………………（181）
　　　二　"着"和"把"字句及其偏误分析 ……………………（187）
　　　三　"过"和"把"字句及其偏误分析 ……………………（192）
　第五节　"V上"、"V开"、"V起"、"V起来"和"把"
　　　　　字句 ……………………………………………………（196）
　　　一　"V上"、"V开"、"V起"、"V起来"和廓时
　　　　　事件 ……………………………………………………（196）
　　　二　"V上"、"V开"、"V起"和"把"字句 ……………（197）
　　　三　"V起来"和"把"字句 …………………………………（198）
　第六节　"V下来"、"V下去"和"把"字句 ………………（201）
　　　一　"下来"、"下去"和隐喻 ………………………………（201）
　　　二　S+把+V+下去（时体义）及其概念结构上的偏误
　　　　　分析 ……………………………………………………（202）
　　　三　S+把+V+下来（时体义）及其概念结构上的偏误
　　　　　分析 ……………………………………………………（206）
　第七节　小结 ……………………………………………………（208）
结束语 ……………………………………………………………（210）
参考文献 …………………………………………………………（213）
附录 ………………………………………………………………（232）
　自建语料库偏误例句 ……………………………………………（232）
　谓语中心为心理动词的"把"字句 ……………………………（244）
　心理动词中的通感隐喻探微 ……………………………………（258）
　谈对外汉语多义词教学 …………………………………………（267）
后记 ………………………………………………………………（276）

第一章

绪　　论

第一节　选题价值

"把"字句是个复杂的句式,近一个世纪以来,学界对此付出了极大的研究热情,已取得相当丰硕的研究成果,但有些问题仍然存有争议,有些现象仍然不能很好地得到解释。目前,本体研究上的研究还不能很好地满足对外汉语教学的需要。外国人学习"把"字句时不能准确地把握"把"字句表达的语法意义,不能正确地掌握"把"字句在实际运用时的限制规则,因而也就不知道到底出错在哪里,为什么出错。由于对外汉语教学对象的特殊性,找到"把"字句偏误现象在认知上的共性则可大大提高教学的效率。沈家煊(2011)在程琪龙《概念语义研究的新视角》一书的序言中指出"认知语言学比较关注语言之间的差异,注重形式上相似语句的意义差别,因此跟语言教学,包括外语教学和对外汉语教学比较贴近"。他认为跟生成语言注重形式、从形式出发相反,认知语言学注重从意义出发。现在讲意义比传统语法讲意义高明得多:在讲意义的同时不忽视形式,因为脱离语言的形式而谈语言的意义是没有意义的。赵金铭(1994)也提出针对外国人习得汉语的行为过程讲授语法,要注重意义,要从意义出发。因为外国人学习汉语、掌握汉语就是要按照一个句式表达出许多句子来,这是一个由意义到形式的生成过程。

本书以认知语义学为基础,引进 Talmy 的概念结构理论来分析"把"字句。该理论对语义剖析细致入微,对意义与形式映射关系的研究以及语义和句法的分析可以用来解释许多从语言内部解释不了的语言问题。它还可以指导二语学习者深入语言的深层概念体系，充分利用已有的经验知识和认知能力来理解语言，减少偏误。鉴于概念结构理论上述两个优点，本研究的研究价值体现在以下两个方面：

一 学术价值

丰富和完善汉语的句式研究。积极地探索句式的认知研究，为学界提供有益的启示。概念结构理论结合汉语的研究不多，也不系统，偶见对汉语动结式（宋文辉 2007）的分析，但还没有做到深入和系统。认知语言学认为语言结构直接反映概念结构（Langacker 1991），在人的主观体验基础上形成的概念结构对语言的结构具有相当大的影响，从这个平面出发来看语义和句法之间的联系，可以更好地说明问题，克服以往理论在"把"字句研究中的某些局限，对"把"字句的句法、语义和语用现象作出统一的解释。同时，本书也从另一个角度为概念结构理论提供汉语实例，促进类型学的研究。

二 应用价值

有效地介入对外汉语教学领域，深化语法知识及应用的认识。本研究在使"把"字句本体研究更全面、更细致的同时，也为其应用研究打开一扇大门，既使"把"字句的研究更加完整，又能为"把"字句的偏误分析和对外汉语教学增添新的研究视角。我们运用概念结构理论对"把"字句的偏误进行细致解析，一方面可以帮助我们发掘出语言现象背后的深层次理据，激发学生对语法的兴趣，提高学习的效率；另一方面可以最大限度地降低二语学习者的偏误率。通过深入而全面地分析那些由于深层次认知语义原因造成的偏误，从而增强教学的针对性和科学性，为教学内容的增设和教材编写提供理论依据，这也是本课题研究的更为深远的意义。

本书尝试以此为研究依据，将"把"字句的本体研究和应用研究相结合，希望通过这样的研究方式对二语学习者理解和正确使用该句式有所裨益，也希望通过我们的研究加深对"把"字句语法知识及其应用的认识。

第二节 研究内容

我们将"把"字句这一复杂的宏观事件分为四类不同的事件类型。

1. 表达运动事件的"把"字句
2. 表达状态变化事件的"把"字句
3. 表达实现事件的"把"字句
4. 表达廓时事件的"把"字句

首先，从总体上分析各类"把"字句中的事件角色的特点，以及它们相互之间的关系。其次，分别对事件角色在相应的"把"字句中的使用情况进行描写。最后，运用概念结构相关理论，并结合构式语法理论及类型学研究的相关理论，对中介语语料库中汉语学习者在这四类事件的"把"字句中出现的相关偏误现象作出解释。

第三节 研究范围

一 事件类型

Talmy（2000）认为宏观事分五类：运动事件、状态变化事件、实现事件、时间廓清事件和行为相关事件。本书的研究范围主要包括与"把"字句相关的四类事件，运动事件、状态变化事件、实现事件和时间廓清事件。从认知的角度出发，Talmy（2000）认为其他几类事件与运动事件具有相同的概念化模式（conceptualization），他指出实现意义涵盖了状态改变。严辰松（2005）认为运动事件中表达事物最终结果的"到达、离开、进入"等同样也是"实现"。为避免交叉内容的重复，本书将"把"字句中的状态改变事件和运动事件中表示到达的事件独立于实现事件之外。

二 句式类型

现代汉语"把"字句的句式，各家有不同的分类。范晓（2001）按照谓语的内部特征分为十类：①光杆动词式②动体式③动结式④动趋式⑤动介式⑥动宾式⑦动得式⑧动量式⑨动副式⑩状动式。吕文华（1994）从对外汉语教学的角度出发，按照语义类型分为6类，共19个下位句式。肖奚强等（2009）从动词构造入手，结合语义类型和本族语的使用频率分为5类，共12个下位句式。

本书结合概念结构理论来研究"把"字句，并解释中介语语料中的相关偏误现象。主要涉及不同事件类型中使用频率和偏误频率相对较高的"把"字句下位句式，如下：

(一) 表达运动事件的"把"字句

句式1：S+把+N1+V 在/到/给/向/往+N2

句式2：S +把+N+V+（RC）+来/去（RC 为结果补语）

句式3：S +把+N+状语+V

(二) 表达状态变化事件的"把"字句

句式1：S +把+N+V+得+ AP /VP

句式2：S +把+N+V+RC（结果补语）

句式3：S +把+N+V+（了）

(三) 表达实现事件的"把"字句

句式1：S +把+N+V+得+AP/VP

句式3：S +把+N+V+RC

句式2：S +把+N+V+DC（趋向补语）

(四) 表达廓时事件的"把"字句

句式1：S+把+N1+VP+了$_1$+N2

句式2：S+把+N+VP+了$_{1+2}$

句式3：S+把+N1+状语成分+V+着$_1$

句式4：S+把+N1+V+着$_2$

句式5：S+把+N1+V+过$_1$/过$_2$

句式6：S+把+V+下来/下去

受语料所限，我们对每类事件中使用频率相对较低的句式，如连谓"把"字句、"S+把+N+V（一/了）V"等句式尚未涉及，将在今后的研究中完善。

第四节　研究方法

一　全面的语料收集和语料分析

（一）偏误语料来源：

1. HSK 动态作文语料库（http：//202.112.195.192：8060/hsk/login.asp），此语料库中的语料是外国留学生在等级考试状态下而写作的作文语料，以书面语为主。由于考试心理和时间等因素的干扰，不能全面反映外国人真实使用"把"字句的水平。

2. 南京师范大学中介语偏误信息语料库，由语料库建设方抽取并提供初、中、高每级各20万字，共60万字的语料。此语料是外国人在常态下使用的"把"字句，弥补了 HSK 动态语料库的缺陷，语体也较全面。

3. 苏州大学海外汉语学院、上海师范大学对外汉语学院留学生课堂、课下的造句和作文语料。此类语料为研究者提供了面谈的机会，便于直接了解偏误的原因。

（二）本族语语料来源：

1. 北京大学 CCL 现代汉语语料库

2. 厦门大学国家语言资源监测与研究中心教育教材语言分中心的教材语料

使用频率和使用正确率与教材中的学习内容和使用频率有关，此中心收录了目前对外汉语教学中具有权威性、使用较广的几部对外汉语综合教材。这些教材中的"把"字句为语言的使用频率和正确率提供了数据证明。

对上述语料采用定性分析和定量分析结合、正确语料和偏误语料分析相结合的方法。

二 变换分析和对比研究的方法

本书运用相关句式的变换考察"把"字句特殊的语义和语用功能；把外国留学生和本族人对相同语义采用不同形式的表达进行对比，深入分析偏误成因。

三 描写和解释相结合的方法

在对相关事件类型的语法偏误现象进行全面描写的同时，本书力求对偏误现象作出认知上的分析和解释。

第二章

"把"字句的研究综述

自黎锦熙(1924)指出介词"把"的作用是将动词的宾语前置之后,学界对"把"字句进行了将近一个世纪的研究。研究面之广,涉及理论之多,很难找得到与其相并论的句式。"把"字句的研究主要涉及以下几个方面:探源和发展、构成研究、语法意义研究、语用特点研究等。进入21世纪后,随着认知语言学的兴起和发展,相关理论也逐渐被运用到"把"字句的研究上来,语言研究者们纷纷开始尝试运用具有解释力的理论和方法来解决"把"字句的许多问题。而对外汉语教学的蓬勃发展也推动了"把"字句在教学和二语习得方面的研究。

第一节 起源和发展研究

学界认为"把"字句来源于"把"构成的连动式的主要以祝敏彻(1957)、王力(1958)、贝罗贝(1989)为代表。他们认为"把"字句是由"将"和"把"虚化而来,大约发生在唐代初、中期。P. A. Bennett(1981)、陈初生(1983)却认为,在古汉语中"把"字句还有更早的形式,即"以"字结构。因为他们发现"以"字的提宾形式在西周金文中就出现了。梅祖麟(1990)对唐宋的处置式作了全面的考察之后,得出"把"字句有三种来源:先秦"以"字句、受事主语句前加"把"字以及由连动式省略重复的第二个宾语。他将唐宋时期的处置式分为双宾语结构、动词前后带其他成分和单纯动词居末位等三类,对这三类处置式的详细的形成途径进行了讨论。

他的这个观点并没有被广泛接受，尤其是"在受事主语前加'把'字是处置式产生占主流的一种"这一观点被蒋绍愚否定。蒋绍愚（1999）认为"把"的宾语是施事或当事的"把"字句来源于"将/把"引进工具语的连动式。上世纪 90 年代集中出现了一批探讨"把"字句的来源和语义演变的文章，如章也（1992）的《汉语处置式探源》、姚晓丹（1993）的《试论处置式的产生与发展》、杜敏（1996）的《早期处置式的表现形式及其底蕴》以及俞光中、植田均（1999）的《把字句》等。

　　进入 21 世纪后，"把"字句的探源问题继续开展。与以往不同的是研究的思路更宽广、研究方法更加多样化，并且学者们力求对相应问题作出合理的解释。石毓智（2001）从"动词拷贝"格式来探究"把"字句的起源和发展；吴福祥（2003）提出汉语处置式的产生与演变经历了一个连续发展的过程，即"连动式>工具式>广义处置式>狭义处置式>致使义处置式"。他把广义处置式（处置到）看作典型范畴，"动作—位移"视为处置式的原型语义，而其他 3 种句式语义则看作由这个原型语义递相派生而来。孙朝奋（2005）运用主观化理论探讨了现代汉语"把"字句。他认为在近代汉语中，"将/以"为第一动词的连动式经过与信息机构的相互作用为现代汉语"把"字句增加了因果关系的含义，是现代汉语"把"字句表示命题状态改变的来源，这也是一个语法化类推的过程。刘培玉（2009）描写了"把"字句在唐、宋、元、明时期的结构类型和主要特点，认为随着"把"字句从早期结构比较简单的单动核结构发展为带动补结构的双动核结构，产生了"把"后宾语是施事的"把"字句。刘子瑜（2009）考察了从六朝至清代处置式带补语的历时发展情况，对述补结构进入处置式后对处置式语法化的影响及原因从历时角度作了初步的解释，认为述补结构的出现促使了处置式的定型化，并推动了处置式完成语法化的过程。

第二节 语法意义的争论

一 处置说

关于"把"字句的语法意义,最具影响力的是王力(1943)的"处置说"。"就形式上说,它是一个介词性的动词'把'字把宾语提到动词前面;就意义上说,它的主要作用在于表示一种有目的的行为,一种处置。"王力的处置说是从动词的处置义理解处置的,这类"把"字句处置意义明确,谓语动词具有意志性,例如"他把房子卖了"、"你把屋子打扫打扫"等。

"处置说"之所以被广泛接受是因为"把"的宾语在语义上通常是受事,带有处置意义的"把"字句占了多数,这种提法也比较符合人们对大部分"把"字句的语感。但"处置"常常被认为是人的有意识的有目的的行动,因此一些语法学家(如吕叔湘1948、胡附和文炼1955、梁东汉1958)认为有些"把"字句不能理解为处置,例如:墙上那枚钉子把我的衣服撕破了。之后,又有不少学者从不同的侧面、不同的研究角度对"处置说"进行了补充和改进,他们称之为"广义处置说",这是从语法角度来理解处置。持广义处置说的有王还(1957)、潘文娱(1978)、宋玉柱(1979、1981)、马真(1981)等。王还(1984、1985)和宋玉柱(1996)进一步探讨了动词的处置性、动词的前后成分、"把"字的引申用法。他们认为所谓的"处置"是一种语法处置,而非逻辑上的处置,不能简单地理解为人对某事物的处理,而应理解为句中谓语动词所代表的动作对"把"字介绍的受动成分施加某种积极的影响,以致往往使该受动成分发生某种变化,产生某种结果,或处于某种状态。因此,"处置"实际上是指动词与受动成分之间的关系,它并不一定是主语所代表的人或事物的一种有目的的行为。沈家煊(2002)从句子的主观性角度理解处置,认为"把"字句的句式语义是表达一种"主观处置",

这是一种语用表达层次上的解释。张济卿（2000）认为"把"字句的处置义直接来自"把"字。王红旗（2003）也结合了介词"把"具有"控制义"的语法意义和"把"字前后名词的施受关系，将处置理解为"控制性的致使"。但是他没有区别概念世界里的处置与致使。范晓（2001）从语用义的角度提出"把"字句表"处置"和"使动"。刘培玉（2009）又提出"语法处置"，他把"处置"分为"语法处置"和"逻辑处置"两种，实际上这也就是"广义处置"和"狭义处置"的区分。

我们认为处置说的一个问题是"处置"并非"把"字句所特有的语法意义。凡是带受事性宾语的句式都有处置意味，如一般主动句"我打破了那只玻璃杯"也表示处置意义。所以"处置"义是由动词跟名词的语义关系决定的，它并不是由句式决定的。

二 致使说

不同于"处置说"的观点是"致使说"。早在1933年黎锦熙就指出："有以'把'字提'使动'之宾者——使性在'动'，非由'把'有使义"，之后诸多语法学家对"处置"提出了质疑，此不赘述。

薛凤生（1987）认为"把"字句（A 把 B+C）表示"由于 A 的关系，B 变成 C 所描述的状态"。持类似观点的还有邵敬敏、崔希亮、杨素英、郭锐和叶向阳等。邵敬敏（1985、2000）认为各种"把"字句共同的语法意义是"表示由于某种动作或某个原因，使 O、S 或 S（VO）获得某种结果，或使动作达到某种状态"；崔希亮（1995）认为"VP 是一个描述性语段，其功用在于说明 B 在某一行动的作用下所发生的变化"；金立鑫（1997）将"把"字句分为结果、情态和动量三类；杨素英（1998）认为"把"字句表现某物、某人、某事经历一个完整的变化过程，或者有终结的事件；从"句式语法"的角度重新概括"把"字句句式语义的是张伯江（2000），他将其概括为"由 A 作为起因的，针对选定对象 B 的，以 V 的方式进行的，使

B实现了完全变化C的一种行为。"以上几类句式义中，虽然没有明确提出"致使"这个概念，但都蕴含了致使义。

明确用致使义来概括"把"字句的语义是叶向阳（1997、2004）和郭锐（2003），他们是"把"字句表致使这一观点的主要提倡者，认为"把"字句的语义核心就是"致使"，并指出"把"字句一定包含被使事件，"把"的宾语为被使事件的主体论元。郭锐（2003）认为，"把"字句的语法意义是"致使"，其语义构造为：致使者（NPa）+把+被致使者（NPb）+致使事件谓词（V1）+被使事件谓词（V2）。郭文认为"把"字句是由两个小句的并合派生而来的。郭文还将"把"字句分为分析型和综合型两类，前者如"他把衣服洗干净了"，其致使事件可以分析为"他洗衣服→衣服干净"。后者如"他把你扭送派出所"、"把马遛遛"。综合型也可以分析为"某人扭送你→你到派出所"、"某人遛马→马解除疲劳"，后例中的被使事件是"隐含"的，这也说明了"把"字句的致使性是句式赋予的，而不是由VP带来的。

用致使义来说明"把"字句的基本语义，其优点在于可以将"把"字句的语义统一起来：那些所谓表"处置"的"把"字句可以统一为有意志力参与的致使，而那些不能用"处置"解释的"把"字句则是无意志力参与的致使。用致使义来说明"把"字句的另一个优点在于它可以更好地解释"把"字句在形式上的特点以及为何有些"把"字句不成立，这也有利于"把"字句的应用研究，尤其在对外汉语教学研究中的应用。李大忠（1996）指出外国人对"把"字句的"处置"概念本身就很难以理解，因为它太概括，再加上"把"字句的"处置"性在类型学中少见①，给学习者造成了一定的难度。而致使义更具类型学上的普遍性，语义构造也易于形式化，便于操作和理解。

---

① 张敏指出汉语把字句的"处置"性（Disposal），只能在汉语和非洲斯瓦西里语两种语言中找到。

第三节 句法研究

一 构成条件

吕叔湘开创了"把"字句条件限制研究的先河,他提出"行为动词说"、"宾语有定说"和"谓语复杂说","三说"影响深远。此后有关"把"字句构成条件的研究分为两个时期。

前期主要指 20 世纪 80 年代,这个时期的研究属于静态研究,通常是孤立地分析"把"字句结构中的成分。

1. 动词研究。如郭德润(1981)《"把"字句的动词》,专门研究"把"字句中的动词问题。

2. 宾语研究。如王还(1985)《"把"字句中"把"的宾语》、程仪(1983)《浅谈"把"字句状语的位置》等,专门讨论了"把"字句中的宾语问题。

3. 状语研究。如李增吉(1992)《试谈"把"字句中其他状语的位置》,专门讨论了"把"字句中的状语问题。

当然,这一时期也有将"把"字句结构中的相关成分联系起来进行分析考察的研究。如宋玉柱(1981、1988)《谓语另带宾语的"把"字句》和《关于述语为"进行"的"把"字句》、王惠(1993)《把字句中的"了"、"着"、"过"》、吴继章(1994)《含介词的把的连动式》等。

90 年代后期以来,学界对"把"字句的构成条件研究更加注重运用联系的观点,研究角度也更加全面。

杨素英是国内从动貌出发研究"把"字句的第一人,他认为"把"字句是一个表现某物、某人、某事经历一个完整的变化过程,或者有终结的事件[①],参照这一语法意义,他指出只要给动词提供一

---

① 杨素英:《从情状类型来看把字句(下)》,《汉语学习》1998 年第 3 期。

个表示终结点的成分,并能对"把"的宾语以影响的动词都可以用在"把"字句里。

范晓(2001)结合配价理论研究进入"把"字句的谓语中心动词。他结合句式和动词之间的关系研究,认为并不是任何动词都可以进入"把"字句,即使能够进入"把"字句也不是都能进入"把"字句的任何句式。动词的语义特征和动词补语的语义指向会影响"把"字句的成立与否。

刘培玉(2006)考察了动词的类别,从语义、语用和整个句式三个角度研究限制动词进入"把"字句的限制因素。

郭燕妮(2008)从致使义"把"字句的整体意义出发研究宾语的性质特点,研究发现在致使"把"字句中,作为施事或当事的"把"后宾语具有"原型受事"的"非意志性"、"变化性"和"受动性"的特征。这是她借鉴"原型施事"和"原型受事"理论分析得出的结论。

二 句式变换

20世纪70年代末至80年代中期,随着转换语法和格语法理论的引进,一些语法学家把注意力集中在"把"字句内部深层语义联系和"把"字句与其他句式的变换关系及条件限制,主要有以下五类句式。

1. 与主谓宾句的变换

傅雨贤(1981)考察了九类能直接变换为"S+P+O"句式的"把"字句,同时也考察了八类不能直接变换的为"S+P+O"的"把"字句,研究认为变换是否成立的关键因素是动词谓语后是否存在非人称名词的宾语,如果动词谓语后不存在非人称名词宾语的句子,不管其谓语动词形式如何,一般都可以直接变换为"S+P+O"句式。

2. 与使字句的变换

徐燕青(1999)运用语义指向分析法分析"把"字句,她认为

"把"字句变为使字句的关键在于句中谓语动词的语义指向,谓语动词的语义指向宾语,则"把"字句可以变换为使字句,否则不能转换。

3. 与被字句的变换

"把"字句和被动句多数情况下可以互换,也有少数转换不成立。饶长溶(1990)认为"把"字句和被字句是两个反向对应关系的句式,这便为被字句和"把"字句互相变换提供了可能性,这一看法一些学者并不赞成。郑定欧(1999)认为"在各类相关的补足语标记当中,都可以找到可变换与不可变换的例证"。郑文认为多数被动式可以变换为处置式,是一种语言直觉,而不是一种可以验证的量化结果。

4. 与动补式的变换

詹开第(1983)和郑定欧(1999)分别从正反两个角度研究了"把"字句和动补式的变换问题。詹开第(1983)从语义指向的角度描写可变为"把"字句的动结式,共分为四类:1. 补语的语义指向是宾语的动结式句;2. 补语的语义指向是主语的动结式句,不过变换后的"把"字句,"把"的宾语是动词的施事,补语的系事;3. 动词和补语是及物动词,宾语是补语的受事的动结式句;4. 动词是不及物动词,补语是"忘、亏、赔、误"等少数几个及物动词,宾语是补语的受事的动结式句。郑定欧(1999)从不能变换的角度论述这一问题,他认为有三种"把"字句不能变换为动补句,一是主语为受事的"把"字句,二是主语为动词性的成分或小句的"把"字句,三是结果标记是名词性成分的"把"字句。

5. 与重动句的变换

黄月圆(1996)讨论了"把"字句和重动句之间的关系,认为两者之间不存在变换关系。周海峰(1998)则认为这两种句式之间不存在严格的互补关系。郑定欧(1999)对这一问题作了进一步的研究,认为"把"字句与重动句之间并不存在彼此绝对的互相排斥的情况,有条件的变换是客观存在的,这个观点与周海峰所持观点相同。王红旗（2001）指出动结式述补结构在"把"字句和重动句中的分布不相同，这与补语的语义指向有关。动结式补语指向动词的受事，则只能进入"把"字句；如果补语的语义不指向动词的受事，动结式则只能进入重动句。但这个结论有附加的规则，即补语表示对行为的评价，受事名词短语就可以进入"把"字句宾语的位置。

第四节　语用研究

"把"字句的语用研究，体现在对主题和焦点的争论、语境特征及篇章限制的分析以及语体和话语功能上研究。

曹逢甫、薛凤生（1987）都认为"把"字句有两个主题，所不同的是薛凤生认为把的宾语是首要主题，"把"字句的主语是次要主题，而曹逢甫认为"把"字句的主语是第一主题，"把"的宾语是第二主题。我们认为，"把"字句的主语有时可看作主题，但将"把"的宾语看作主题不完全符合事实，因为有些"把"字句中"把"宾语的后面成分没有对其进行陈述或说明，如"他把我看了一眼"。

宋玉柱（1991）认为"把"字句的焦点在句尾，金立鑫（1997）认为"把"字句的焦点应是"把"后宾语，夏齐富（1998）则认为确定焦点的位置不应当一刀切。我们认为这个问题要区别静态和动态的不同。在静态层面，"把"字句的焦点在句尾；在动态层面，"把"字句的各个成分都可能成为焦点。

张旺熹（1991）从篇章角度考察了"把"字句的语境特征，认为把字结构在实际语用中处于一个因果关系的意义范畴之中，即由于某种原因而需要执行某种特定的手段以达到一定的目的。金立鑫（1993、1997）研究了篇章因素对"把"字结构的制约，认为"当前接句中有成分与后续句的宾语同指时，后续句有使用'把'字句的倾向，句法强制性要求宾语必须提前，而上下文语境又要求宾语不能居于句首，因此它只能处在主语之后。由于这些因素，必然造成对'把'字句的选择。"金立鑫的观察不能对所有"把"字句的使用条件作出解释，而他的有关"说话人的风格和爱好"则带有一定的主观性。

范晓（2001）认为"把"字句的语用义有两种：处置和使动。并认为表处置的"把"字句的"把"不能换成"使"，表使动的"把"字句的"把"可换成"使"。

李宁、王小珊（2001）从语用学的言语行为理论来分析"把"字句的语用地位。他们调查观察了大量的语料，分析了"把"字句在话语中的功能，认为"把"字句的主要语用功能是阐述、表达、指令、宣告的语用功能次之。

张姜知（2012）结合语料统计的方法，从语体角度考察"把"字句宾语，得出操作语体中表通指的"把"字宾语相比其他语体要占多数，并且这类宾语不能是无定的。

第五节　认知研究

"把"字句的认知研究伴随认知语言学的兴起和发展而开始，但目前研究成果不多。张伯江（2000）和沈家煊（2002）从构块语法的整体意义出发来研究，对"把"字句句式语义的探讨让人耳目一新。张伯江（2000）运用 Dowty（1991）的"原型施事"和"原型受事"的各种特征进行测试，得出"把"字句的宾语具有"自立性"和"位移性"的特征，而主语具有"使因性"的特征。同时，他还借助认知心理学的"顺序原则"、"相邻原则"和"数量原则"说明并解释了"把"字句各个特征之间的联系，提出"把"字句是表达说话者追究责任语义的一种合适句式。他还根据句法象似性（iconicity）的顺序原则，通过分析得出了句式"A 把 BVC"的整体意义，即"由 A 作为起因的、针对选定对象 B 的、以 V 的方式进行的、使 B 实现了完全变化 C 的一种行为。"沈家煊（2002）从整体上把握"把"字句的语法意义，认为"把"字句的语法意义是主观处置，即说话人认定主语甲对宾语乙做了某种处置。沈文从说话人的情感、视角和认识论证了"把"字句的主观性，解决了关于处置问题的诸多争论，深入人心。但"把"字句是如何通过自身的特点来表达主观处置呢？

张旺熹（2001）统计了实际语料《人民日报》中的"把"字句，分析得出"把"字句体现了一个以空间位移为基础的意象图式及其隐喻系统的结论。他认为典型的"把"字句凸显一个物体在外力作用下发生空间位移的过程，这种空间位移过程的图式又经隐喻形成"把"字句的系联图式、等值图式、变化图式和结果图式。毋庸置疑，空间位移是人们的基本认知域之一，经过隐喻扩展之后构成了各种变体图式。典型的"把"字句凸显一个空间位移，但"把"字句又是如何凸显这种概念？

高立群（2004）通过实验，研究了构成"把"字句空间位移图式的认知表征机制，实验结果显示被试对"把"字句中受事起点的再认反应时间要比非"把"字句的长，这也表明了在读者的认知过程中，"把"字句的空间位移图式具有心理现实性。这个实验结果也支持了张旺熹的有关"把"字句的空间位移图式理论。

张黎（2007）从认知类型学的角度提出"把"字句是"事象界变的解析性陈述式"的观点，他认为在承受动作的作用之下，"把"字句的 N2 后必定是一个变体，N2 无变化，"把"字句不成立。如：

  a.？小王没把书还了。（张黎 2007）
  b.？小王没把杯子打碎了。（同上）

"事象界变的解析性陈述式"的看法从一个独特的视点揭示"把"字句性质。不过，例 a、例 b 不自然，是由于"没"和"了"的共现。两句改为"小王没把书还给我"、"小王没把杯子打碎"句子就合法了。

郭燕妮（2008）借鉴"原型施事"和"原型受事"的理论，基于对致使义"把"字句的结构特征的分析，对其整个句式语义进行探讨,研究发现致使义"把"字句中作为施事或当事的把字宾语具有"原型受事"的"非意志性"、"变化性"和"受动性"的特征,这说明句子的成立与否要受到相关条件的制约;郭文还运用认知语言学理论分析了致使义"把"字句的语用价值,指出致使义"把"字句是表达不如意、追究责任这一语义的适宜句式。

牛保义(2008)以Langacker认知语法的语法配价理论为指导,基于"把"字的语义及其贡献,探讨了"把"字句的语义生成机制。牛文认为一个"把"字句的语义就是"NP1把NP2"和"NP2+VP"的整合。他从"把"对"把"字句的语义贡献出发,将"把"字句的语义概括为"NP2在NP1的掌控下,接受或执行了VP所表示的动作或处于VP所表述的状态"。文章还分析了这一语义框架建构的动因是V凸显的次结构和"把"凸显的次结构之间的对应关系。

席留生(2008)对"把"字句从认知上作了研究,主要结论有:"把"字句的语义表现为一个从核心到边缘的连续统,其核心义表现为结果义;"把"字句的语法知识可以看作是由不同典型性和抽象性的"把"字句构块图式构成的网络结构;"把"字句的主观性是说话人在识解关系中视点和角色的调节与"把"字虚化的语义相融合的结果。以往研究更多地着眼于句式对成分的限制,席文则探讨了成分对语义的贡献,让人耳目一新。

齐沪扬(2010)运用认知语法中的距离临摹动因、标记理论、凸显理论对带处所宾语的"把"字句中处所宾语省略与移位的制约因素作了分析和解释。齐文认为距离临摹动因、VR的复杂化程度、L的语义性质、动词移动性功能等因素共同促进了带处所宾语的"把"字句"S+把+O+VR+L"句式中处所宾语的省略和移位。这种综合运用各种认知理论来全面解释一个语法现象的研究值得借鉴和学习。

从上述研究来看,我们可以看到"把"字句在认知上的研究虽已展开,相对于其他理论领域,认知理论背景下的"把"字句研究相对较少,开展的研究目前尚显薄弱。随着研究的深入,学者们越来越认识到认知语言学理论强大的解释力,尤其是在语言应用领域,例如在语言教学中合理利用认知语言学理论，可以指导二语学习者深入语言的深层概念体系，充分利用已有的经验知识和认知能力来理解语言，减少偏误，习得二语。

第六节 类型学上的研究

现代语言类型学自20世纪60年代发端以来，经半个多世纪的发展，产生了丰富的成果，逐渐成为当前语言学领域中影响最深广的语言理论之一，并越来越深地影响到语言学各分支领域。"把"字句一直是汉语句法研究的热点问题，也是汉语教学（不仅包括对外国人的汉语教学，也包括对少数民族的汉语教学以及对方言区的普通话教学）的重点和难点，自然也受到了语言类型学的影响。

张辉（2004）使用英汉对译的方法来比较、分析和解释汉语在表达致使移动时所使用的语法手段。他认为英语中四种类型的句子，或者说四种不同类型的跨空间映现都可整合到致使移动句式中去，而汉语只有两种类型的跨空间映现可整合到"把"字句中去，其他两种类型的跨空间映现只能用其他的语法形式表达。因此，英汉两种语言在某种跨空间映现的结构上存在着表达和形式上的差异。

吴建伟、张晓辉（2010）考察了O Pioneers这部小说里全部表达"扔"的空间运动事件，发现对应的译文中有75%使用了"把"字句，这些"把"字句对应的原文里的名词宾语全部是有定的。而余下的没有使用"把"字句的25%对应的全部是无定的。这说明，表达空间运动的"把"字句是有定显性的。在以往讨论"把"字句有定性的研究中，点名有定性和有界性的互动关系的较少。事实上，这两个概念共同蕴含。他们还对表达空间运动事件的"把"字句和其对应的英语致使运动构式表达进行对比分析，发现"把"字句都呈有界显性和有定显性，这说明限界是"把"字句的内在要求。由此可见，汉语比英语更具限界语言特质。

叶狂、潘海华（2012）《把字句的跨语言视角文章》一文，从跨语言的视角用句法语义方面的八个平行性表现论证"把"字句与作格语言逆动句是同一种句法操作,即把动词的直接宾语变成间接宾语,属于语态现象,可以归入语言共性的行列。文章还解释了施事主语"把"字句高影响性说以及宾语的有定性对立问题,从而统一了"把"字句的句法派生特点,厘清了与高及物性分析的区别,明确了跨语言的一些相关差异。

另外,还有有关"把"字句的方言研究,如王森(1999)统计了东干话中"把"字句的使用频率约是北京话的五倍。蔡勇(2002)对安山方言的"把"字句进行考察。王森(2000)、王景荣(2002)、乔全生(1998)指出东干话、新疆汉语方言、山西方言、陕西方言、内蒙古方言和兰州话中的"把"字句,彭嬿(2005)考察了新疆汉语方言中的"把"字句。

对"把"字句从类型学角度进行的研究意义主要有以下这两方面:一是可以解释"把"字句二语习得时遇到的问题,二是可以预测可能出现的偏误。对比分析母语和目的语的相关语言项目,揭示出它们的异同,在此基础上讨论二语习得问题。目前,"把"字句的汉语二语习得与类型学相结合的研究还不多见,国内类型学视野的二语习得研究主要集中在外语教学上。类型学在二语语法习得研究领域的探索,值得对外汉语语法习得研究借鉴。

第七节　对外汉教学和二语习得研究

一　经验总结式的研究

"把"字句教学研究开始于20世纪50年代,体现在对"把"字用法的指导和误用的纠正上。如齐荣的《"把"字句的用法》(《语文学习》1954.5)和李因的《把字的误用》(《语文学习》1954.4)等。吕叔湘(1983)《怎样跟中学生讲语法》一文中,则是真正涉及到"把"字句的教学问题,这是针对国内教学的研究。

随着对外汉语教学事业的发展，"把"字句的对外汉语教学研究也逐步展开。出现了许多从教学一线遇到具体的问题而展开的研究。如：佟慧君的（1978）《留学生习作中的病句分析》（《语言教学与研究》1978第三集）、陈述生（1984）的《从"把饺子吃在五道口食堂"谈起》（《河北师院学报》1984）、袁大同（1986）的《在如何向外国学生解释"把"字句问题上的一点儿尝试》、黄振英（1989）的《"把"字句教学中的两个问题》（《世界汉语教学》1989）等。

传统的对外汉语教学研究往往停留在教学表象的分析上，尚未进行深入地理论探讨，是针对某个具体问题的经验总结式研究。因此，得出的结论容易主观化，缺乏系统性。随着语言学理论和语言学教学理论的发展，尤其是借鉴了西方一些先进的理论和方法，我们的研究也逐渐开始重视实证研究，追求更加科学的分析方法，这对改进教学和促进学习者的二语习得有着重要的指导意义。

二 实验调查下的研究

Jin（1992）调查了不同"把"字句结构的习得顺序，目的在于探讨母语为英语的学生是怎样习得主题突出的语言。他得出了学汉语的美国大学生对"把"字句的习得受到其母语中主语突出的影响的结论。

姜德梧（1995）使用统计数据来研究"把"字句偏误问题。他统计了HSK（基础）有关"把"字句试题测试的数据，分析考生在使用"把"字句方面的偏误和形成这些偏误的可能因素。在此基础上，他还提出了改进"把"字句的教学的建议。

熊文新（1996）根据语义结构模型分类，统计并分析了"汉语中介语语料库系统"中的书面材料。他指出在母语背景、水平等级、性格、性别等因素中，水平等级对把字结构的习得影响最大，母语类型只影响习得的早晚，性别、性格因素对把字结构的掌握没有显著影响，使用策略则不影响习得顺序。

余文青（2000）对30名母语背景不同的在北京某高校学习汉语

的学生进行了调查，实验表明不同母语背景的汉语学习者在对句型"S+把+N1+V在/到+N2"的掌握上没有大的区别。

崔永华（2003）从微观语料入手对"把……放……"进行了调查分析，他发现"在"是"放"后出现频率最高的后附成分，其次是"趋向动词+宾语"。

黄月圆和杨素英（2004）对"把"字句的研究从情状类型着手，调查了母语为英语的汉语学习者怎样理解"把"字句的动词终结性。受试者完成语法判断正误，句型变换和用所给的名词和动词造句，其试验结果表明受试者普遍不接受状态动词的"把"字句，能够意识到"把"字句对终结性和完成性的语义要求，对用方位短语与做定界成分的结果指向动词也掌握得比较好。

Wen（2006）从不同角度探索了学习中文的美国大学生习得不同语序（主谓宾），认为宾语提前的句式在语言与认知方面不太直观的句式需要一定的时间与经验积累。

温晓虹（2008）通过对初、中、高三个年级的美国在校学习汉语的大学生和汉语为本族语的中国留学生进行了实验调查，运用图画和问题作为手段来引发"把"字句，引发内容建立在本体研究和"把"字句的习得研究基础之上。实验针对位移意义的"把"字句展开，分为三类句式：第一类句式表达"谁把谁送到某地"，句式为 Subj. + 把 NP 送到+Loc；第二类句式表示趋向意义，句式为 Subj. +把 NP+V+动补；第三类句式表示方位意义，句式为 Subj. +把 NP+V+介词短语。其中第三类使用频率最高。其下位句式"Subj. +把 NP+V+在+NP+上"使用率和正确率最高。第二类句式的补语形式多样化，所以使用频率低。

该实验表明了"把"字句的教学应该从典型、简单、语义功能与语言形式透明度比较高的内容开始，这对"把"字句的对外汉语教学和教材编排都具有指导意义。

三 功能法影响下的研究

传统的教学方法注重单句句型之内的结构和语义内容，将"把"字句作为一个孤立的语言单位来对待，这是长期受结构主义语法理论影响的一种教学方法。它的优点是方便机械的操作练习，在碰到语义和结构如"把"字句一样复杂的句式时，就不能很好地帮助学生理解和掌握。功能法可以弥补这个缺陷。功能教学法强调培养学生的交际能力，这就意味着在"把"字句的教学当中要突出语言运用中的功能，以及使用"把"字句是为了达到怎样的目的。要习得交际能力，除了掌握结构，还必须了解语言使用的环境。

张旺熹（1991）从篇章角度考察了"把"字句的语境特征，金立鑫（1993、1997）研究了篇章因素对把字结构的制约。这些有关"把"字句本体上的语用研究为对外汉语教学提供了开展功能法教学研究的理论基础。张宁、刘明臣（1994）《试论运用功能法教"把"字句》一文指出应从语用功能出发，将"把"字句放在具体的语言环境中教，强调"把"字句与语境的联系和语用功能。他还提出了一些具体的建议。杨寄洲（2000）认为课堂教学不应从结构形式入手，必须从语言事实入手，在交际语境中讲解具有语法规则的句子，使汉语学习者明白"一个句子是谁说的，什么时候说的，对什么人说的，怎么说才符合交际规范，达到交际目的。"刘颂浩和汪燕（2003）对"把"字句练习设计中的语境做了调查，探讨什么样的语境能够引发"把"字句的运用。调查结果显示学生是否运用"把"字句与引发"把"字句所提供的语境有直接的关系。孙海霞（2006）认为"把"字句与篇章的关系主要体现在"把"字句的主语、宾语与上下文的关系上。韩蓉（2011）提出通过"把"字句输入的认知化，运用对比来归纳"把"字句的复杂结构，以及提供一定量的有效上下文语境，让学生自觉地设定"上下文语境参数"而判断是否使用"把"字句。

四 系统性和指导性的研究

由于"把"字句句式复杂,下位句式庞大,如何在对外汉语教材中科学、合理地编排,对"把"字句的教学具有重大的指导意义。对外汉语届的专家们纷纷对此作了积极的探索。

杨德峰(2001)指出了广泛使用的对外教材《汉语教程》中"把"字句的分类问题,提出了按《大纲》编排语法点时应遵循的六个原则,即针对性原则、适度原则、循序渐进原则、分散原则、点面结合原则、量少原则。

吕文华(2002)提出"反映了汉语语法的特点和针对外国人学习汉语的难点"这一语法项目的选择和编排的依据,要遵循语法自身的难易差异,按照结构、语义、用法区分难易度的原则。他提出按照语法难点安排语法项目的具体策略有六:1. 从易到难,2. 就简避繁,3. 难易相间,4. 化整为零,5. 先分散后集中,6. 明线和暗线结合。

陆庆和(2003)提出"把"字句在教学大纲中的排序应遵循的原则:结构上从简单到复杂;频率上高频率使用的句型在前,低频率使用的在后;内容上比较具体的在前,比较抽象的在后;语用上单句形式必须要用"把"字句的在前,受语境制约而必须用的"把"字句在后;语体上口语体在前,书面语体在后。这对教材更加合理的编排"把"字句具有指导意义。

李英、邓小宁(2005)对目前对外汉语教学系统大纲和对外汉语教材中的"把"字句选取和编排情况进行分析,考察了 30 万字的留学生使用"把"字句的语料,还对中外学生使用"把"字句的情况进行了问卷调查,据此选取对外汉语教学中的下位句式并确定它们的排序。

卢福波(2005)又在大量调查数据、难度分析以及借鉴各种理论和方法的基础上,确定了"把"字句的基本句型。卢文认为对外汉语教才编排应按照句型的常用性、规范性、基本性、针对性原则,将不同的句式分散在教学中的四个阶段,强调了句型排序在依据习得难易度、句型系统制约性的同时,还要考虑它在实际生活中的使用频率。

五 近年来的研究动态

第一,尝试认知语言学影响下的教学法。认知语言学虽未创造出全新的教学流派和方法,但在它的教学观指导下,语言教学可以兼顾语言的形式、意义和功能,综合已有教学方法的优势,提高学习和教学效率。认知语言学的教学观虽强调输入的重要性,却未淡化显性和形式教学;认知语言学的体验哲学思想强调体验性,教学中重视学习者通过身体及手势体验或者自主探索语言的意义,与传统教学法相比,充分发挥学习者的主体性,使学习过程更加深入和有趣。近年来,徐子亮(2010)、文秋芳(2013)等已有相关研究,而在"把"字句的对外汉语教学研究中,鲜有利用认知语言学相关理论来作指导的。

第二,注重实证调查。随着语言学理论和语言学教学理论的发展,国内的教学研究逐渐开始重视实证调查,追求更加科学的分析方法,这对改进教学和促进学习者的二语习得有着重要的指导意义。这类研究有余文青(2000)、黄月圆和杨素英(2004)、温晓虹(2008),这些研究通过实验调查,运用科学的手段来引发"把"字句,对"把"字句的对外汉语教学和教材编排都具有指导意义。

第三,开始使用大型中介语语料库。目前除了国内最早建设中介语语料库的北京语言大学以外,南京师范大学、中山大学、暨南大学等高校都已建有百万字以上的中介语语料库。但是由于种种原因,目前大多数中介语语料库都不对外开放,仅有HSK动态作文语料库在网络上建立了检索平台,供研究者使用。基于中介语语料库的"把"字句研究有:张宝林(2010)的基于HSK动态语料库对"把"字句的习得作了考察,黄自然、肖奚强(2012)基于南京师范大学中介语偏误信息语料库的《基于中介语语料库的韩国学生把字句习得研究》。他们以中介语的语料为突破口,对"把"字句的习得问题做了一些研究。

第八节　小结

　　通过对"把"字句将近90年研究的梳理，我们可以发现"把"字句的研究在各个领域取得了显著的成就。前辈时贤们基于不同的学术理念，在不同的时期，从不同方面对汉语的"把"字句进行了有价值的前行性研究。但是，由于"把"字句的复杂性以及它在类型学上的特殊性，仍有许多问题需要解决。通过对本研究相关内容的研究史梳理，我们发现"把"字句的分析存在一些不足，主要表现在三个方面：第一，"把"字句深层的语义问题没有得到很好的解决，因而争论不断；第二，在对外汉语教学中，绝大多数研究为针对不同国别或语种的个案研究，少见基于大型语料库的定量分析研究；第三，没有将"把"字句的教学问题放到类型学的大背景下审视，缺乏操作性强的认知理论作为指导。"把"字句在认知和类型学上的研究虽已展开，但究竟如何运用到对外教学中？这仍需汉语理论界和教学界共同协作，积极探索。若能借鉴和吸取上述研究的经验教训，把定性研究与定量研究结合起来，选择合适的理论指导和研究方法，我们相信可能会有新的发现。

　　应用领域的发展需要本体研究的支撑，"把"字句在对外汉语教学中遇到的问题也将推动本体研究的不断深入。

第三章

概念结构理论和偏误分析

第一节 理论背景

一 概念结构的提出

在解释"概念结构"之前,我们先了解一下何为"概念"。"概念就是我们头脑中形成的对客观事物的想法和信念,是头脑中对客观事物的知识系统,包括人类概念系统中概念的组织方式等。它是人类认识世界的结果,是人类进行理性思维和推理的基础。词汇表达概念,词汇可以看作等同于概念"①。但是,也有一些意识和想法无法找到相应的词汇来表达。

概念结构(conceptual structure)一词最先出现于计算机研究领域。由美国的计算机科学家 John F. Sowa 于 1984 年在 "*Conceptual structures: Information processing in Mind and Machine* " 一书中首先提出。它是一种基于语言学、心理学、哲学、逻辑学和数学为基础的知识表示方法。概念结构的具体模型是概念图。概念图中的概念节点表示实体、属性、状态和事件,关系节点表示概念如何相互连接。

二 语言学领域的概念结构

概念结构就是"我们头脑中存在的对客观事物的相对稳固的知识

---

① 李福印:《认知语言学概论》,北京大学出版社 2008 年版,第 77 页。

体系"①。它是一个宽泛的概念系统,不仅包括思想内容,还包括经验内容以及情感和感知等。语言学领域的概念结构研究的是概念的形式,是从语言概念的角度考察概念的形式类。最先把"概念结构"引入到语言学研究中来的是认知语义学家 Jackendoff 和 Talmy。20 世纪 80 年代,不断有认知语言学家开始质疑和批判一直支配着语言学研究的转换生成语法。Chomsky 和他的追随者们认为句法系统可以独立自治,而事实上,句法和语义与认知之间存在着复杂的关系。认知语言学认为语义不仅是客观的真值条件,它还跟人的概念结构的形成过程存在着直接的关系,是语言表达对概念结构的一种映射。因此,研究语义离不开涉及人的主观看法、心理等因素。认知语言学走的是主观和客观相结合的道路,认为语义结构并非直接等同于客观的外在结构,而是与人的身体经验、认知策略及文化规约相对应。这些相密切关的概念结构是在与客观世界互动的过程中形成的。

因为概念与语义有密切联系,概念结构成为了认知语义学研究的课题。研究的课题包括概念属性的外在表现研究、概念的形式特性研究、功能角度的句法结构研究等。认知语义学的研究认为,概念结构有诸多模式,它们包括语域、认知模式、意象图式、映射、心理空间等。

(一) Jackendoff 的概念结构理论

概念结构是心智表征,是说话人将他们对世界的诠释进行编码的形式(Jackendoff, 1992: 27)。在 Jackendoff 看来,概念结构与音系结构和句法结构一起存储在长期记忆中。由于 Jackendoff 接受并运用 Chomsky 的语言观、方法论来指导语义学的研究,约束概念结构的形式化表述,他认为有一部分概念结构也是天生的。Jackendoff 认为概念结构是由概念元 (semantic primi-tives) 构成的,与生成语法的普遍语法相似,概念元按照一些运算规则生成概念结构,它是人脑内在的、天生的。概念结构按一些投射规则 (mapping rules) 生成句法结

---

① 李福印:《认知语言学概论》,北京大学出版社 2008 年版,第 77 页。

构，每一个意义在概念结构中都有体现，但都有选择性地在句法结构中投射出来。如动词 enter，可分解为 go 和 into 两个概念元，go 在事项（Event）概念结构中是一个基本概念元；into 是路径（Path）概念元。

Jackendoff（1990，1992）运用语义分解（semantic decomposition）理论研究语义和句法的匹配关系，并提出了几个普遍意义的语义范畴：事件（Event）、状态（State）、实体（Thing）、路径（Path）、处所（Place）、特征（Property）等，其中"事件"和"状态"是两个最基本的类别。如：

（3-1）Bill went into the house① （Jackendoff 1992）
a. S ［NP BILL］ ［VP ［V went］ ［PP ［P into ［NP the house］ ］ ］ ］（句法结构）
b. ［event GO （［Thing BILI］，［Path TO （［Place IN （［Thing HOUSE］）］）］）］（概念结构）

Jackendoff 的概念结构相当于语义结构，与句法和音系结构并行。他摒弃了由表层结构映射到音系和语义结构的句法中心说，认为这三个层次是自主的结构，都具有同等的创造性，不存在从一个层次到另一个层次的派生，它们之间是对应关系而非派生关系。

Jackendoff 的理论目标是构建有限的概念结构，它们具有天生性和创新性，并且是内化的；它还能处理语言和非语言、推理之间的信息交流。"这些目标虽然宏大，但他的关于概念结构研究的现状离这些要求还十分遥远，只停留在具体概念结构的描述上，概括性还不

---

① 文中标带有"＊"例句来自 HSK 动态作文语料库、南京师范大学中介语偏误信息语料库以及本人所收集的几所高校的留学生课堂作文，还有少数例句为自拟的错句。不带"＊"的例句除少量为自省和转引现有文献外，一般来自北京大学 CCL 语料库。自省语料经过周围同学、同事的求证和检验。

强"①。戴浩一（2005）指出 Jackendoff 的概念结构理论需要两个修正：一是推理规则中加上我们对世界的经验、知识，二是在概念结构中加入映射等内容。

Jackendoff 的概念结构理论尽管还不成熟，但是他的联系句法结构和概念结构来分析语言的方法是值得借鉴的。

（二）Talmy 的概念结构理论

认知语义学的另一位代表人物 Leonard Talmy②，他的认知语义观是从他 1972 年完成博士论文时开始逐渐形成的。Talmy 认为语义学主要研究语言中的概念内容及其组织形式，以及一般意义上的概念内容及其组织的本质。他采用概念法，从概念角度出发考察语言的形式特征，从语法结构在表达概念结构中所具有的功能来解释语法结构。同时又兼顾形式法和心理法所关心的内容。

2000 年，他的《走向认知语义学》(*Toward a Cognitive Semantics*) 两卷本问世。卷 I *Toward a Cognitive Semantics*: *Concept Structuring Systems*（《认知语义学：概念结构系统》），主要研究概念的构建；卷 II *Toward a Cognitive Semantics*: *Typology and Process in Concept Structuring Systems*（《认知语义学：概念结构中的类型及过程》），主要描述概念构建过程中呈现的类型学和结构特征。概念结构理论集中体现在此巨著中。

Talmy（2000）提出的概念结构模式具有系统性，概括性强，而且容易操作。从事件的概念结构出发来研究句子结构，既能克服语言研究与实际应用脱节的缺点，又能吸收形式方法的优点，在研究具有复杂结构的句子时，更是具有重要的作用。因此，本书采用他的概念结构模式来解决留学生在使用"把"字句时存在的偏误问题。

Talmy 在论述他的语义观时，认为句法结构是语法系统中的一个范畴，它与其他语法范畴共同构成封闭的系统来确定语言的概念结构。但是他并没有给予句法分析足够的重视。这是他的理论的一个局限。我们

---

① 程琪龙：《Jackendoff 的概念语义学理论》，《外语教学与研究》1997 年第 3 期。

② 下文一概简称为 Talmy。

将在本书中力图弥补，做到充分的句法分析基础上的认知解释。

下面，我们介绍若干与本书相关的概念结构理论和术语。

1. 宏观事件的概念合成理论

跨语言比较得出了一个有力结论，即语言深层的概念组织中存在一类普遍的、基本的事件群，其促进概念合成且表现形式为单一小句，我们称之为宏观事件。宏观事件以单一小句进行表达，经常被概念化为单一事件。然而，对这类单一小句进行仔细地句法和语义分析后，发现它们的概念结构和内容类似于某一类的事件群，可以用复杂句的形式表达。

我们可以用非施动致使的例子来说明概念化前后的区别。下面的复杂句例（3-2a）表达了事件群的主事件、副事件和从属关系。与此相对比，简单句例（3-2b）用同样的结构和句子成分间的关系几乎表达了相同的意思，不同的是例（3-2b）将复杂事件表达成了单一的整合事件，它更具有普遍性。如：

（3-2）a. 蜡烛灭了，因为有什么吹过来。（Talmy 2000）
　　　 b. 蜡烛吹灭了。（同上）

宏观事件是一个深层的语义概念，上述例（3-2a）和例（3-2b）都是深层语义概念的表层表达。两个句子表达的语义内容是相同的，都是宏观事件。宏观事件的概念结构见图3-1：

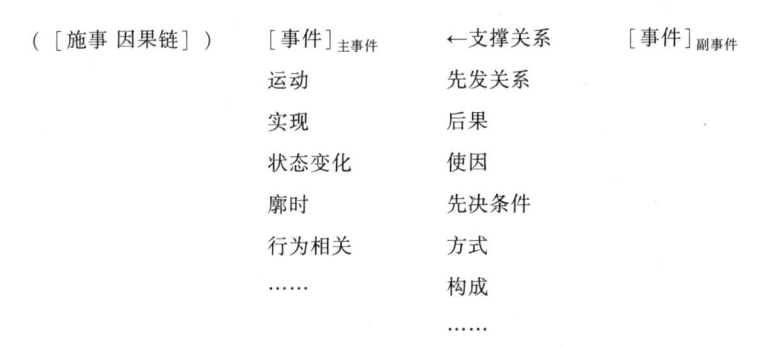

（[施事 因果链]）	[事件]主事件	←支撑关系	[事件]副事件
	运动	先发关系	
	实现	后果	
	状态变化	使因	
	廓时	先决条件	
	行为相关	方式	
	……	构成	
		……	

图3-1　宏观事件的概念结构

Talmy（2000）认为宏观事件是复杂事件，可以进一步分为五种类型，即运动事件、实现事件、状态变化事件、廓时事件、行为相关事件。

（1）运动事件

Talmy（2000）认为一个运动事件图式由凸体、衬体、运动和路径等四个基本概念成分构成。基本的运动事件包括一个物体（即凸体）相对于另一参照物体（衬体）的动态移动或静止存在。而这四个基本的内部成分组成了宏观运动事件中的框架事件，即运动事件的主事件。除了以上四个成分以外，运动事件的发生有其不同的方式，事件的发生还可能有其前因后果。这些是运动事件的附属结构，包括"方式"、"使因"等，它们构成运动事件的副事件。如：

（3-3）我把石头滚进了山洞。
[我　AMOVE　石头　进　山洞]_{主事件} + [我滚石头]_{副事件}
[使事　运动　凸体　路径　衬体]_{主事件} + 使因 [——]_{副事件}

其中"我"是运动事件的使事成分，"我滚石头"是"石头进入山洞"的使因。"AMOVE"代表使动，概念结构体现的是一个有使因的运动。

（3-4）石头滚进了山洞。（Talmy 2000）
[石头 MOVE　进 山洞]_{主事件} + [石头滚]_{副事件}
[凸体 运动 路径 衬体]_{主事件} + 方式 [——]_{副事件}

其中"石头"是运动事件的凸体，"滚"是"石头进入山洞"的方式。"MOVE"代表自动，概念结构体现的是"石头"自身的运动。

(2) 实现事件

Talmy（2000）认为人们在描述动作行为时，其中一个重要的方面是表达其"实现"或"完成"的程度。①

(3-5) 警察追捕到逃犯了。（Talmy 2000）

[警察 MOVE 逃犯 INTO 到（被抓）]_{主事件} + [警察追捕逃犯]_{副事件}

Talmy（2000）认为包括"实现"在内的其他四类事件与运动事件具有相同的概念化模式（conceptualization）。以实现事件为例，它的构架事件是"事物通过行为实现目的或结果"，即事物通过一种转换（transition，类似运动事件中的"移动"）达到目的或结果。这一构架事件的核心是"实现"，即"完成转换达到结果"，它相当于运动事件中的"移动到达目的地"。

(3) 状态变化事件

状态变化事件是抽象的隐喻性质的运动事件，其主事件就是变化。如：

(3-6) 我把杯子摔破了。

[我 AMOVE 杯子 INTO 破]_{主事件} + [我摔杯子]_{副事件}

其中"我"是使事，"杯子"是凸体，也是发生变化的主体，"破"是衬体，是变化的终点。概念结构表达的是：我摔杯子，致使杯子进入"破"的状态。在状态变化事件框架中，Talmy 详细分析了从有到无和从无到有两种典型的状态事件框架。

(4) 廓时事件

廓时事件是廓定事件时体的事件。廓时事件是运动事件和变化事

---

① Talmy, Leonard. Toward a Cognitive Semantics, Vol. II. Cambridge, Massachusetts: MIT Press, 2000. pp. 261-278.

件的隐喻扩展。主事件的凸体代表的是事件，而不是事物。如：

(3-7) 他们继续谈下去。(Talmy 2000)
[他们 谈 MOVE INTO 下去]_{主事件} + [他们谈]_{副事件}

其中"他们继续谈"是凸体，代表的是一个事件，"下去"是衬体，廓定"他们继续谈"这个事件的时体，表示这个事件进入"下去"的状态，此处的"下去"不是表示趋向意义，而是表示"持续"的时体意义。

在现代汉语中，动词带时体标记"着"、"了"、"过"构成的句子表示廓时事件。另外，由补语表示时体意义的动趋式"V+上/开/起/起来/下来/下去"构成的句子也表示廓时事件。

(5) 行为相关事件

属于行为相关事件框架的概念结构包括：协同、跟随、模仿、超越。如：

(3-8) I played the melody together with him. (Talmy 2000)
[I ACTed IN-CONCERT-WITH him] CONSTITUTED-BY [I played the melody]

在以上五类事件中，运动事件与空间相关，表述事物到达的终点，另外四类事件表达的意义均与"体"(aspect)、"相"(phase)等时间概念有关。除了行为相关事件以外，状态变化事件、实现事件和廓时事件都表达事物经历时间过程后的终极结果或所处的最终状态。也就是说，这三类事件表达的都是涉及空间、时间的有界事件。

上述有关 Talmy 的宏观事件概念结构的研究，易于理解和操作，对语义分析、类型学研究、语言对比研究都具有很大的启发性。

2. 概念凸显

所谓凸显（salient），就是在认知上被注意的程度高[1]。格式塔心理学利用图形和背景证明了被注意程度高的对象容易被感知成图形，而被注意程度低的则形成衬托图形的背景。而将图形与背景的关系应用到认知语言学研究中来的是 Talmy，他借此来解释自然语言中的空间关系。他认为语言中，包括方位关系和移动关系在内的所有空间关系，都可以用一个实体（图形）与另一个相关实体（背景）的相对位置来确定。图形与背景的关系在语言的各个层面都有所反映，是语言组织的基本原理[2]。其实质就是概念成分凸显程度的高低，也就是被注意程度的高低。

概念成分被注意的程度往往形成比较稳定的低级模型。在事件的概念结构内部次事件中，主事件比副事件凸显；在事件的角色中，使事最凸显，凸体次之，衬体最不凸显。当然，这是一般情况，概念成分的凸显程度还会受到其他因素的影响而发生变化[3]，这些因素包括影响力、具体性、定指程度和可预测程度。各因素在影响概念成分的句法表现时会出现动因竞争的情况。

3. 概念合并

概念成分的合并称为概念合并。概念成分在句法上有不同的显现方式，有些单独用一个词表达，有些合并在一起用一个词来表达。如：

(3-9) a. The bottle floated into the cave. （Talmy 2000）
b. La botella entró flotando a la cueva. （同上）

---

[1] Talmy, Leonard. Toward a Cognitive Semantics, Vol. I. Cambridge, Massachusetts: MIT Press, 2000. p. 128.

[2] Talmy, Leonard. Toward a Cogni·tive Semantics, Vol. I. Cambridge, Massachusetts: MIT Press, 2000. p. 311.

[3] 宋文辉：《现代汉语动结式的认知研究》，北京大学出版社 2007 年版，第 51 页。

例（3-9a）为英语表达句，例（3-9b）为西班牙语表达句，两种语言表达中，路径的合并方式不同。以上两句都表示"瓶子漂进了山洞"的意思，例（3-9a）"运动（MOVE）"和"方式"两个概念成分合并，用"float"一个词表达，"路径"则单独显现为"into"。例（3-9b）是西班牙语句子，运动的"方式"单独由"flotando（漂）"表达，"路径"则与"运动"合并而显现为"entró（出）"。

Talmy（2000）根据路径与其他概念成分的合并方式，将世界上的语言分为两类，核心语构架语言（verb-framed languages）和附加语构架语言。在核心语构架语言中，路径与运动合并，显现为句中的核心动词，如西班牙语；在附加语构架语言（satellite-framed languages）中，路径不和其他概念成分合并，在句法上独立显现，即显现为句中的附加语，如英语。所谓附加语（Satellite），是指"除名词之外的依存于动词词根的语言成分"[①]，如上文英语例句中的"into"。汉语究竟属于哪种语言还存在争议，不过多数学者认为汉语属于附加语构架语言。如沈家煊（2003）、宋文辉（2007）都认为汉语动补结构中的动词是核心语，补语是附加语。

（3-10）石头滚进了山洞。（Talmy 2000）

[石头　MOVE INTO　山洞]_{主事件} + [石头滚]_{副事件}

例（3-10）副事件表达的运动方式与"运动 MOVE"这个概念成分合并显现为"滚"，运动的路径则用动结式的补语"进"来表达。

4. 概念结合

概念成分是结合在一起还是分离的，以及结合的紧密程度往往影响概念成分的句法表达形式。如：

---

① 宋文辉：《现代汉语动结式的认知研究》，北京大学出版社2007年版，第45页。

(3-11) a. 他把老奶奶扶过十字路口。
b. 他扶老奶奶过十字路口。

"十字路口"是运动的经过点,"把"字句和主动句在形式上的区别在于"扶"和"过"这两个概念成分是分离的还是结合在一起。例(3-11a)的概念结构为:

[他 **AMOVE** 老奶奶 ACROSS 十字路口]_{主事件} + [他扶老奶奶]_{副事件}

例(3-11b)的概念结构为:

[他 **AMOVE** 老奶奶 ACROSS 十字路口]_{主事件} + [他扶老奶奶]_{副事件}

例(3-11 a)和例(3-11 b)的概念结构基本一致,区别在于前者是有标记的"把"字句,显示其凸体凸显程度高,用黑体表示。

两者表达形式的不同体现在动词和路径之间的组合的紧密程度不同。例(3-11 a)动词"扶"和路径"过"结合紧密,说明说话人把这个事件看成是一个统一的过程。而例(3-11 b)两个概念成分分离,这说明说话人把这个事件看成两个过程。两个概念成分凸显程度越高,越倾向于分离表达,这也符合人的一般认知原则:凸显的概念成分总是被独立地感知和记忆,而不凸显的概念成分往往依靠在凸显的概念成分上被附带感知和记忆。

5. 概念结构的限制条件

宋文辉(2007)认为概念结构的构成有一定的条件,首要的是主事件和副事件之间应存在足够紧密的联系。复杂事件由主事件和副事件组合而成,二者之间的联系足够紧密方可结合为一个整体,这与人对事件的理想的认知模型有关。联系紧密的两个事件,因其独立性低,易被处理为一个整体,而联系松散的两个事件,因其独立性强,则不易被处理为一个整体。主事件和副事件之间联系的紧密程度与事件之间的可预测性相关,可预测性高的则联系密切,而可预测性低的则联系松散。如:

(1) 主事件和副事件必须有足够紧密的联系

(3-12) a. 他把鞋跑丢了?
　　　　b. ? 他把鞋玩丢了?
　　　　c. *他把鞋笑丢了?

例(3-12a)主事件[他 AMOVEA 鞋 丢]和副事件[他跑]之间的联系紧密,比较容易预测,两者容易被理解为一个整体,而动结式表达一个统一的过程,故句子成立。而例(3-12b)中的主事件[他 AMOVEA 鞋 丢]和副事件[他玩]之间的联系则比较偶然,不易预测,联系不紧密。例(3-12c)主事件[他 AMOVEA 鞋 丢]和副事件[他笑]之间没有联系,故句子不成立。

(2) 一类概念成分只能出现一次

(3-13) *他把他们打哭在地上。

"哭"和"地上"都是衬体,表示两个结果,两个方向。整个句子既表运动事件,也表变化事件。一个动作不能同时有两个方向,因此句子不合法。也就是说,一个事件不能存在两个互不包含的路径,但也有这样的例句:

(3-14) 铜钱般粗的皮鞭真的狠抡过去,几下就把张山打趴在水里。(北大语料库《人民日报》1996)

"打趴"与上例"打哭"不同的是:前者"趴"的终点是"水

里",它与"打在"的路径方向一致,一个动作只有一个方向,因此句子合法。

6. 概念结构的句法显现原则

所谓概念结构的句法显现指概念成分在句法层面获得形式表达。概念上凸显的成分一般在形式上也要求凸显表达,这是因为语言的形式往往临摹其所表达的概念结构(Haiman 1983)。

(1) 凸显程度高的概念成分优先显现

(3-15) a. 他把眼泪笑出来了。(宋文辉 2007)
b. *他把笑容笑出来了。(同上)

"笑容"可经过推理得到,无须显现。如果显现则是特殊形式,特殊形式如果不表达特殊意义则句子可接受程度低。而"笑出眼泪"比较少见,在认知上凸显,故句法上优先显现。

(2) 凸显程度高的概念成分独立显现

(3-16) a. 我送了一块手表给他。
b. 我送给了他一块手表。

例(3-16a)中的"送"和"给"两个概念成分分离,凸显程度越高,表示说话人把这个事件看成是两个过程。而例(3-16b)中的"送"和"给"两个概念成分结合在一起,表示说话人把这个事件看成是一个过程。

(3) 概念成分与凸显的句法位置匹配

(3-17) a. 他看走了眼。(宋文辉 2007)
a'. *他把眼看走了。(同上)
(3-18) b. 警察放走了囚犯。
b'. 警察把囚犯放走了。

"看走了眼"是俗语,"走了眼"整体做衬体,"眼"是衬体的一部分,凸显程度低,不能显现在"把"字句宾语位置。而"囚犯"则是凸体,凸显程度高,可显现在"把"字句宾语位置。

7. 致使概念结构

致使是客观物质世界以及人们对客观世界的认识在语言中的反映。致使结构是对现实世界中致使事件的临摹或概念化,我们认为"把"字句就是一个典型的致使概念结构在句法上的体现。Tamly(1976)认为致使是一种情景,相对于自主事件而言。情景一般指具体场合的情形、景象,用于语言学中是指语义概念所表现出来的特定的现实世界,包括实体、时间、事件、处所、方式等因素,这些因素共同构成一个情景。致使情景也包含以上这些内容。致使情景是双事件结构,包含两个子事件(有时是两个以上)。它们之间存在使因和结果的关系,即致使关系。Talmy认为,致使概念结构是施力动态的一部分,Jackendoff的研究就是建立在他的研究成果之上。Langacker也认为典型的致使过程包含相同的语义成分,可以被感知者概念化为一个标准事件模型。他们都主张用事件观而非动词观来解读致使结构,同时反对句法中心论,强调概念语义在心智中的自主地位。Goldberg(1995)否定了动词中心论,指出致使结构有其特定的形式表述和语义结构,是一个完形构式,动词的参与者角色只是构式各成分的具体示例,这一观点引起了学界对结构语义的关注,使得以动词为中心的致使结构研究逐渐转向以事件、构架为中心的研究,也使得单一的句法分析逐渐转向对论元结构、概念语义和两者之间体现关系的分析。

8. 事件句和非事件句

关于事件句和非事件句的定义,时贤们有不同的看法,目前普遍采用"指叙述一个独立的、完整的事件的句子"(沈家煊1995)。事件句所表示的情状有一个实际的终止点,反之,就是非事件句。如"写了一本书",由于动词"写"后面有了体助词"了",使动词"写"所表示的动作在时间上有了一个终点,表示"写"的动作已经完成,"一本书"中的数量词组"一本"使名词"书"所表示的空间义有了一个"界限"。因此"写了一本书"叙述的是一个独立的、完整的句子,是一个事件句。而"写一本书"或"写书"所表示的活动没有实际的终止点,只有自然的终止点。"书"写完了,动词"写"所表示的动作也就结束了,因此它们是非事件句。

沈家煊(1995)所定义的事件句和非事件句是一对认知范畴。事件句具有〔+有界〕〔-异质〕〔+终点〕的属性,而非事件句具有〔+无界〕〔+同质〕〔-终点〕的属性。王红斌(2004)也认为事件句是有界的句子(bounded sentence),非事件句是无界的句子(un-bounded setences),这是从认知语言学的角度说的。有界句和无界句关注的焦点在于客观世界的有界和无界,以及这一认知模型是通过何种方式映射到语言上的。而事件句和非事件句关注的焦点是有界和无界这种认知模型在语言层次上的表现形式,是与句子相关的一个认知术语,同时在句法结构上有表现形式。因此,可以把它看作是一个以认知为基础的语义、语法范畴。这对范畴的差别在句子层面上的表现是:事件句和非事件句在句法成分选择上存在差异。

第二节 已往研究的不足

"把"字句近一个世纪的研究,已经取得了令人瞩目的成果。同时,作为一个句式,它至今仍让语言学界诸多学者对其不失兴趣,这除了说明它的复杂性外,也说明我们还没有彻底认识这一句式,而认识的不彻底缘于研究所依据的语言理论及其研究方法。

一 传统语法

"把"字句在传统语法框架内的研究始于1924年,黎锦熙指出介词"把"的作用是将动词的宾语前置,这便是对后来的研究颇有影响力的"提宾"说。主要根据意义来分析句子的结构,凭施事、受事确定主语、宾语。它对教学语法的影响集中体现在五十年代制定的

《暂拟汉语教学语法系统》。"提宾说"的局限性是显而易见的,它不能解释"把橘子剥了皮。"这一类带有宾语的"把"字句以及不能还原为主动宾句的"把"字句。

传统的语义研究除了早期的"宾语提前说",还有王力的"处置说"以及吕叔湘的"三说"("行为动词"说、"宾语有定"说和"谓语复杂"说)。"处置说"和"三说"是语法界在传统语法框架内对"把"字句进行静态研究的两大源头。它们对教学语法,包括对外汉语教学语法产生了深远的影响。至今大部分对外汉语教科书里仍旧沿用了"有定""无定","谓语不能为光杆动词"等说法,它们在一定程度上方便了教学,但却不能解决很多例外句子,给汉语学习者造成了困惑,增加了学习的难度。

我们称传统语法框架内的"把"字句研究为"静态研究",它的局限在于只从局部和语言内部来考虑问题,忽视了整体句式和语言外部因素的影响。

二 转换生成语法

70年代末开始至90年代,随着西方结构主义语言学的传入,语言学界着力于研究"把"字句与其他句式相互转换的关系及限制条件。这一时期盛行"把"字句与其他相关句式间互相转换的动态研究,以李临定的《"动补"格句式》(1980)为代表。但是,这些形式上的转换操作并未纳入相应的语义研究,对"把"字句转换成其他句式之后语义上的改变没有作深入的研究。

受到结构主义语言学的影响后,"把"字句的研究在结构形式以及与其他句式相互转化方面取得了一些成果。同时,研究注重分析语言符号结构系统,这对句法分析、句型教学也有一定的成效。但是,生成语法在教学中由于过度强调句法形式,而忽视语义,影响了语义的整体表达;此外,转换生成语法观认为语法结构可以脱离语义而单独存在,强调语法的独立性与普遍性,这样容易造成语义的错误。由于没有深入分析语言的意义系统,忽略了深层结构的语义依托,更没有解释语言形式、意义、客观外界之间的对应规律，其理论性和实用性受到的限制也越来越明显，尤其是在对外汉语教学中，学生面对形式复杂、语义更为复杂的"把"字句时常常莫衷一是。

三 格语法理论

自20世纪70年代起，格语法理论在汉语语法研究中得以运用。格语法理论对于语义的关注，在某种程度上契合了汉语缺乏形态变化而讲究意合的特点。一系列结合格语法理论的研究探讨了"把"字句的句法和语义特点。邵敬敏（2006）分析了谓语动词和"把"后宾语的隐性语法关系，将其分为受事、处所范围、工具材料、直接影响对象、使动、施事等。但由于格语法本身具有局限性，如"格"数量的不确定性以及整个系统的模糊性，再加它只研究动词和名词之间的关系，使得"把"字句的研究很难深入到语言现象背后的深层次的理据层面。

四 语义指向分析

句子里的语义关系是复杂多样的，格语法理论只适用于说明名词和动词之间的语义关系，对于其他语义关系却显得无能为力。正是在它的局限性制约影响下，汉语语法研究又引进了新的分析手段——语义指向分析。它结合形式和意义，适用于复杂、多样的语义关系。但是它不能解释某一个句法成分之所以会有复杂的语义指向的原因。

在"把"字句的研究中，语义指向分析法主要体现在"把"字句和不同句式转换的研究上。王红旗（2001）指出动结式述补结构在"把"字句和重动句中的分布不同，这与补语的语义指向有关。如果动结式补语指向动词的受事，则只能进入"把"字句；如果补语的语义指向不指向动词的受事，则动结式只能进入重动句。但是也有不符合这一规则的句子，如：

（3-19）a. 我炒菜炒咸了。（王红旗 2001）

a'. 我把菜炒咸了。（同上）

(3-19) b. 你包饺子包多了。（王红旗 2001）

b'. 你把饺子包多了。（同上）

上述两例补语的语义都是指向动词的受事，都可以进入重动句。王红旗认为这种补语是对行为进行评价，与一般结果补语陈述动词所造成的结果不同，因此可以合法地进入重动句。那么为什么补语表示对行为的评价，受事名词短语就可以进入"把"字句宾语的位置？

另外，这个规则也有反例。如：

(3-20) a. 他买菜买贵了。（王红旗 2001）

a'. *他把菜买贵了。（自拟）

例（3-20a）"买贵"的补语"贵"语义同样指向受事，也含有对行为的评价的补语，但是这个动结式却只能进入重动句而不能进入"把"字句，这说明动结式在"把"字句和重动句中的非严格互补分布的本质并没有被王红旗的分析揭示出来。

五 配价理论

配价理论可以利用动词与不同性质名词之间的配价关系来研究和解释"把"字句中某些语法现象。比如，可以利用配价分析方法来解释"放了一条鱼"、"跑了一条鱼"为何都可以变换为"把"字句，而前者还可以变换为被字句，后者却不可。因为"放"是二价动词，"跑"是一价动词。范晓（2001）基于配价理论，研究了进入"把"字句的谓语中心动词，他认为充当"把"字句谓语中心的动词可以是一价动词、二价动词和三价动词，并且研究了"把"字句句式与动词之间的关系，认为动词的配价与句子的生成有极其密切的关系。范晓强调"配价语法强调动词是句子的中心，是动词中心论"①。配价理论在"把"字句研究中的运用容易导致"动词中心论"、忽略其他要素的在句法中的作用。事实上,"把"字句作为复杂事件,其性质并非单纯由动词本身决定。除动词外,它还与事件参与者、修饰成分等因素有关。事件的性质是由诸多因素根据组合性的原则共同决定的,并且这种组合性在句法结构中也有所体现。

六 题元角色理论

题元角色理论的运用体现了语言学家对句法结构和语义角色关系的关注。诸多学者从题元角色对"把"字句进行了语义分析,如王红旗(2001)认为"那个瓷瓶把画家看傻了"中"那个瓷瓶"是受事,"画家"是施事,句子表达的是受事对施事的影响。这种看法仅用纯粹客观的施受关系来套语言事实,因此对受事做主语的句子就无法分析。从方法论上看,这是由于局限于"客观主义语义学"②造成的。事实上,语言的语义关系是经过人的主观调整的结果,而不是现实客观场景中的事物之间的直接反映。"看傻"表达的是一个使动事件,"那个瓷瓶"作为使事,致使"观众"发生变化从而进入"呆"的状态。此处,"看"客观上的受事"那个瓷瓶"在主观上被看作了使事。Talmy(2000)认为使动事件往往表现为人的主观认识,而不是客观的因果关系。

上述研究限于各自理论的局限性,都不能圆满地解决"把"字句中的种种问题。它们存在一个共同的不足之处:对语法现象不能在理论上作出统一的解释。陆俭明、郭锐(1998)指出汉语语法研究所面临的挑战:"一是迫切需要对种种语法规现象作出理论上的解释;二是信息时代的到来,迫切要求我们从认知的角度来探索人类的语言

---

① 范晓:《动词的配价与汉语的把字句》,《中国语文》2001年第4期。
② "客观主义语义学"指完全以客观的外在世界的事物之间的关系来分析语言成分之间的关系。此术语由 Lakoff . G. 在1987年提出。

机制。"①

第三节 认知语言学理论的优势

语法结构的解释必须到语言系统外部去寻找理据。只从语言系统内部论证某现象，容易导致循环论证。② 随着认知语言学的兴起和发展，汉语的语法研究出现了新的局面，"把"字句的研究开始涉及认知语言学领域，运用语言学的理论来解决以往不能解释的问题。张伯江（2000）采用 Dowty（1991）提出的"原型施事"和"原型受事"诸特征对"把"字句进行测试，认为"把"字句是用来凸显一个物体在外力作用下发生空间位移的典型句法形式。根据句法象似性（iconicity）的"顺序"原则（Halman1985；沈家煊 1993）提出的"起因在前，结果在后；已知在前，变化在后"，解释了为什么"把"字句"还原"为"主—动—宾"句常常十分困难，而有时却显得跟"受事主语句"有颇多相近之处（朱德熙 1982）。张旺熹（2001）利用认知语言理论说明了人在认知方式——隐喻作用下对物理空间的多种投射，位移过程的图式通过隐喻拓展形成了"把"字句的系联图式、等值图式、变化图式和结果图式等四种变体图式。这些有关"把"字句先声性的认知研究为后来学界从认知语言学角度探索"把"字句，解决诸多争论和遗留问题开辟了新的道路。

认知语言学认为，语言和现实世界之间有一个认知中介层，它将语言表达和现实世界联系起来。在这个认知中介层，人面对现实世界形成各种概念和概念结构。现实世界通过这个认知中介层"折射"到语言表达上。概念结构是比论元结构更深一层的结构，它不同于纯粹客观的语义层面，不是直接反映客观存在的场景中各种关系，而是体现了人对客观世界的认知模式，包含着人的主观体验和人对客观场

---

① 陆俭明、郭锐：《汉语语法研究所面临的挑战》，《世界汉语教学》1998 年第 4 期。
② 石毓智：《语法的认知语义基础》，江西教育出版社 2000 年版，第 2 页。

景的认知加工。客观世界中的同一个场景，可能因为人的认知角度不同，形成不同的概念结构。概念结构包括的概念角色也不同于题元角色，从认知上限定数量，做到不随意。Talmy 限定了两个最基本的角色，它们是"凸体"（Figure）和"衬体"（Ground）。认知语言学认为语言结构直接反映着概念结构（Langacker 1991），在人的主观体验基础上形成的概念结构对语言的结构具有相当大的影响，从这个平面出发来看语义和句法之间的联系，可以更好地说明问题，也能对句法、语义和语用现象作出统一的解释。

第四节 概念结构理论对"把"字句偏误分析的指导意义

一 语义在偏误分析中的地位

语义既是语言的基础，也是句法的依据，应将语义研究作为基本的出发点。李大忠在《外国人学汉语语法偏误分析》中指出外国人在"把"字句问题上表现出来的种种偏误，大都是由于没有真正理解"把"字句的语法意义而造成的。吕文华也在《"把"字句的语义类型及其教学》一文中主张解决"把"字句教学的根本途径是要揭示"把"字句的语义特征，应对"把"字句在结构形式和语义两个平面上进行层次切分，以合理地安排教学。可见，语义问题是"把"字句偏误的核心问题。

由于长期以来受生成语言学语义观的影响，语法教学一直注重句法结构的讲述。因此，对语法上的很多偏误现象都只能停留在表层的分析，如遗漏、增添、替代、错序等。这只能说做到了数学范畴上的分类，至于深层语义上的原因尚未作出解释。

二 认知在偏误分析中的作用

不同的语言有着不同的语音系统、书写符号和语法规则，因此外语学习者必须加以系统的学习才能看懂或者听懂。其中，语法需要花费大量的时间才能掌握，这并不意味着不同语言的语法是完全不同的。事实上，世界上各种语言的语法规则存在许多共性，它们的深层的句法规则是相通的。这种共性是由人类所共有的、基本的认知能力决定的。Langacker（1987，1991，2000）认为人类的基本认知能力主要是基于日常感知经验之上的，这些能力包括：基本感觉能力、比较和类推能力、心智扫描能力、抽象化能力、隐喻能力。认知语言学家主张以体验哲学为理论基础，尝试运用人类几种基本的认知能力和认知方式来对语法作出统一解释。

习得一门第二语言本身就是一项认知活动，它包含着复杂的认知过程。偏误分析是研究汉语作为第二语言习得规律的突破口。自1984年鲁健骥发表《中介语理论与外国人学习汉语的语音偏误分析》一文以来，对外汉语界的偏误分析已走过了将近三十年的时间，学界基于第二语言习得和中介语理论这两个基本的理论依据，借助语料库、考卷库或数学方法等方法，探讨了外国人在习得汉语过程中出现的偏误现象、偏误原因和教学策略。在实践上积累了许多经验，在理论上也取得了丰硕的成果。但是，从现阶段的偏误分析研究来看，对偏误原因的解释以母语负迁移和目的语泛化为主，从认知上对偏误原因的解释还不够。

语言是人的感觉器官对世界经验的认知加工，是主客观互动的结果。因此，语言教学应该基于学习者对语言概念的体验和认知。认知语言学从概念角度出发，考察语言的形式特征，试图从语法结构在表达概念结构中所具有的功能来解释语法结构。认知语言学理论从认知角度对语言所作的描述，既是对语言本质的诠释，也揭示了人类大脑的思维和认知规律。在偏误分析和语言教学中合理利用这些理论，可以指导二语学习者深入语言的深层概念体系，充分利用已有的经验知识和认知能力来理解语言，减少偏误，习得二语。

三 概念结构理论的指导意义

偏误分析是研究汉语作为第二语言习得规律的突破口。自1984年鲁健骥发表《中介语理论与外国人学习汉语的语音偏误分析》一文以来，对外汉语界的偏误分析已走过了将近三十年的时间，学界基于第二语言习得和中介语理论这两个基本的理论依据，探讨了外国人在习得汉语过程中出现的偏误现象、偏误原因和教学策略。"把"字句的偏误分析研究集中在以下几个方面。

（一）针对语义问题的研究。吕文华（1994）主张解决"把"字句教学的根本途径是揭示"把"字句的语义特征；李大忠（1996）指出外国人对"把"字句的"处置"概念本身很难以理解，因为它太概括。外国人在"把"字句问题上表现出来的种种偏误，大都是由于对"把"字句的语法意义没有真正理解而造成的。

（二）针对国别和少数民族的研究。林载浩（2001）、高红（2003）、崔桓、朴爱华（2010）针对韩国学生习得"把"字句情况进行考察及偏误分析；程乐乐（2006）分析日本学生的"把"字句使用偏误；李遐（2005）、张梅（2009）分析新疆少数民族学生的"把"字句使用偏误。以上研究大多针对相同语言背景的学习者出现的偏误进行分析。这固然可以解决一部分问题，但缺少语言共性问题的深入研究，缺乏类型学上的研究意义。

（三）结合中介语语料库的研究。长期以来，由于"把"字句的研究缺乏利用大型语料库作定量研究，因此得出的结论也较片面。2004年以来，中山大学周小兵主持"汉语中介语偏误标注语料库"、南京师范大学肖奚强主持的"中介语偏误信息语料库"为汉语偏误研究提供了更为方便的语料基础。目前，针对"把"字句的偏误分析，虽已开始利用语料库，肖奚强等（2009）在90万字的中介语语料库中对"把"字句的使用情况进行统计，但是对语法上的偏误现象仍然停留在表层的分析，如遗漏、增添、替代、错序等。这种分析只能说做到了数学范畴上的分类，尚未对其深层语义上的原因作出解释。

认知语法认为,语言形成其句法构造的内在动因是认知和语义。句法构造的外在形式是受认知和语义因素促动的。基于上述语义和认知在偏误分析中的地位和作用,我们选择认知语义学中 Talmy 的概念结构理论作为本书的理论基础和依据,它既具有系统性和概括性,又易于操作和理解,运用它来解释"把"字句中相关的偏误现象,将"把"字句的偏误分析深入至认知语义层面。Talmy 的概念结构理论对语义剖析细致入微,能将原本叠加于动词或附加语之上的意义分析出来。他对意义与形式映射关系的研究以及语义和句法分析的新思路,不但对语内研究有启示,还有助于我们进行跨语言的比较和类型学的研究、用来解释不同语言的共性和个性。不同国别的二语学习者具有相同的认知能力和认知对象,但是他们在如何运用这些认知能力时都有自己的特点。比如不同民族的路径与其他概念成分的合并方式是不同的,有的是路径与运动合并,如西班牙语;有的则不与其他概念成分合并,在句法上独立显现为句子的附加语,如英语。我们从概念结构出发,分析语义和句法上融合与合并为一个单一事件的"把"字句宏观事件,将语义上的综合显现出来,做到让偏误现象的解释在形式上可见,又具有语义和认知上的理据。"认知语言学对外语教学的最大贡献在于:它通过一个共同的概念基础,在形式句法和形态学与语法的语义方面架起了一座桥梁,从而使得语言教学得以从内容和形式的分离状态中解放出来。"[①]

运用概念结构理论对"把"字句的偏误进行细致解析,一方面,可以帮助我们发掘出语言现象背后的深层次理据,激发学生对语法的兴趣,提高学习的效率;另一方面,可以最大限度地降低二语学习者的偏误率,更为深远的意义在于通过深入而全面地分析那些由于深层次认知语义原因造成的偏误,从而增强教学的针对性和科学性,为教学内容的增设和教材编写提供理论依据。

---

① Ungerer, F. & H. J. Schmid. An introduction to CognitiveLinguistics. Beijing: Foreign Language Teaching and Research Press, 2001. p. 273.

第四章

表达运动事件的"把"字句与偏误分析

第一节 引言

在人类所接触的经验中,有很多包含着运动,例如"跑步、进入、摇摆、飞过"等,这些"包含运动或维持固定位置的情境"就叫做运动事件。[①] Talmy 认为一个运动事件包括四个基本的内部成分。

凸体(figure):一个正在运动或从概念上看可以运动的对象,它相对于另外一个物体(参照物,即背景)而运动或存在。

衬体(ground):一个参照物体,运动对象(即物象)相对它而运动。

运动(motion):指运动本身。

路径(path):物像相对于背景而运动的路径或存在的位置。

这四个基本的内部成分组成了宏观运动事件中的框架事件(framing-event),即运动事件的主事件。主事件是运动事件的主体,是构成事件基本框架的事件,故主事件又称构架事件。其中决定事件时空位置的成分是路径和衬体,所以它们是事件的概念上的核心。

除上述四个成分,运动事件的发生有其不同的方式或者前因后

---

① Talmy, L. Lexicalization patterns: Semantic structure in lexical forms. Shopen, T. Language typology and semantic description. Vol. II: Grammatical categories and the lexicon. Cam-bridge University Press, 1985. pp. 480-519.

果，称之为"方式"和"使因"。这些是运动事件的附属结构，它们构成运动事件的副事件。副事件（co-event）依附于主事件，对框架事件起填充、详述、添加或引发（motivate）作用①。所以可以把它看作宏观事件的一个环境事件。副事件不如主事件凸显，但它本身也可以看成一个运动事件。其主要功能是表示主事件中运动的方式和使因。

例如"He blew the pencil off the table"这样一个运动事件，其中关键的部分，即构架事件，是"铅笔掉下了桌子"（The pencil moved off the table）。是"什么原因"使铅笔掉下桌子或铅笔，"怎样"掉下桌子，这是伴随的状况，可称为"副事件"。而这类构架事件的语义核心是"off the table"所表达的"路径（Path）+衬体（Ground）"，即"掉下桌子"这一事实。

主事件可独立于副事件而呈现。例如：

(4-1) the bottle entered the cave. （Talmy 2000）

概念结构为：

[[the bottle MOVE INTO the cave]_{主事件}]_{位移事件}

这是一个只包含主事件的位移事件，是一个简化了的位移事件。

第二节 运动事件和"把"字句

按照有无行为的使事可以把运动事件分为自动事件和使动事件。如"他走出了家门"这是一个基本的运动事件，句子表达的是凸体

---

① Talmy, Leonard. Toward a Cognitive Semantics, Vol. II. Cambridge, Massachusetts: MIT Press, 2000. p. 220.

"他"自己走出了家门,不包括其行为的使事。自动事件一般用简单表达式,往往表达"已然"事件。如:

(4-2) 一名瑞士记者前不久曾给苏黎世的国际足联总部寄去一封信。(北大语料库 新华社 2004 年新闻稿)

(4-3) 谢云果然很讲义气,第二天就让北京的一位朋友给我送来 500 块钱。
(北大语料库《中国北漂艺人生存实录》)

例(4-2)中的受事宾语"一封信"位于动趋式"寄去"之后,例(4-3)的受事宾语"500 块钱"位于动趋式"送来"之后,句子表达的是一个已然事件。句中的"来"和"去"后可以加上体标记"了","来"和"去"在这里相当于实现体或完成体标记。

有使事出现的事件是使动事件。"把"字句构成的运动事件属于使动事件。使动事件的概念语义可以表述为 Talmy(2000)所说的一种施力变动图式(force-dynamics)(简称力变图式),其中变动部分具体表现为方位的变化。在使动事件中,动作者向另一个实体实施某动作,致使该实体所处的方位改变。如:

(4-4) 我把她抱进屋。

概念结构为:

[我 AMOVE 她 进 屋]_{主事件} + [我抱她]_{副事件}

这个概念结构表示的是凸体"她"在使事"我"的影响下发生了位移运动。

使事的行为,即使因,是造成位移体运动的原因。如例(4-4)中副事件所表达的行为是主事件运动的原因,"AMOVE"表示概念结构中有使因的运动。这一使动事件中,施动者"我"和位移体"她"相分离,施动"抱"在前,位移"从屋外到屋内"在后,施动和位移之间有一个"致使"的语义关系。两个图式可以表述为一个致使概念结构,致使者(使事)致使客体(凸体)从原位通过某途径抵达终位。

由"把"字句构成的致使结构既可以表达已然事件,也可以表达未然事件。如:

(4-5) 你们怎能这么狠毒?还不赶快把人送医院?(北大语料库 中国农民调查)

(4-6) 司机赶紧把后座上的乘客送医院去了。(北大语料库 北京话调查资料)

例(4-5)是一个祈使句,是未然事件。例(4-6)是叙述句,是已然事件。不过例(4-6)有歧义,既可以理解为"去"表示的位移运动已经结束,即"乘客"到了"医院",也可以理解为位移运动还没结束,即"乘客"还在去"医院"的途中。但不管是否"结束",这个句子表达的都是已然事件。因此,"把"字句既可以表示已然事件也可以表示未然事件。

金立鑫(2003)认为"如果一个动词的后面出现了宾语,可以认为这一动词表示的运动获得了一个终点,它的能量得到了释放,该运动得到了封闭。"①当"来"和"去"在宾语之前,如"他从水里捞上来一个瓶子",位移运动不但表示[+实现],而且表示[+结束]。曾传禄(2009)认为"把"字句由于宾语提前,位移运动的能量具有开放的特性,未获得终止点,故位移运动可以表示[+/-结束]。

---

① 金立鑫:《趋向补语和宾语的位置关系》,载赵金铭《对外汉语研究的跨学科探索》,北京语言大学出版社2003年版,第118—134页。

一 语料统计

（一）本族语语料

缪小放（1991）对老舍 13 部作品（66 万字）里的"把"字句做了统计，共有 1619 例"把"字句，张伯江（2000）对王朔 4 部小说（40.5 万字）作了统计，共有 614 例"把"字句。他们的数据中，谓语形式为动趋式的"把"字句都占最大比例，接近其他谓语形式数量的总和。张旺熹（2006）收集了 1996 年第 1 季度《人民日报》（577 万字）的语料，其中有 2160 个"把"字句，统计结果发现其中有一半 VP 结构明确表示物体发生空间位移运动，基本上以方位介词短语和趋向短语为补语标记。我们选取了北京大学 CCL 语料库 1000 例的"把"字句，表达运动事件的"把"字句为 569 例。以上统计都显示了在本族语语料中，表达运动事件的"把"字句在所有事件类型的"把"字句中所占比例之高，几乎接近其他事件类型"把"字句的总和。

（二）外国人语料

我们对所收集的外国学生习得"把"字句的偏误语料进行统计，其中 HSK 动态作文语料库共 585 例"把"字句，表达运动事件的"把"字句为 276 例，约占 47.2%，接近所有事件类型"把"字句总和的一半；南京师范大学中介语偏误信息语料库共有 475 例"把"字句，表达运动事件的"把"字句为 249 例，约占 52.4%；自建语料库共 200 例"把"字句，表达运动事件的"把"字句为 104 例，约占 52%。各组数据说明了表示运动事件的"把"字句在对外汉语教学中的重要性。

二 事件分类和表达式

从表达看，使动事件一般使用复杂表达式，极少使用简单表达式。复杂表达式是宏观事件，表达运动事件的表达式有：

句式 1：S+把+N1+V 在/到/给/向/往+N2

如：

(4-7) 回到家，他把书包放在桌子上。
(4-8) 孩子把球踢到了屋里。
(4-9) 老师把作业本发给大家。
(4-10) 他拼命把手雷投向火力点。
(4-11) 人们发明了火箭，把宇宙飞船送往太空。

句式2：S +把+N+V+（RC）+来/去（RC 为结果补语）
如：

(4-12) 老师把桌子上的书收进书包里去。
(4-13) 小妹朝我嫣然一笑，竟积极主动地把身体靠上来。

句式3：S +把+N+状语+V
如：

(4-14) 司机把车往家里开。
(4-15) 这就是为什么我总是它往手臂上拉。

第三节 事件角色的特点

使事、凸体和衬体是事件角色，是概念结构的概念成分。它们与语义层面的题元角色不同，题元角色是客观的语义分析的产物。句法结构直接反映的是概念结构，而不是题元角色，后者通过概念结构的调节才能得到句法实现。

"石头滚进山洞"这是一个基本的运动事件，句子表达的是凸体"石头"自己滚进山洞，这是"自动事件"，不包括其行为的使事

(agent)。有使事出现的事件是"使动事件",如"他把石头滚进了山洞",凸体"石头"在使事"他"的影响下发生运动。"把"字句构成的运动事件属于使动事件。在使动事件中,动作者使事实施某动作,并最终作用于另一个实体,致使该实体也即凸体改变方位。如:

(4-16)人们把这个为民除害的英雄抬回家去,给他治疗。(北大语料库 北京话调查资料)

(4-17)于是她就把这棵茶树移到了自己住的山上。(北大语料库 北京话调查资料)

(4-18)日方来我国之前先把代表团名单寄给我们。(北大语料库 1994 报刊精选)

(4-19)他决定把看完了的书拿去还给图书馆。(北大语料库 北京话调查资料)

(4-20)海浪把鱼儿,虾儿都推向了海岸边。(北大语料库《科技博览》)

(4-21)只要他的对手落下一子,这根弹簧就把棋子迅速地送到棋盘上。(北大语料库 北京话调查资料)

一 使事具有直接性、参与性和意向性

在上述表使动事件的"把"字句中,使事一般具有[+述人][+有生]的语义特征,如"人们"、"她"、"日方"、"他",而"这根弹簧"、"海浪"是[-述人][-有生],也同样可以作为使事。这样看来,无论是自然界的各种事物还是作为主宰的人,在实施某动作时,都体现了其直接性、参与性、意向性的特点。只不过前四例[+述人][+有生]的使事体现的是使事有意识的对凸体作某种实在的处置,也即某种实在的影响,使其发生了位移运动,而后两例的使事"海浪"、"弹簧"是[-述人][-有生]的,是说话人认定其对凸体作了某种处置,致使凸体发生位移运动。

二 凸体具有位移性、他控性和凸显性

运动事件"把"字句都是位移事件。在使动事件中，使事实施某动作，并最终作用于另一个实体，致使该实体改变方位，因此这个实体也即（凸体）必然具有位移性，而他控性主要体现在凸体的运动是在使事的作用力下所作的运动，是一种使移或者共移的运动。共移运动表面上看本身体现位移力，而实际上是先通过使事发出的作用力，再和凸体结合在一起进行的位移。因此凸体仍然具有他控性。

人类记忆的基本规律是容易识记句子的两头，不容易记忆句子的中间位置。这一规律导致了句子两头的凸显程度高于中间的凸显程度，而在"把"字句中，凸体虽然处于句中，但它所在的位置是有标记的句法位置，即"把"后宾语，与动词形成句子的核心，也就是所谓的"动核"，其他成分处于核心之外。从话语角度看，曹逢甫（1987）认为"把"后宾语处于此话题位置，受注意比较多，所以认知上比较凸显。

三 衬体具有方位性和具体性

Talmy（2000）认为衬体包括起点、终点、行为经过的点，概念涵盖的范围比较广。但是他忽略了概括内容的差异。我们认为终点衬体凸显程度最高，终点标志着一个事件的终结，更容易形成有界事件。"把"字句式的有界性体现在运动的终点衬体上，它是事件有界的一个标志。从对表运动事件的"把"字句考察可知，终点衬体往往具有方位性，如上例中的"家"、"图书馆"、"海岸边"、"棋盘上"、"自己住的山上"等。

衬体的具体性体现在它和主谓宾句的比较上。如：

（4-22） a. 士兵把战友拖到战壕的那边。
　　　　b. *士兵拖战友到战壕的那边。

"把"字句中具体方位"战壕的那边"作衬体，而在主谓句中则不成立。

衬体显现的基本原则：不同的处所成分，也即衬体，凸显程度不同，它们一般与凸显程度相当的句法位置匹配。对事件的时间和空间结构来说，人更重视终结点，"把"字句运动事件中终点衬体比起起点衬体的认知地位高，也就更为凸显。起点衬体可以省略，而终点衬体则不能缺少。如：

（4-23） a. 我把他从闹哄哄的人群中拉到路边。
　　　　 b. 我把他拉到路边。
　　　　 c. ＊我把他从闹哄哄的人群中拉到。

第四节　使事和凸体的关系

客观世界中任何事件都有其发生的动因，而由于某些原因在认知上不凸显，事件才被概念化为自动事件。一旦说话人变化观察的视角，追查使因时，事件就被概念化为使动事件，这样自动事件的使因在认知上就被凸显了。凸显的过程也就是其影响力被注意到的过程。Talmy认为，事件被概念化为自动事件还是使动事件的关键在于行为的主体——使事对于力量作用过程是否有意向性。我们认为用使事的意向性并不能解决类似"我把脚走肿了"这类句子。Malle，B.（2001）提出如果使动事件成立，则致使事件必须可以观察到，即使事和凸体之间的力量作用明显，亦可以观察到。这与我们对表运动事件的"把"字句的考察相一致。

一　使事和凸体具有紧密的联系性

先看以下例句：

(4-24) a. *一阵微风把海里的鱼都卷到了岸边。
b. 一阵海浪把海里的鱼都卷到了岸边。

使事"一阵微风"在通常情况下并不容易观察到，例（4-24a）中的使事"一阵微风"跟凸体"海里的鱼"之间的联系即"微风卷鱼"不符合人们对这一事件的理想化认知模式①。如果我们把"一阵风"改为"一阵飓风"句子便可成立，因为"飓风卷鱼"这个现象符合人们对这一事件的理想化认知模式。同理例（4-24b）中的使事"一阵海浪"和凸体"海里的鱼"之间的联系"海浪卷鱼"紧密，符合人们对这一事件的理想化认知模式，因此例（4-24b）成立。

二 使事对凸体具有较大的影响力

Talmy（2000）认为使事发出的力量直接或者间接及于凸体，使其受到影响，发生运动事件。因此使事对凸体的影响力要足够大，如果不足以影响凸体则构不成使动事件。如：

(4-25) *队长把3号队走向东边。（高级 缅甸）
(4-26) 他又抓住金虎山的两只胳膊，吃力地把他推上了冰层。（北大语料库1994年人民日报）

例（4-25）中"队长"发出位移动作"走"，这是一个表自移的位移力，并没有直接或者间接作用与凸体"3号队"，所以"3号队"不可能在队长的"走"下而"向东边"运动。如果使事的力量改为"拉"或者"带"等能直接或者间接作用于凸体的动词，这样使事对凸体的影响力足够大，句子就合法了。例（4-26）使事"他"

---

① 即George Lakoff在1987年提出的ICM（idealized cognitive model），理解为人们在认识事物与理解现实世界过程中，对某领域的经验和知识所形成的抽象的、统一的、理想化的组织和表征结构。

发出的影响力"推",虽然"吃力",但有足够的影响力致使"他"发生位移运动"上了冰层",故句子合法。"把"字句和主谓宾句"他吃力地推他上了冰层"的区别在于"把"字句更符合人们急于知道事件结果的认知倾向,即是否"推上了"终点衬体"冰层"。

当然,我们认为使事的"影响力大小",不是指各客观事物本身的力量强弱,它是指相对于另一事物之间的影响力大小。如:

(4-27) 夜里一阵风把香火吹到了柴垛上,幸亏老吴叔发现了,这才避免了一场大灾。(北大语料库《作家文摘》)

使事"一阵风"不管客观上是大风还是小风,只要有足够的影响力使凸体"香火"发生运动,便可以构成使动事件。而对"把"字句这一句式的选择,体现了沈家煊(2002)提出的"主观处置",即"说话人认定甲(不一定是使事)对乙(不一定是受事)作某种处置(不一定是有意识的和实在的)。"①,这是一种语用角度的选择,要以符合事件的理想化认知模式为前提。

第五节 动词和"把"字句

由"把"字句构成的运动事件属于使动事件。在使动事件中,动作者实施某动作,并最终作用于另一个实体,致使该实体改变方位。使动事件的运动主要通过一般移动动词和路径动词来表达。移动动词分为自移动词,他移动动词和共移动词。他移动词和共移动词都在位移力的作用下发生了位移运动,我们统称为使移动词。

自动事件一般用简单表达式,自移动词如"坐、躺、蹲、躲、走、跑、跳、奔、蹦"不能进入"把"字句这一复杂的宏观事件。

---

① 沈家煊:《如何处置"处置式"》,《中国语文》2002年第5期。

使移动词位移性较强，如"拿、推、泼、取、放"等，这类动词使动作客体产生从一处到另一处的运动，即位移，大量出现在"把"字句中，这是因为"现代汉语的动词和其他语言相比，语义特征当中缺乏［＋致使］特征，所以更多地在'把'字句中，通过这种格式来表达致使的语义。"①。

通过对语料库中表示运动事件的"把"字句考察，可以发现能够进入"把"字句的位移动词主要是他移动词和共移动词，即使移动词。如：

(4-28) 山东大汉把我的背包扔在一个空床板上。（北大语料库 1995 年《人民日报》）

(4-29) 黑氏生平第一次把唾沫喷到卑怯的木犊脸上（北大语料库《读书》）

(4-30) 乘务员把热气腾腾的姜糖水、荷包蛋面条，端到了产妇面前。（北大语料库 1994 年《人民日报》）

一 使移动词的分类

Levin（1993）在动词和变式关系的研究中对动词进行了分类。使移动词和变式使移动作动词至少可以涉及以下 6 类：投掷类（throw）、喷洒类（spray）、装载类（load）、放置类（put）、结状类（fill）和脱离类（remove）。但是她的分类比较粗糙，且由于动词词汇化模式的不同，不能涵盖汉语中丰富的使移动词。本书考察了《汉语动词用法词典》（孟琮等 1999），按照动词表达的位置变化，即显性表达的是变化的终位还是离开原位，把使移动词分为终点使移动词和起点使移动词。

---

① 陈忠：《"起来"的句法变换条件及其依据》，《山东社会科学》2006 年第 2 期。

（一）终点使移动词按照凸体受位移力的影响分为以下几类下位动词

1. 凸体受力后固定位置

安放类：按、摆、放、挂、装、搁、堆、插、栓、压轧、系、绑、贴

安放类使移动词体现凸体受力位移后固定在某一点。见图4-1：

图4-1 安放类使移动词凸体受力图

由安放类使移动词构成的"把"字句。如：

(4-31) 你把秧苗插入泥土中。

(4-32) 我把衣服脱下挂在门后。

2. 凸体受力后从一空间进入另一空间

填充类：盛、穿$_5$、套、填、搂、抱、包、包围、裹、塞、藏、泡、埋、戴

填充类动词体现凸体受力后从一空间进入另一空间。见图4-2：

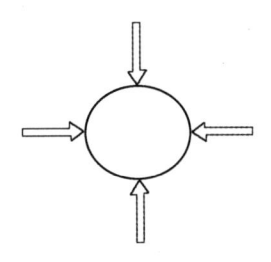

图4-2 填充类使移动词凸体受力图

由填充类使移动词构成的"把"字句。如：

(4-33) 你把饭盛在碗里。

(4-34) 你把衣服穿上。

3. 凸体受力后覆盖至另一平面

喷洒类：喷、洒、泼、浇、刷、抹、涂、贴、铺、筛、撒（sǎ—种子）

喷洒类使移动词体现的是凸体受力覆盖至另一平面。见图4-3：

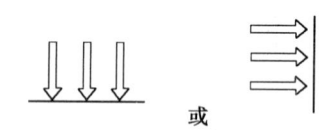

图4-3 喷洒类使移动词凸体受力图

由喷洒类使移动词构成的"把"字句。如：

(4-35) 你把花洒上水后再出去。

(4-36) 石岂把唾沫星子喷到那个男的脸上。

4. 凸体受力后和使事一起运动

携带类：搀、扶、带、逮、接、买、取、抓、收、捎、牵、拿、抢、偷、请

运送类：搬、抱、背、采$_2$（小姑娘—来一朵花）、担、端、递、划（huá—船）、接、捡、交、举、开（车）、捧、拾、送、提、推、抬、拖、运、驮、顶$_2$（把球—进球门）

追赶类：追、赶、领、牵

这三类位移动词又可以区分为两种运动情况，见图4-4：

AB ⟹ (C) 或 A ⟹ B ⟹ (C)

图4-4 携带类、运送类、追赶类位移动词凸体受力图

由携带类、运送类、追赶类三类位移动词构成的"把"字

句。如：

(4-37) 他把老人小心地搀到楼下。

(4-38) 快把桌子搬走。

(4-39) 警察把歹徒追到河里，生擒归案。

使移动词也可称为共移动词，表面上这些动词本身体现位移力，而实际上是通过位移动词使施动体和位移体结合在一起再进行位移，更加强调共同性，是共同的位移。携带类和运送类使移动词的使事和凸体重合。追赶类虽是同时运动，但有前后之分。在"把"字句中终点一般要求出现，在终点被默认时则出现起点。

5. 凸体受心理力影响后移动

骗、哄、拐、逼、喊、叫、吸引

由上述动词构成的运动事件表示凸体 B 受到 A 的影响，在自身心理力的作用下向 A 运动或者向 A 施力的方向运动。见图 4-5：

A ⟹ ⟸ B　或　A ⟹ B ⟹ C

图 4-5　心理动词凸体受力图

表示受心理力影响后的位移运动的"把"字句，如：

(4-40) 要是把姑娘骗到国外，连喊冤都没地方喊。

(4-41) 赶紧把儿子喊回家，他连作业都没做完呢。

上述几类使移动词都含［终位］的语义特征，后可接"在"、"到"、"上"、"往"等表运动终点的介词。

（二）起点使移动词

起点使移动词指凸体受力后从默认的起点开始运动的动词。

脱离类：吐、倒、摘、拨、割、刮、揭、砍、撕、刨、咬、剪、

驱逐、抛弃、丢

　　投掷类：扔、甩、投、掷

　　派发类：邮、寄、发、分、调、派、派遣、转、还

　　起点使移动词构成的运动指凸体受力后从默认的起点开始运动。见图4-6

$$A \Longrightarrow (B)$$

图4-6　脱离类、投掷类、派发类使移动词凸体受力图

　　脱离类使移动词含有"使离开原来所在的空间"的意思，这类动词能单独表达位移事件，如"快把垃圾扔了"、"把菜摘了"，这两个句子都含有"使离开原来所在的空间"的意思，本身隐含位移参照，而"搬、端、抱、提"等本身没有隐含位移参照，所以不能单独表达运动事件。

表4-1　　　　　　　　　使移动词分类表

		凸体运动情况	类别	例词
使移动词	终点使移动词	受物理力固定位置	安放类	按、摆、放、挂、装、搁
		受物理力进入另一空间	填充类	盛、套、填、塞、泡、裹
		受物理力覆盖至另一平面	喷洒类	喷、涂、贴、泼、浇、刷
		受心理力位移至终点	言语类	喊、叫
	共移动词	受物理力后和使事一起运动至终点	携带类	搀、扶、带、逮、接、买
			运送类	搬、抱、背、担、端、抬
			追赶类	追、赶、牵、领
		受心理力后和使事一起运动至终点	逼诱类	骗、哄、拐、逼、喊、叫、吸引
	起点使移动词	受力后从默认的起点开始运动（终点）	脱离类	吐、倒、摘、拨、割、刮
			投掷类	扔、甩、投、掷
			派发类	邮、寄、发、分、调、派

二 动词使用情况和偏误分析

(一) 使移动词使用频率

据对所收集的全部 620 个表达运动事件的"把"字句的统计，我们发现以"放"为主要动词的"把"字句占首位，其次是"送、拿、带、抱"。出现频率最高的 10 个动词和词频分别为：

1. 放 64　2. 送 46　3. 拿 44　4. 带 30　5. 抱 30
6. 拉 18　7. 搬 16　8. 丢 14　9. 赶 14　10. 挂 12

上述使用频率较高的使移动词，根据它们构成的"把"字句所出现的问题，我们对其进行归类，并对由于概念结构上的问题而出现的偏误现象进行分析。

(二) 基于概念结构理论的偏误分析

1. 概念内容不当

(4-42) *我把饭拿碗里，吃了一半。（中级 越南）
(4-43) *先把那个人拿到上边去了。（初级 韩国）
(4-44) *它的眼睛很明亮，经常把舌头拿出来。（高级 韩国）

Talmy 指出，开放系统，或者说是词汇分支系统表达的是概念内容，而封闭系统，或称语法分支系统，表达的是概念结构。以上三个句子在概念结构上没有任何问题，但在概念内容上却有不当。"拿"作为使移动词的词义是"用手或者其他方式抓住、搬动东西"，因此"那个人"不能作为"拿"的对象，此处该用"拉"或"推"等使移动词。同样"舌头"不该用"拿"，而应该是"伸"。在统计中，我们发现"拿"的使用频率和错误率均很高，这与"拿"相对应的英语词汇"take"义项不一一对应有关。

2. 动词类别未受限制

（4-45）*他把椅子搬了，来我这里。（中级 日本）
（4-46）*妈妈把孩子抱了，孩子还哭。（中级 泰国）

使动"把"字句是宏观事件，是一个有界的事件，一般来说包括主事件和副事件。副事件表示使因或者方式，上述两例构不成一个使动运动事件。

＊［他 AMOVE 椅子］主事件
＊［他 AMOVE 孩子］主事件

如果句子改为：

（4-47）他搬了椅子。
（4-48）他抱了孩子。

概念结构为：

［［他 MOVE 椅子］主事件］位移事件
［他 MOVE 孩子］主事件］位移事件

这是一个简化了的自主位移事件，可独立于副事件而呈现。

但是脱离类使移动词却可以在"S+把+N+V了"这一结构中构成合法的"把"字句，这是因为其含有"使离开原来所在的空间"的意思，这类动词本身隐含位移参照，即构成运动事件的核心：运动+衬体。而"搬、抱、端、提"等共移动词本身没有隐含位移参照，既无运动的源点，也无运动的终点，不是一个有界的事件，所以不能直接构成表有界运动事件的"把"字句。上述偏误的原因在于不清楚位移动词在"把"字句的概念结构中是受到限制的。

3. 不该用而用

(4-49) *医生把患者躺在床上，开始手术了。（初级 日本）

(4-50) *队长把3号队走向东边。（高级 缅甸）

例（4-49）的概念结构为：

[医生 AMOVE 患者 ON 床上]_{主事件}＋*[医生躺]_{副事件}

根据事件的理想化模式，躺在床上手术的应该是"病人"，因此副事件不成立，句子不成立。如果"躺"改为安放类使移动词"放"句子就成立。它表示一个使移事件，正确的概念结构为：

[医生 AMOVE 患者 ON 床上]_{主事件}＋[医生放]_{副事件}

例（4-50）则是动词"走"不具备足够的影响力，使得主事件[队长 AMOVE 3号队 To 东边]和副事件[队长走]之间具备紧密的联系性。主事件和副事件缺乏联系性，故句子不成立。

4. 该用而未用

(4-51) *我们的政府为了保护自然，**所以政府搬他们到平地跟我们在一起。**（中级 日本）

(4-52) ***我先放手机在车里**，然后用那个线打电话。（初级 印尼）

例（4-51）正确的概念结构为：

［政府 AMOVE 他们 TO 平地］_{主事件}＋［政府搬］_{副事件}

例（4-52）正确的概念结构为：

［我 AMOVE 手机 在 车里］_{主事件}＋［我放］_{副事件}

例（4-51）和例（4-52）都表达一个使动运动事件，例（4-51）中"政府"是使事，"他们"是凸体，"平地"是衬体。例（4-52）中"我"是使事，"手机"是凸体，"车"是衬体，两例各自的三个事件角色都独立显现，占据独立的句法位置。路径"到"和"在"也独立显现，占据一个句法位置。但是，概念显现的形式限制条件规定，动词后最多只能有两个独立的句法位置，并且衬体必须和路径结合显现。因此，凸体必须移位到有标记的句法位置上，通常选择把字宾语位置。凸体凸显程度高，凸显程度高的概念成分优先显现在凸显程度高的"把"后宾语上。

5. 词汇化模式差异

"词汇化模式"指移动动词所包含的语义成分。Talmy（1985，2000）专门研究了移动动词的词汇化模式，得出世界语言中共存在三种表达移动概念的动词的词汇化模式类型。

第一类，合并移动和方式并投射到词根上。动词除了表达移动本身外，还表达移动的方式或原因，这类动词通常被称为"方式移动"动词，例如英语中的"walk"、"run"等，汉语中的"跑"、"跳"等。表现这种词汇化模式类型的语言以英语最为典型，被称为"方式语言"，大多数印欧语言（罗马语除外）也属此类型的语言。

第二类，合并移动和路径并投射到词根上。动词既表达移动本身，又表达路径，被称为"路径移动动词"，例如英语中的"enter"、"exit"等，汉语中的"上/下"、"来/去"、等。表现这种词汇化模式类型的语言被称为"路径语言"以西班牙语最为典型。① 例如：

(4-53) a. The bottle floated out of the cave. (Talmy 2000)
b. La botella salió de la cueva flotando. (同上)
c. 瓶子漂出岩洞 (同上)

西班牙语"运动"和"路径"合并为"salió"，方式由"flotando"单独表示。而汉语和英语都用动词词根（漂，floated）表达"运动"和"方式"，用"出"和"out"表达位移的路径；

还有一类是"移动+移动主体"，即合并运动和图形。动词除了表达移动本身外，还表达移动的主体。英语中有少数几个这样的动词，例如"rain"、"snow"。汉语里则找不到这种类型的动词。表现这种词汇化模式类型的语言被称为"移动主体语言"，如 Atsugewi 和 Navaho 语。

当然词汇化类型只是一个具有倾向性的规律，比如英语中也有运动和路径合并的情况，例如"enter（进入）"、"exit（离开）"。另外，即使词汇化模式同属于一个类型的两种语言，在具体的词汇上还是会存在差异。

英汉两种语言路径的合并方式相同，具体到一些词语时却存在差异。如：

(4-54) I pushed/threw/kicked the keg into the storeroom. （严振松 1998）
（我把酒桶推/扔/踢进了酒窖。）

这是一组能够找到对应词汇的使移动词，翻译成"把"字句偏误

---

① Talmy, Leonard. Toward a Cognitive Semantics, Vol. II. Typology and Process in Concept Structuring. Cambridge, Ma: The MIT Press, 2000. p. 258.

率较低，但也有找不到对应词汇的使移动词。如：

(4-55) I slid/rolled/bounced the keg into the storeroom. (严振松 1998)

(我把酒桶—/滚/—/进了酒窖。)

"—"表示需用其他方式来翻译，空缺处表明汉语无法用单一对应的词来表达原意。因此，找不到对应的词表达原意时，外语学习者就会出现各种误用动词的偏误。如：

(4-56) *我把酒桶滑动进了酒窖。(高级 泰国)
(4-57) *我把酒桶跳滚进了酒窖。(同上)

另外，与很多语言的路径动词不同，汉语中的许多路径动词，如"来"、"去"、"上"、"下"、"进"、"出"、"回"、"过"、"到"、"起"等，它们不仅可以独立使用，也可以用在方式动词后描述移动事件，例如"走进"、"跑出"、"爬上"等，但是用在方式动词后的路径动词已经语法化，而不再是完全的动词。汉语路径动词的特征表明，"移动路径"概念在多数语种中主要词汇化为介词（或副词），而非动词在汉语中可词汇化为动词和介词两种形式。对"移动路径"概念不同的词汇化方式反映了汉民族对"移动路径"不同的概念化方式。

因此，我们也就不难理解汉语学习者会造出以下句子：

(4-58) *你先把你的卡进去。(陆庆和 2003)
(4-59) *把你的卡进这个机器里。(同上)

以往，多数学者把这类"把"字句的偏误都归纳为"遗漏动词"，似乎是一种纯属偶然的遗忘现象或者是没有学习相应的词汇导致空缺。其实，这种偏误类型存在着深层的原因，那便是对汉语路径动词词汇化为介词缺乏了解。如例（4-58）和例（4-59）中的路径动词"进"必须在方式动词后，才能表示使动运动事件，它在方式动词之后已经语法化为介词，是一个表示终点的标记。

类似的偏误如：

(4-60) *路上的一些人把我到医院。（初级　印尼）
(4-61) *所以人们把狼回到保护区。（中级　日本）
(4-62) *不应该把小小的问题在心里。（初级　韩国）
(4-63) *把行李近房子后我就开始找电话打回国，但是这是第一次来南京于是不知道怎么办手续就向我的同屋问一问。（把行李搬进房子后我就开始找电话，想打个电话回国。）（初级　泰国）
(4-64) *工人把床从楼上到楼下搬了。（初级　韩国）

第六节　运动事件中的路径和"把"字句

一　路径的概念和分类

Talmy（2000）提出的"路径"是一个复杂概念。由"向量"（Vector）、"维向"（Conformation）和"指示"（Deictic）三个区别成分组成。"向量"是位移体相对于参照点的运动方式，分为三个基本位移模式："到达"、"路过"和"离开"某个参照。"维向"是位移轨迹和参照点之间的几何关系，有"上/下、里/外"等类型。"指示"是以说话人为参照点的一种特殊向量关系，相当于汉语中的"来"和"去"。

汉语中有丰富的路径动词，可分为两类：指示路径动词和非指示路径动词。指示路径动词以说话人为参照点，如"来"和"去"。非指示路径动词以某一特定的背景（ground）为参照。如"我出了大楼，穿过广场"中的"大楼"和"广场"。

二 路径和"把"字句

从充当路径的成分看，汉语运动事件的复杂式包括动介式和动趋式。

（1）动介式（动词+介词结构）

动介式中的介词有"在、向、往、到"等。

（2）动趋式（动词+趋向补语）

趋向补语分为简单趋向补语和复合趋向补语。

简单趋向补语又分非直指性简单趋向补语和直指性简单趋向补语。非直指性简单趋向补语有"上、下、进、出、回、过、起、开、到"等。直指性简单趋向补语只有两个，即"来"和"去"。

复合趋向补语有"上来、上去、下来、下去、进来、进去、出来、出去、回来、回去、过来、过去、起来"等几。

由"把"字句构成的运动事件的复杂式也包括动介式和动趋式。

（1）动介式

句式 1：S+把+N1+V 在/到+N2

句式 2：S+把+N1+V 给+N2

句式 3：S+把+N1+V 向/往+N2

（2）动趋式

句式 4：S+把+N+V+（RC）+（来/去）

三 基于概念结构理论的偏误分析

（一）动介式的偏误

从收集的语料数据来看，表运动事件的"把"字句的路径使用的偏误主要体现在介词的使用上。介词是抽象的概念，往往反映本族语使用者和二语学习者对空间方位在感官和认知上的不同。

1. S+把+N1+V 在/到+N2（L）

"在"和"到"都是终点标记，都表示通过动作抵达某处所，但表达的侧重点不同。试比较：

(4-65) a. 他把桌子搬到教室外边去了。
b. *他把桌子搬在教室外边去了。（中级 日本）

曾传禄（2009）认为"到"强调运动的过程，激活一个线性图式，而"在"着重于运动结束后存在于某处，激活一个点状图式，所以当前面出现表示运动起点的成分或者后面有"来/去"时都不能用"在"。"到"对物体位移实现的动态描写，"在"是对物体存在于某处的静态描写。当动词是持续性的、位移动程明显的自移和共移动词，比如"走、跑、游、滚、爬、逃、搬、拉、送、拖、带、寄"等，这些动词后能用"到"，不能用"在"。如：

(4-66) a. 我把行李都拖到宾馆房间了。
b. *我把行李都拖在宾馆房间了。（高级 韩国）

当前面未出现表示位移起点的成分或者后面无"来/去"时，两者都可用。如：

(4-67) 别把垃圾扔在/到水槽里。（高级 韩国）
(4-68) 早恋不能让他们的思想集中到/在他们的学业上，事业上。（高级 老挝）

具有[+附着]的语义特征，如"挂、写、留"这类动词，则主要以"在/到"做格标，出现在"S+把+N+V+L"句式中，要求其后的处所词L必须同现，否则句法上和语义上不自足。如：

(4-69) a. *把我的大衣挂在。(初级 韩国)
b. *把我的大衣挂在衣柜。(初级 韩国)
c. 把我的大衣挂在衣柜里。

"挂、写、留"这类动词凸显的是状态持续,进入"把+O+VR+L"句式后,转为凸显物体留存的处所,即上述例句中"衣柜里",具有[+终结]的语义特征,从无界成分转化为有界成分。以下中介语中的偏误,都是由于缺少处所有界化的标记词。

(4-70) *有一天她照样把缝纫机放在胡同。(高级 美国)
(4-71) *(泡菜的做法)首先把大白菜放在盘子然后放了盐什么的。(中级 韩国)
(4-72) *她每天做挤牛奶在农场,然后她把奶放在桶里,她做完了就把桶放在头上回家。(中级 缅甸)
(4-73) *我把脏的衣服都放在洗衣机,但是我忘了。(初级 泰国)

2. S+把+N1+V 给+N2

"给"直接用于动词后,介引实物传递、交付的接受者,如"送给"、"递给"、"交给"、"捐献给"。"给"作为单个动词时的"给予"语义已经虚化。在带"给"的运动事件"把"字句中,绝大多数的核心动词都和 V 结合在一起。"V 给"中的"给"是实物运动的终点标记。此类偏误较少,可分为两类。

(1) 词汇化类型差异

(4-74) ?我还记得七八岁的时候,售票员在车上售票,大家把钱给她。(初级 韩国)

例(4-74)是由于"V 给"和"给"的词汇化类型不同造成。

在汉语中，表递送义的"给"它不仅可以独立使用，也可以用在方式动词后，与方式动词一起来描述移动事件。在很多语言中，动词和方式只有合并的一种用法，因此找不到对应的方式动词如"送"、"递"、"交"，只会笼统地用"给"表示。上述例句"大家把钱给她"，在没有"售票员在车上售票"的语境下，语法上没有任何偏误，但在"乘客在车上递交车费"的语境下应用"大家把钱递给她"更为准确。

（2）"给"不同位置的组合

"给"在"把"字句中的有两个位置，分别构成"S+把+N1+V给+N2"和"S+把+N1给+N2+V+R"两类"把"字句。例如：

（4-75）来！把饺子给他拿过去！（张伯江1991）

（4-76）这时候，四大妈已把白糖水给少奶奶灌下去，少奶奶哼哼起来。（同上）

（4-77）过了两天，沪大头来了，说是来东城票房说戏，顺便把衣裳给吴老太带回去（同上）

这类"把"字句除了有定受事宾语，还用"给"引进了当事宾语"N2"，张伯江（1991）认为受事宾语和当事宾语共现的"把"字句，是强制类"把"字句。

在中介语语料里，我们发现这样一个句子：

（4-78）＊大概15世纪左右，有一个人把它给国王奉送以后，成了个不可缺少的官廷味。（约旦 中级）

概念成分之间是结合在一起还是分离的，以及结合的紧密程度往往影响概念成分的句法表达形式。"S+把+N1+V给+N2"和"S+把+N1给+N2+V+R"两者表达形式的不同是动词和路径之间的组合的紧密程度不同造成的。两个概念成分凸显程度越高，越倾向于分离表达。比如例（4-78）句中，应该凸显"奉送（这道菜）"的给予对象"国王"，那么倾向于合并的概念结构，如：

[有一个人 AMOVE 它（一道菜）TO 国王]_主事件 + [有一个人奉送它（这道菜）]_副事件，

即"给"显示在主事件中，凸显终点"国王"。句子表达为"有一个人把它奉送给国王。"

3. S+把+N1+V 向/往+N2（L）

能进入这个句式的使移动词只有少数几个单音节词，如"推、开、驶、划、瞄、掷"等，因此这类句子在中介语料中的出现率很低。偏误主要出现在"往"和"向"的功能区分上。

"向、往"是目标或终位标记，表示动作的方向，但功能上存在较大差异："向"主要是标引动作的方向，目标是方向的参照；"往"主要是标引目标或终点，方向含而不显。试比较：

(4-79) *不法商家把大量假冒伪劣化妆品销向内地。（高级　印尼）

(4-80) *他抢过篮球，把它掷往了球筐。（中级　日本）

例（4-79）中"销"是终点显著度高的动词，"内地"是"假冒伪劣化妆品"抵达的终点，所以只能用"往"，不能用"向"；例（4-80）中的"掷"是方向显著度高的动词，"球筐"只是位移的方向参照，所以只能用"向"，不能用"往"。

（二）动趋式的偏误

1. "来"、"去"作为立足点的偏误分析

汉语和其他印欧诸语有一个明显的不同，汉语时空概念结构中有一个语用角度，可以体现成"来"或"去"，表示参照体和发话者之间的空间关系。如：

第四章 表达运动事件的"把"字句与偏误分析　　　79

(4-81) 李四也跳进冰冷的水里来了。(程琪龙 1996)
(4-82) 王五也跳进冰冷的水里去了。(同上)

例(4-81)中的"来"表示发话者和参照体的方位相同,都在"水里"。例(4-82)"去"表示发话者和参照体的方位不同,发话者不在"水里"。就动作的方向而言,"来"表示以发话者为终点,向说话人所处的位置移动。"去"表示以发话者为原点,远离说话人所处的位置移动。"来"和"去"分别标记发话者终和发话者原。

在其他很多语言中,如英语、法语、日语、德语等往往只能用主动词来表示发话者的视角。如:

(4-83) They came into the room.(他们走进屋里来。)(有道网络词典)
(4-84) They went into the room.(他们走进屋里去。)(同上)

因此,英语没有必要像汉语那样在概念结构中分出发话者的不同方位标志。

汉语学习者经常会遗漏表发话者方位的趋向补语。如:

(4-85) *我从屋里走出,看到正下雨。(中级　泰国)
(4-86) *你明天到我家,我一定给你我的礼物。(初级　韩国)

"把"字句中也经常出现遗漏表发话者方位的趋向补语的偏误现象。如:

(4-87) *为了能弄得一些旧邮票,从父母亲与中国国内亲人通信中,在信封上贴的邮票把它剪下。

(4-88) *渔夫说:"我什么都不要,你游泳吧!"就把鱼放出了。(初级 泰国)

在教授汉语时,向汉语学习者强调汉语这一独特的时空概念表达方式后,他们基本能够掌握,我们的语料统计中正确率为89%。然而,直指性简单趋向补语"来"、"去"构成复合趋向补语后,再进入"把"字句这一复杂的结构中,出现的偏误就会明显增多。在概念结构上的偏误主要体现在处所宾语的位置上。

2. 处所宾语作为立足点的偏误分析

在学习趋向补语时,语义上如果没有处所词,偏误率相对较低,加上处所词后的偏误率明显增高,如陆庆和(2003)指出以下两个例子:

(4-89) 把邮票贴上去。
(4-90) 把工资存起来。

这两例偏误少,如果加上表处所的词语"信封"和"银行"后,学生就会造出各种偏误句,如:

(4-91) a. *把邮票在信封上贴上去。(陆庆和 2003)
b. *把邮票贴在信封上去。(同上)
c. *把工资在银行存起来。(同上)
d. *把工资存在银行起来。(同上)

这些五花八门的句子之所以不合法,除了混淆了"在+处所+VP"和"VP+在+处所"的概念语义外,还因为例(4-91a)句和例(4-91b)中的介词"在"和"上去",例(4-91c)句和例(4-91d)句中的"在"和"起来"表示两个结果,两个方向。一个动作不能同时有两个方向,因此句子不合法。也就是说,事件不能存在两个互不

第四章　表达运动事件的"把"字句与偏误分析　　81

包含的路径。同理,学生会造出如下的句子:

(4-92) ＊请你自己把钱放进去我的口袋里。(初级　越南)
(4-93) ＊你不要把垃圾扔进在水里去。(中级　日本)

以上两例也是因为事件中存在了两个互不包含的路径"进"和"在"以及"进"和"去"。应该改为:

(4-94) 请你自己把钱放进我的口袋里去。
(4-95) 你不要把垃圾扔进水里去。

陈忠(2006)认为带有处所宾语和趋向动词的结构,如"跑进教室去"中的"跑进"可以看成一体,它参照"教室"和"去"两个成分:前者是动作固有的内在方向,与动作的关系密切,是内部参照;后者是"跑进"的外在方向,是外部方向。这样就形成了"去"游离于处所宾语和其他趋向动词构成的结构的外围的格局。如果"跑进"后不是处所宾语,而是非处所宾语,如施事宾语的话(跑进一个人来),"来"、"去"就失去了与处所宾语竞争的条件,分布就恢复了自由。这样的分布状况,背后隐藏的是距离象似性的原则。

类似陈忠所举的例子,我们在"把"字句中的中介语语料中找到的偏误句如:

(4-96) ＊我的朋友把那个自行车要带回去韩国,但我们选
　　　　的自行车没有包装盒子。(中级　韩国)

除去词汇的概念内容上的偏误,我们还可以用概念结构的分析方法来分析,这个句子正确的概念结构应该是:

[我的朋友 AMOVE 那辆自行车 AWAY FROM HERE]主事件 +

[［我的朋友 AMOVE 那辆自行车 BACK 韩国］_{主事件} + ［他带那辆自行车］_{副事件}]_{副事件}

"AWAYY FROM HERE"即"去"的概念表达在主事件中，凸显程度高，所以可以独立显现，而"BACK"是副事件的路径，不凸显，不能独立显现，只能和"带"结合显现。

3. 回避使用"把"字句而用SVO句

动介式"S 把 N1+V 在/给/到/向+N2 了"和动趋式"S +把+N+V+（RC）+（来/去）"不能用一般SVO句表达，是各类"把"字句中使用频率最高的小类，在教学中应该首先教授。我们在语料中发现了大量的该用"把"字句而未用的偏误现象。如：

(4-97) *互相推给别人自己不愿意做的事情。(中级　越南)

(4-98) *他还有高尚的品格，当祖国处于困难时期，爸爸辛苦挣来的钱大部分的寄给国内的老母亲及他的兄弟姐妹。(中级　韩国)

(4-99) *那时候我是小孩子，当然好奇心很大，所以我伸手进入这个空间。(初级　越南)

(4-100) *我们读书，然后做的采都放在桌子上，还要一个油灯放在桌子上。(中级　缅甸)

表使动运动事件的动介式和动趋式往往只能构成"把"字句。如：

(4-101) a. 他把儿子送进了学校。
　　　　a'. *他送进学校儿子。
(4-102) b. 他把一盘菜送上楼来。
　　　　b'. *他送上楼一盘菜来。

这类偏误现象可以用概念现象的形式限制来解释。

动词后最多只有两个独立的句法位置，这是因为一个动词后最多只能带两个宾语。这是汉语的基本句法结构模式。如双宾语句早在上古汉语中就出现了，那个时候动词后独立的句法位置的数目就已经确定，这一模式一直成为汉语历时演化中不变的基础。

上述例句不合法就是因为违反了"动词后面最多只有两个凸显的句法位置"这个形式限制。整个句子表达一个宏观的运动事件，其路径"进"凸显程度高，独立占据一个句法位置，例（4-101）中衬体"学校"是间接宾语，同样凸显，占据一个句法位置。这样凸体"儿子"就不能再显现在动趋式后面，只能显现在"把"字宾语或者话题等有标记的句法位置上。至于为什么显现在有标记的句法位置上是凸体而不是衬体，那是因为凸显程度高的概念成分优先显现在凸显程度高的"把"字宾语、话题等有标记的句法位置上。

第七节　运动事件中的衬体和"把"字句

事物的运动，除了运动的物体以及动作本身之外，从运动的轨迹上看，离不开起点、过程、方向和终点。Talmy（2000）把"衬体（ground）"定义为"一个参照物体，运动对象（即凸体/物象）相对它而运动。"他认为衬体包括起点、终点、行为经过的点，概念涵盖的范围比较广。

在汉语里，衬体往往由趋向词作为标引，鹈殿伦次按照意义和语法特征的不同，把标引处所词的各类趋向词做了细致分析，并分为：

起点：出、下$_1$、起；

经过点：过；

终点：到、回、进、下$_2$、上；

齐沪扬（1999）指出"出"和"下"有时标引"始点"处所，

有时标引"终点"处所。①

一 起点为衬体的"把"字句

句子的处所词也即衬体,在起点为衬体的"把"字句中显示的方式有:和介词"从"、"在"组合作"把"前的地点状语、做受事宾语的方位定语,也可由趋向词"下"标引出,如"拉下楼"。这些位置凸显程度相对低,并且都可以省略却不影响句子的合法性。此类"把"字句中的位移动词都属于起点使移动词,包括脱离类使移动词,如下面例(4-103)的"撕"、例(4-104)的"吐"、例(4-105)的派发类使移动词"寄"、例(4-106)的投掷类使移动词"倒"。我们在前文中已指出,起点使移动词含有"使离开原来所在的空间",这类动词能单独表达运动事件,本身隐含位移参照,所以发话者经常省略起点的衬体,这也是由语言的经济原则决定的。"搬、端、抱、提"等终点使移动词本身没有隐含位移参照,所以不能单独表达运动事件。

(4-103) 过了年,他就把对联从门上撕下来。(北大语料库 北京话调查资料)

(4-104) 赶紧把嘴里的脏东西吐出来。(王朔《痴人》)

(4-105) 她在邮局把干货寄了,过了一会儿才回家。(北大语料库 北京话调查资料)

(4-106) 出门别忘把垃圾倒了。(同上)

(4-107) 把他拉下楼来。(北大语料库《报刊精选》)

二 经过点为衬体的"把"字句

经过点为衬体,也即处所词表示"经过点",一般限于"门"、

---

① 齐沪扬:《空间位移中客观参照"D+Q+M"的语用含义》,载江蓝生、侯精一主编《汉语现状与历史的研究》,中国社会科学出版社1999年版,第115—134页。

"窗"、"圈"等有边界的方位名词。在经过点为衬体的"把"字句中,衬体出现的位置可以是状语位置,也可以是宾语位置,如:

(4-108) 我把他从大门送出去。(宋文辉 2007)
(4-109) 我把他送出了大门。(同上)

例(4-108)和例(4-109)的不同在于前者强调行为本身,而后者更强调经过点,这是由于句末倾向于表达重要信息这一基本的语序原则决定的,即焦点成分后置。当说话者需要强调经过点衬体的时候,经过点衬体就应该显现在凸显程度高的宾语位置,反之则显现在状语位置。

如果经点衬体同在宾语位置,动词和路径的结合紧密程度不同,也会表现出不同语义概念。如:

(4-110) 他把老奶奶扶过十字路口。
(4-111) 他扶老奶奶过十字路口。

"十字路口"是运动的经过点,"把"字句和主动句在形式上的区别在于"扶"和"过"这两个概念成分是分离的还是结合在一起。句法表达形式的不同是由概念语义的差异造成的。例(4-110)的概念结构为:

［他 AMOVE 老奶奶 ACROSS 十字路口］_{主事件} + ［他扶老奶奶］_{副事件}

例(4-111)的概念结构为:

［他 AMOVE 老奶奶 ACROSS 十字路口］_{主事件} + ［他扶老奶奶］_{副事件}

以上两例的概念结构基本一致，区别在于例（4-110）是有标记的"把"字句，显示其凸体凸显程度高，用黑体表示。

两者表达形式的不同体现在动词和路径之间的组合的紧密程度不同。例（4-110）动词"扶"和路径"过"结合紧密，说明说话人把这个事件看成是一个统一的过程，而例（4-111）中的两个概念成分分离，说明说话人把这个事件看成两个过程。两个概念成分凸显程度越高，越倾向于分离表达。这也符合人的一般认知原则：凸显的概念成分总是被独立地感知和记忆；而不凸显的概念成分往往依靠在凸显的概念成分上被附带感知和记忆。

三 终点为衬体的"把"字句

（一）终点衬体的句法位置

古川裕（2002）认为人类有一个普遍的认知倾向——"终端焦点化"（end-focusing），即人们面对一个事件的起承转合，往往更重视其终点而相对轻视其起点，重视终点是因为终点与结果相关联，而人们总是期望达到一个结果。凸显终点是人的认知习惯。在事件的构造上就表现为终点标志着一个事件的终结，更容易形成有界的事件；在句法位置上表现为终点一般出现在凸显程度高的宾语位置，而起点一般出现在凸显程度相对低的状语位置。[①] 这与我们在前文对"把"字句起点衬体的分析是一致的。这也体现了衬体显现的一个基本原则：不同的处所成分，也即衬体，凸显程度不同，它们一般与凸显程度相当的句法位置匹配。在上文"把"字句的起点衬体和经过点衬体的论述中这一点已经得到了初步验证，我们再来从"把"字句终点衬体的句法位置的角度来验证这一原则。如：

（4-112） a. 我把米饭盛进了碗里。

[①] 古川裕：《起点指向和终点指向不对称性及其认知解释》，《世界汉语教学》2002年第3期。

b. *我把米饭盛出了碗里。

例（4-112a）和例（4-112b）的概念结构分别为：

[我 AMOVE 米饭 INTO 碗里]_{主事件} + [我盛米饭]_{副事件}
[我 AMOVE 米饭 OUT OF 碗里]_{主事件} + [我盛米饭]_{副事件}

例（4-112a）的概念结构中"进"凸显终点，衬体"碗里"是终点，凸显程度高，显示在动词后宾语位置；而（4-112b）的概念结构中"出"凸显起点，"碗里"为起点，起点的凸显程度低于终点，显示在宾语这一凸显程度高的句法位置上，所以句子不合法。如果将句子改为"我把米饭从碗里盛出来"，起点衬体"碗里"显现在状语这种凸显程度比较低的句法位置上句子就合法了。

在"把"字句中，终点显现在状语位置的句式，即句式"S+把+N+状语+V"表现为"S+把+N1+往/向+N2（L）+Vp"。如：

（4-113）他把手榴弹向敌人扔去。
（4-114）他把船往山洞里驶去。
（4-115）他费劲地把一张很大的书桌从房间往外推。

我们在前文中指出，句式 S+把+N1+V 向/往+N2（L）中的"向"和"往"是表示目标或终位的标记，它们表示动作的方位，我们称其为终位标记。它们并不像"在"、"到"、"给"等那样强调终点，所以由"往/向+名词"的介宾结构既可以出现在动词后，也可出现在动词前。此处的名词也即衬体可指表人和事物的普通名词，如上例中的"敌人"，也可指方位名词"山洞里"、"外"等。然而，这些概念只是作为意念中的衬体而存在，它们只是目标，而不是已经到达的终点。上述终点衬体比起点衬体凸显，其终点指的是实际到达的终点。意念中的概念成分往往比实现的概念成分凸显程度要低，所以衬体和表方位终点的"往"、"向"的组合比较自由。当它要凸显终点方位时,衬体位于句尾,不需要凸显时,衬体位于句中状语位置。这同样是概念显现原则的体现,即衬体的凸显程度一般与凸显程度相当的句法位置匹配。

(二)基于概念结构理论的偏误分析

在中介语语料表达运动事件的"把"字句中,与衬体有关的概念结构上的偏误体现在 S+把+N1+V 在+N2(L)与 S+在+N2(L)+Vp 的混淆上。如:

(4-116) a. *我在桌子上放书包。(初级 日本)
b. 我把书包放在桌子上。
(4-117) a. *一进教室老师就在门后挂雨伞。(初级 越南)
b. 一进教室老师就把雨伞挂在门后。

上述两例偏误的原因在于不清楚"在+处所+VP"和"VP+在+处所"的区别。戴浩一(1985)认为前者倾向于理解为事件发生的处所,后者倾向于理解为物体运动到达的处所。这种分布模式体现了"时间顺序象似性原则"。这种概括体现在下例中,如:

(4-118) a. 我在屋里堆放旧书。(宋文辉 2007)
b. 我把旧书堆放在屋里。(同上)

以上两例并不是说 S+把+N1+V 在+N2(L)与 S+在+N2(L)+Vp 之间可以转换,它们各自成立,语义上却是有差异的。例(4-118a)表明"堆放旧书"这一事件发生的处所,而例(4-118b)句理解为"旧书""放"这一位移运动到达的处所。所以例(4-116a)"*我在桌子上放书包"和例(4-117a)"*一进教室老师就在门后挂雨伞"偏误在于:两者的概念语义理解为"老师挂雨伞"和"我放书包"这两个事件发生的场所。这显然不符合事件理想化的认知模式。

根据时间顺序象似性理论,沈家煊(1999)认为"VP+[在+处所]"这个结构的意向图式应该是"(致使)对象运动到达终点",正是这个概念语义因素制约着句子的合语法性,其制约能力源于句式的完型(gestalt)特征。

汉语学习者在不清楚这个语义制约性的情况下就会造出以下病句。如:

(4-119) *我把饺子吃在五道口。(李大忠1997)

(4-120) *我把水果买在回家的路上。(同上)

(4-121) *上星期六,我把饭店住在东京的国际空港。(同上)

(4-122) *地震的时候,我们把饭吃在帐篷里。(同上)

(4-123) *我们把酒喝在宿舍。(成燕燕2006)

正是因为"在+处所"在上述句子中只能理解为事件发生的处所,而动词后的位置上的"在+处所"倾向于理解为运动所达到的终点,这种矛盾导致句子不合法。相反,凡是能够接受"在+处所"后附的动词,都是因为句子本身所体现的概念结构适合将"在+处所"理解为运动终点。

(三) 非物质空间的衬体

在语料中,大量存在着"S+把+N1+V在+N2(L)"一类的句子:

1. 凸体表示人或者抽象的事物,衬体表示人体部位,如:

(4-124) 我从不把他放在眼里。(王朔《痴人》)

(4-125) 她总是把妈妈的话放在心上。(北大语料库《读者》)

(4-126) 你别老把未婚妻的名字挂在嘴边。(北大语料库

1994报刊精选)

(4-127) 那个时候他们把我们工人踩在脚底下不当人看。
（北大语料库 北京话调查资料）

(4-128) 他把马而立的功劳放在自己的身上。(同上)

"在"为终点标记，在物质空间，和其他事件角色共同构成一个运动事件，表示"抵达终点"。但以上例句，都不是真正意义上表达物质空间的运动事件。因为它们都有特定的含义，是物理空间在心理空间的隐喻。例中的衬体多为人体部位，如"眼里""心上""心底里""嘴边"等，人体范畴往往用来隐喻其他比较抽象的范畴。这种语义的演化是以人的心理空间的位移图式为基础的。

2. 凸体表示抽象的事物，衬体表示抽象的处所。如：

(4-129) 妈妈说，你应该把注意力放在学习上。（自建留学生作文语料库）

(4-130) 我明天去旅行了，把功课先放在一边。(同上)

(4-131) 别把今天可以干的事放在明天。(同上)

(4-132) 但是中国茶道把重点放在欣赏茶上。(同上)

(4-133) 要把加强自主开发能力和技术创新能力放在突出地位。(厦大教材库 汉语阅读教程)

汉语学习者往往能够准确地理解这类非物质空间的事件。因为这种由物质空间到心理空间的隐喻能力是人类共通的。

张旺熹（1999）认为"把A当作B"或"把AV成B"是来自于空间放置表达式"把A放在B的位置上"的隐喻。这种隐喻就是一个"物质空间的定位"投射到"心理空间的定位"的过程。如：

(4-134) 我们把生活当作一个扩大了的游乐场。（张旺熹 1999）

(4-135) 一些人把请客吃饭的排场看成一种"面子"。(同上)

(4-136) 把赠送音乐会入场票作为对员工的一种奖励。(同上)

(4-137) 赵本山把春晚比战场。(同上)

中介语语料中的偏误如下：

(4-138) *他对我要求特别高，因为我是独生子，所以他的全部希望寄托我身上。(中级 缅甸)

(4-139) *但这次我看父亲的眼泪的时候，我才知道他那么大的爱放在心上。(初级 韩国)

(4-140) *父亲对我管教得特别严格，我一做什么事就管，有时狠狠地骂我，打我，仿佛当做敌人。(初级 日本)

以上例句都该使用"把"字句，这些偏误不是因为汉语学习者对非物质空间衬体，包括心理空间、时间、言语空间的衬体的特殊含义误解而引起的，而是因为对表运动事件的"把"字句的基本概念结构没有掌握。

第八节 小结

本章对表运动事件的"把"字句进行了研究，对二语学习者在这类"把"字句中出现的与概念结构相关的偏误现象作出了解释。首先，从总体上分析了表运动事件的"把"字句中事件角色的特点，以及使事和凸体之间的关系。其次，分别对事件角色在"把"字句中的使用情况和概念结构上的偏误进行了分析。

在对运动问题的分析中，我们按照凸体运动的情况，即受物理力后位置的改变情况，将"把"字句中的使移动词作了分类，并对中介语语料中动词的偏误现象运用概念合并理论进行分析和解释，认为出现这类偏误的深层原因是不同语言的词汇化模式存在差异。

在对路径问题的分析中，我们对动介式中的"在/到"、"向/往"作了语义上的区别，将它们在"把"字句结构中的偏误作了分析；运用概念结合原理来分析"S+把+N1+V 给+N2"和"S+把+N1 给+N2+V+R"的差异，指出两者表达形式的不同是由于动词和路径之间的组合的紧密程度不同而造成的。对动趋式的偏误分析主要分为"来"、"去"作为立足点和处所宾语作为立足点的偏误分析，以及回避使用"把"字句而用 SVO 语序的问题；此外，我们还用概念形式的限制原则来解释"S+把+N+V+（RC）+（来/去）"不能转换为 SVO 语序的原因。

对衬体的分析分为三类：起点为衬体、经过点为衬体和终点为衬体。验证了衬体显现的一个基本原则：不同的处所成分，也即衬体，凸显程度不同，它们一般与凸显程度相当的句法位置匹配。并对中介语语料中与衬体有关的典型偏误"S+把+N1+V 在+N2（L）"与"S+在+N2（L）+VP"的混淆作了分析。

第五章

表达状态变化事件的"把"字句与偏误分析

第一节 引言

状态变化事件由两个次事件构成,即主事件(frame-event)和副事件(co-event)。主事件是构架事件,也就是构成事件基本框架的事件。副事件依附于主事件。Talmy指出,"状态变化事件的核心图式,一般而言,是指转换类型和状态一起的组合,因此是对运动事件中路径+背景的模拟。"[①]因此,从概念结构上来说,变化事件是运动事件的隐喻扩展,其构架事件或者说主事件是表示变化的事件,主事件的凸体是发生变化的主体。作为喻体的物体和情景与属性相联系,而背景实体就是属性。激活过程即是物体和情景与属性的转换(通常理解的"变化")。

在状态变化事件框架中,Talmy详细分析了从有到无和从无到有两种典型的状态事件框架。在这一章中,我们将结合讨论"把"字句的特点,按事件角色分类,从变化事件的概念结构出发分析这类事件的偏误现象。

变化事件根据是否有"使事"角色而分为自动变化事件和使动变化事件。

---

① Talmy, L, *Toward a Cognitive Semantics Vol. II: Typology and Process in Concept Structuring*, Cambridge, Massachusetts: MIT Press, 2000. p. 238.

自动变化事件，如：

（5-1）他长胖了。
　　　　［他 MOVE INTO 胖］_{主事件} + ［他长］_{副事件}

"他"是发生变化的主体，是主事件的凸体。"胖"是隐喻性的衬体，是隐喻性的运动的终点。

使动变化事件，如：

（5-2）这番话把他感动得直流泪。
　　　　［这番话 AMOVE 他 INTO 直流泪］_{主事件} + ［这番话感动他］_{副事件}

其中"这番话"是使事，"他"是凸体，是发生状态变化的主体，"直流泪"是衬体，是变化的终点，概念结构表达的是：这番话感动他，使他进入"直流泪"的状态。

以上例子中的运动"MOVE"和"AMOVE"都是隐喻性的，而不是真实的空间运动，所以路径不凸显，合并到衬体中显现。副事件的概念成分凸显程度比较低，一般和主事件的概念成分合并表达，如副事件的"长"和主事件的"MOVE"合并在句法上显现为动结式的动词"长"。

第二节　"把"字句和状态变化事件

"把"字句所体现的状态变化都是使动变化，变化的动力源使事，可以是有意向地促使凸体改变状态，也可以是无意向性导致的变化。为区分实现事件，我们人为地作了规定：即使事无意向促使凸体改变状态的为状态变化事件，而使事有意向促使凸体改变状态或者达到某种结果的为实现事件。

一 语料统计

（一）本族语语料

我们选取了北京大学 CCL 现代汉语语料库 1000 例的"把"字句，符合本书所界定的表达状态变化事件的"把"字句为 147 例。占所有事件类型"把"字句的 14.7%。

（二）外国人语料

我们对所收集的留学生"把"字句偏误语料进行统计，其中 HSK 动态作文语料库共 585 例"把"字句，表达状态变化事件的"把"字句为 83 例，约占所有事件类型的 14.2%；南京师范大学中介语偏误信息语料库共有 475 例"把"字句，表达状态变化事件的"把"字句为 98 例，约占 20.6%；自建语料库共 200 例"把"字句，表达状态变化事件"把"字句的共 27 例，约占 13.5%。

二 事件分类和表达式

句式1：S +把+N+V+得+ AP /VP

如：

(5-3) 火辣辣的太阳把我晒得满脸通红。

(5-4) 繁重的工作把他压得喘不过气来。

(5-5) 这个天大的好消息把他激动得跳了起来。

句式2：S +把+N+V+RC

如：

(5-6) 我把脚走肿了。

(5-7) 他不小心把腿跌断了。

(5-8) 一个踉跄把头摔破了。

句式3：S +把+N+V+（了）

如：

(5-9) 敌人把目标暴露了。
(5-10) 我把他的姓名忘了。
(5-11) 我们必须把这个困难克服。

第三节 事件角色的特点

一 使事具有无意向性、多样性和具体性

上文我们已经指出，为区分实现事件，我们把使事无意向促使凸体改变状态的事件称为状态变化事件，故使事具有无意向性。

主语位置上的使事与动词的关系可以是多样性的，不仅可以是受事，也可以是参与事件的其他语义角色，如原因、处所、目的、工具、材料、与事、对象、结果、方式、角色、范围等。如：

(5-12) 一个趔趄把他摔了个狗啃屎。（北大语料库《中国北漂艺人生存实录》）
(5-13) 吹了一下午的空调，把她吹得晕乎乎的。（北大语料库 北京话调查资料）
(5-14) 这支钢笔把他写了一手的墨汁。（王朔《痴人》）
(5-15) 博士论文把她写得神经兮兮的。（北大语料库《研究生专栏》）
(5-16) 这堆料子把她整整做了三天。（北大语料库《中国北漂艺人生存实录》）

由上可见，状态变化事件中的使事比运动变化事件中的使事的语

义角色要丰富得多，并不是只有动词的施事才能居于使事位置，凡是参与事件的其他语义角色在一定的条件下都能进入状态变化事件的"把"字句中成为使事。

使事的具体性体现在一般都不能由光杆名词来充当。如：

(5-17) a. *球把他打惨了。
   b. 这场球把他打惨了。
   c. 与万达队的这场球把他打惨了。

这是因为具体的事物更容易被感知和注意。概念上的具体性在形式上往往体现在修饰成分的复杂程度上，所以可以通过添加修饰成分等手段来增加语义内容和信息量，以提升作为使事的能力。

（一）概念凸显对使事偏误的解释

(5-18) a. *饭把他吃饱了。
   b. *饭就把他吃饱了。
   c. *一碗饭把他吃饱了。
   d. 一碗饭就把他吃饱了。
(5-19) a. *衣服把他洗累了。
   b. *衣服就把他洗累了。
   c. *几件衣服把他洗累了。
   d. 几件衣服就把他洗累了。
(5-20) a. *酒把他喝醉了。
   b. *酒就把他喝醉了。
   c. *这点酒把他喝醉了。
   d. 这点酒就把他喝醉了。

由以上三组例句可知，这类"把"字句的成立有两个必要条件：一是使事是具体的，往往有数量短语、指示短语等成分修饰，也即上文中我们认为的状态变化事件"把"字句的使事的特点之一"具体性";二是"把"前必须有副词"就"。这些句子也即传统的"把"字句研究中所提到的受事 NP 作主语,施事 NP 作"把"的宾语的"把"字句,"S 受+把+ S 施+V+AP+了"中结果补语的语义指向就是"把"字句的宾语,但至于为何受事 NP 少了修饰词或者"就"句子就不成立?我们尝试用概念凸显理论来解释这一现象。

所谓凸显(salient),就是在认知上被注意的程度高[①]。在人类的认知上,具体的对象总是比抽象的对象凸显,因为具体的事物更容易被感知和注意。概念上的具体性在形式上往往体现在修饰成分的复杂程度上,所以可以通过添加修饰成分等手段来增加语义内容和信息量,以提升作为使事的能力。之所以从认知上解释是因为在一个理想化的致使变化事件的认知模式中,一种使因必然导致一种结果,使因越显著,所产生的结果就越显著。以上例句中缺少数量词的修饰,使事和凸体之间缺乏足够的联系,使事也即失去成为使事的能力,故句子不成立,如"*饭把他吃饱"、"*酒把他喝醉了"。

"*衣服就把他洗累了"、"*酒就把他喝醉了"、"*饭就把他吃饱"等不成立是因为"就"体现了一种说话人认为数量少的主观小量,与它所要凸显的概念成分必须匹配,因此数量词在此不可缺少。只是不管客观上这个数量是多是少,说话者都认为是小量而已。同理,"就"的缺失造成句子的不合格,如"*一碗饭把他吃饱了"、"*几件衣服把他洗累了"、"*这点酒把他喝醉了"也是因为数量短语"一碗饭"、"几件衣服"、"这点酒"需要体现主观性[②]的概念成分与之匹配。齐沪扬、李文浩(2009)对短时义副词"才"的突显度关联其主观化表达的现象进行了认知解释。他们认为突显度和语言

[①] Talmy, Leonard, *Toward a Cognitive Semantics*, Vol. I. Cambridge, Massachusetts: MIT Press, 2000. p. 128.

[②] "主观性"(subjectivity)是指语言的这样一种特性,即在话语中多多少少总是含有说话人"自我"的表现成分。也就是说,说话人在说出一段话的同时表明自己对这段话的立场、态度和感情,从而在话语中留下自我的印记(Lyons 1977:739,据沈家煊 2001)。

的主观性相关联。处于前景位置的语言成分容易主观化,处于背景位置的语言成分则不易主观化。这个解释具有普适性,并非特设于"才",它同样适用于表主观小量的"就"。"数量短语+就"置于句首,处于前景位置,易于主观化,是传递说话者想要强调的信息。Haiman(1985)也曾指出,把当下要强调的部分先说出来,把不太重要的部分后移是一种十分常见的信息包装策略。

(二)概念凸显的成分与凸显的句法位置匹配

所谓凸显的概念成分要与凸显的句法位置匹配,是指事件角色本身凸显程度的高低与句法位置的凸显程度高低一致才可以显现在相应的位置。说话人把原本并不凸显的概念成分置于一个凸显的句法位置之上,这是为了强调,往往选择有标记的句式。"把"字句是有标记的特殊句式,它是不同于自然语序的凸显语序,"自然语序和凸显语序的重要区别是,前者以感知为基础,后者则带有说话人的兴趣、牵涉焦点等等。"[①]

(5-21) a. 他(只)吃了一碗饭,他饱了。(自然语序)
   b. 一碗饭就把他吃饱了。(凸显语序)

例(5-21a)选择将"一碗饭"置于句首构成的"把"字句,从原来的自动变化事件变为使动变化事件,追究使因事件,带有说话人出乎意料的色彩,正是为凸显说话者观察角度中的概念成分。这符合事件角色的凸显等级,即:

使事>凸体>衬体

二 凸体具有他控性和变化性

凸体的他控性主要体现在凸体所经历的状态变化是在使事的作用力下发生的,尽管使事是在无意向性的情况下所施的作用力。凸体的他控

[①] 束定芳:《认知语义学》,上海外语教育出版社 2008 年版,第 138 页。

性还表现在它受使事作用后发生了状态变化,这种变化是非自主的。如:

(5-22) 她座位上的同声传译不见了,把她急得团团转。(北大语料库《人民日报》)

(5-23) 整齐的步伐和大桥产生了强烈的共振,结果把大桥也震断了,造成了悲剧。(北大语料库《军事天地》)

例(5-22)中"团团转"的状态是"她"非意愿的表现,例(5-23)"震断了"是"大桥"非自主行为的结果。

三 衬体具有描写性和结果性

衬体的描写性主要体现在带"得"的状态补语中,往往由多音节短语充当,包括形容词重叠和固定格式等,具有形象性。如:

(5-24) 淘气的小儿子总是把手弄得黑乎乎的。(北大语料库《中国北漂艺人生存实录》)

(5-25) 老李把自己搞得灰不溜秋地走了。(老舍《新时代的旧悲剧》)

结果性体现在结果补语中,相当于运动事件中衬体和终点的合并。这也是"把"字句是一个有界事件的典型特征。

第四节 使事和凸体的关系

宋文辉(2007)在分析使动化限制条件时指出概念距离的远近与多种因素有关,并且列举了主观和客观两方面的概念距离对使动事件的限制。如使动事件成立,则致使事件必须可以观察到,即使事和凸体之间的力量作用明显,使事和凸体要有紧密的联系。使事和凸体要有紧密的联系，其实质就是指使事和凸体概念距离要近。与概念距离的远近这一因素相关的可以分为客观概念距离和主观概念距离。

一　客观概念距离的大小

先看例句：

(5-26) a.＊一阵寒风把她疼哭了。
　　　　b.发炎的烫伤把她疼哭了。

以往的分析往往认为例（5-26a）的不合法是因为违反了题元准则，但例（5-26b）也同样没有从动结式"疼醒"的动词或者补语中获得题元，可是句子却合法。我们从使事和凸体之间的联系的直接程度可以解释这个现象。"发炎的烫伤"是造成"她""疼哭"的直接原因，二者有紧密的联系；而"一阵寒风"与"她"的"疼"联系不紧密，不可能以"疼"的方式影响"她"，所以例（5-26b）成立，例（5-26a）不成立。

上述现象也可以理解为致使事件中的一种规约性程度，所谓规约，就是相关联成分在理想化认知模式（idealized cognitive model）中高度关联，它们在日常语境中同现的可能性很大，由一方预测另一方。也就是说，规约性是指致使事件和结果事件之间的联系是必然的还是偶然的，联系越是必然的，规约性就越高。上例中"一阵寒风"和"疼哭"之间没有一种必然的联系，规约性低，故句子合法度低。

二　主观概念距离的大小

概念距离的大小是人的认知结果，所以带有一定的程度的主观性，相关的因素有很多。

（一）易观察联系比不易观察的联系紧密

(5-27) a.＊冷空气把河里的鱼都冻住了。

b. 冰把河里的鱼都冻住了。

冷空气不一定具有使"鱼"被冻住的作用力，即使有，这种作用力也是很难被直接观察到的，因此，它在认知上的影响力不凸显。而例（5-27a）中"冰"导致"鱼"冻住这个现象可以被直接观察到，因此"冰"的影响力被注意，认知上凸显，适合做使事。

（二）具体事物比抽象事物的联系紧密

使事一般都不能由光杆名词充当，这是因为光杆名词所表示的语义不够具体，可以通过添加修饰成分等手段来增加语义内容和信息量，提升为使事的能力也就越高。从认知上解释，是因为在一个理想化的致使变化事件的认知模式中，一种使因必然导致一种结果，使因越显著，所产生的结果就越显著。如：

（5-28）＊论文把他害惨了。
（5-29）？毕业论文把他害惨了。
（5-30）博士毕业论文把他害惨了。

从"论文"、"毕业"到"博士毕业论文"信息量逐层增加，越来越具象，作用力也逐渐增强，它对结果的影响也越来越重要。所以句子的合法度也随之增加。

第五节　动词和"把"字句

刘月华（1982）认为 V 既可以是动作动词，又可以是"表示人或动物的精神、心理和生理状态的动词"。如"高兴、生气、饿、累、爱、热、冷"等，赵元任先生称之为"状态动词"①

由于我们把状态变化事件规定在表使事无意向性的致使凸体改变

---

① 刘梦溪：《赵元任卷》，河北教育出版社1996年版，第557页。

状态的事件类型，因此非自主动词中具有致变作用的动词，可以进入"把"字句。

一　动词的语义类别

前文已提到从概念结构上来说，变化事件是运动事件的隐喻扩展，因此，状态变化事件中的动词也具有致使力，只是它不如移动动词直观。

（一）大部分情绪类心理动词/形容词：爱、吓、气、愁、美、急、恨、累、乐、盼、馋、后悔、懊悔、感动、激动、想$_2$（想念、怀念）等

除少数几个词如"气"、"吓"等皆具有外向致使力和内向致使力，大部分情绪义心理动词（包括心理形容词）都只具内向致使力，使事通过凸体（往往指人）产生一个新的心理力作用于凸体自身，这种心理力具有返身性。如：

（5-31）你把孩子吓坏了。

（5-32）类似的事情一件连一件，把婆婆气得心口作疼。

（5-33）你的故事真的把大家都感动了。

（二）生理反应的谓词：热、饿、累、渴、冻、吵、闹、腻、憋、噎、呛、堵、闷等

这类表生理反应的动词，都是非自主动词，由外界的事物引起，致使凸体（往往指人）出现非可控的生理反应，意义一般是消极的。如：

（5-34）这天快把我热得都快要跳海了。

（5-35）一顿饭没吃就把你饿成这样？

（5-36）浓焰把战士们呛得泪流满面。

（三）非自主的动作动词：跌、摔、哭、笑、震、摇、晃、颠、撞、挤、磨、硌、勒等

(5-37) 你看你，怎么把碗摔破了？
(5-38) 他一出门就把车撞坏了。
(5-39) 高跟鞋把脚磨出水泡了。

这类动作动词影响凸体并使其改变状态，只是这种状态的出现都是动作者非可控的。

（四）失去、毁坏义动词：毁，输，掉，忘、错过、污染、玷污、败坏、暴露、泄露、透露、荒废、瓦解等

(5-40) 出个好东西不容易，可千万别把它给毁了啊！
(5-41) 如果好言相借，那就等于把我们的真实身份暴露了。
(5-42) 明星们不需要把自己的私生活暴露在公众面前。

这类动词我们可以把它们看作是运动事件中凸体受力后从默认的起点开始运动的一种隐喻。如"脱离类"等起点使移动词的运动路径，因为起点是默认的，终点可以在句子中不出现，如上述例（5-40）和例（5-41），也可出现，如例（5-42）的"在公众面前"。

以上四类动词都属于非自主动词。不过，大部分非自主动词，如关系动词、能愿动词、存现动词、遭受动词等不具备致变性，不能进入"把"字句。

动词的自主性和非自主性是语义分析中的一个重要概念，指的是动词是否有意识地发出动作，包括自主动词和非自主动词，前者是指表示动作者有意识的动作行为的动词，后者是指表示动作者无意识的变化或属性的动词。当然，自主动词也是引起事物状态变化的重要动力，是使事具有意向性的行为，我们把由它们引起的状态变化事件归

为实现事件，在后文中论述。

二　使动动词和非使动动词

我们认为"把"字句的基本语义是致使，是一个表示致使义的构式，因此具有使动用法的动词、形容词都可以进入"把"字句。

马庆株（2004）将使动义分为两类：积极的和消极的。积极的使动义与自主义并存，也即我们认为动作的实施者——使事带有意向性。我们把这类动词能够进入的"把"字句归为实现事件，在下一章进行考察。这类动词数量较大，能够进入"把"字句的有：开（门）灭（火）、熄（灯）、（把它）断（两段）等。消极使动义与感受义有交叉，与非自主义并存。例如：腻（人）、馋（人）、急（人）、呛（人）等。我们认为"消极"这个词不能概括非自主义的使动动词，如"高兴、乐"等是积极的。使动义动词进入"把"字句的例句如下：

(5-43) 女儿硬要跟那个男人，快把她妈气死了。
(5-44) 破窗户没糊好，把我冷得直打颤。
(5-45) 通知书拿到手了，把他高兴得跳了起来。
(5-46) 把老王累倒了，家里没了顶梁柱。
(5-47) 说是有糖吃，立刻把小弟弟乐得手舞足蹈。

以上例句中的谓词，如"气"、"冷"、"高兴"、"累"、"乐"等都具有使动用法，使动用法的动词都具有动力，它能够致使"把"后凸体出现状态的变化。但我们也常常看到这样的句子：

(5-48) 她把眼圈儿红了。（张济卿 2000）
(5-49) 怎么把特务跑了。（同上）
(5-50) 奶奶舍不得吃，把框里的苹果烂了。

句中的性质形容词"红"、"烂",本身并没有动力,却可以用在"把"字句中。"跑"是自移动词,不具备使移动力,也可以用在"把"字句中。在"把"字句中,这些谓词获得了致使义素,即"使……变为(状态)"。而这种致使义素是如何获得?

"把"字句是一个表致使义的构式,从构式的角度去研究汉语的致使问题,最核心的观点是,致使义不是构式中某一个部分带来的,而是整个构式本身所具有的意义。同时,构式和构式的各组成部分(我们称之为"构件")具有互动作用,也就是所谓的"压制",包括构式对构件的压制,构件对构式的压制等。Goldberg(1995)给构式下定义[①],指出构式义是一种理想化的整合义,源于句式义与词汇义之间的语义压制(semantic coercion),它是句式结构作用的结果,即当词处于一个构式时,结构中的其他部分就会对该词施加一种语义上的结构压力,进行语义限制,同时增加一定的语法特征,使其获得进入该构式的条件。上述没有致使动力的"红"、"跑"、"烂"进入"把"字句表失去义的构式"S+把+N+V+了"后增加了"致使"的语义,获得了进入该构式的条件。这也说明要对一个构式进行解读,仅仅对解读与构式有关的动词意义的是远远不够的,它需要参照与词条相关联的整个框架的语义知识。

第六节　动词的使用情况和偏误分析

邵敬敏(1985)认为凡是可以带结果补语(带"得"的结果补语)的动词都能构成"把"字句,金立鑫(1997)认为凡是可以进入"V得"框架的动词都能构成"把"字句,但一些形容词和形式动词并不符合这个标准。崔希亮(1995)认为进入"把"字句的动

[①] C是一个独立的构式,当且仅当C是一个形式(Fi)和意义(Si)的配对<Fi, Si>,而无论是形式或意义的某些特征,都不能完全从C这个构式的组成成分或另外的先前已有的构式中得到完全预测。

词都是动态动词，但张济卿（2000）举出了两个例子反驳这一观点，即"他把眼圈红了"、"我把那本书看了"中的"红"和"看"没有动力，却可以构成"把"字句。还有很多赞成从形式出发的研究都没有准确得出进入"把"字句的动词的范围。我们认为从概念结构理论可以解释很多例外现象和偏误现象，克服形式方法中从"结构"到"结构"的缺陷。

一 概念内容不当

(5-51) *比如说，像火车站人多的地方有的人随便吸烟的话，有可能把别人烧伤。（中级 韩国）

(5-52) *我父亲的烟雾连从不（没）来吸过烟的我的肺也弄黑了。（初级 泰国）

(5-53) *爸爸呢，把腿错位而动了手术。（中级 韩国）

词汇分支系统表达的是概念内容，而封闭系统或称语法分支系统，表达的是概念结构。以上几个句子在概念结构上没有问题，但在概念内容上却有不当。例（5-51）中与"烟"概念内容相匹配的是"烫伤"，而非"烧伤"，例（5-52）是"熏黑"而非"弄黑"，例（5-53）中应是"摔"骨折了，而非"错位"。这类偏误只能靠积累词汇，搞清楚词汇的确切含义而慢慢减少。

二 动词的类别未受限制

先看如下例子：

(5-54) *这道题把他难了。（中级 缅甸）
(5-55) *洗衣服把妈妈累了。（初级 泰国）

失去毁坏义动词，如"毁、输、掉、忘、错过"等可以在"S+

"把+N+V 了"这一结构中构成合法的"把"字句,是因为这些词隐含"变化的起点",这类动词本身隐含类似运动事件中的位移参照。而"难、累"等本身没有隐含位移参照,既无变化的源点也无变化的终点,不是一个有界的事件,所以构不成表有界事件的"把"字句。只有添加表示变化终点的补语句子才能成立。如:

(5-56) 这道题把他难住了。
(5-57) 洗衣服把妈妈累倒了。

再看下面两个句子:

(5-58) 下着雨,他也来了,把我感动了。(中级 印尼)
(5-59) *明天可以去长城,真把他激动了。(初级 日本)

"把"字句表达的是有界的事件,也即事件具有终结点和完成性。如果一个事件过程是同质的、累积性的,那么它就不具备完成性。反之,如果一个事件蕴涵了一个自然的终点,则具备了完成性。对具有完成性的事件来讲,完成性表现为状态的转变。事件的完成性还可以从事件的量化性质来判断,完成性事件可以量化,而非完成性事件不可量化[①]。如例(5-58)"把我感动了"之所以为合格的句子,就在于事件蕴涵了"感动"这样一个致使性活动过程的结束和"某人由非感动到感动"这样一种状态的改变。例(5-59)"把他激动了"不合格,原因在于"激动"只是一个过程,并未蕴涵事件的完成和状态的改变,它是同质的,没有自然的终结点。

三 不该用而用

相同的句式结构,不同的动词,有的能用"把"字句,有的则

---

① Hout, A. *Events as Grammatical Objects*: *The Converging Perspectives of Lexical Semantics and Syntax*, CSLI publications. 2000. p. 241.

不能。如：

(5-60) a. *他把球打得很好。(中级 日本)
　　　　b. 他把字写得很大。

例 (5-60a) 的概念结构为：

*［他 AMOVE 球 INTO 好］主事件 +［他打球］副事件

例 (5-60a) 的主事件不成立。原句试图表达的是一个无终结的、持续的或者常规性的事件，即"他球打得好"这样一个事实，而不是"他"使"球"进入一个"好"的状态，所以应该选用表达常规事件的句式，即重动句，如：

(5-61) 他打球打得很好。

相反，像"*游击队打敌人打得哭爹叫娘"之所以不成立，是因为这不是一个无终结的常规事件，而应该选用"把"字句这一表现终结事件句式。如：

(5-62) 游击队把敌人打得哭爹叫娘。(全裕慧 1999)

与例 (5-60a) 相同形式的例 (5-60b) 却成立，其概念结构为：

*［他 AMOVE 字 INTO 大］主事件 +［他写字］副事件

例 (5-60b) 表达一个有终结点的有界事件，它指的是某一次或者某一个特定的"字""写得很大"，比如，可以追加后续句"他把字写得很大，跑出了格子以外"。说话者为凸显"字"写"大"了而选用"把"字句句式。因此，上述论证也说明，"把"字句是否成立，不是由动词决定的，动词中心论不能解释很多例外和偏误现象。

四　漏用动词

偏误的句子如：

(5-63) *我们走来走去沙滩的时候，好上（像）沙我的脚更发痒，好上（像）母亲的细嫩的皮肤一样的感觉。(中级 日本)

(5-64) *他身上的担子太重了，把他连气也喘不过来。(中高 越南)

例 (5-63) 的概念结构为：

[沙 AMOVE 我的脚 INTO 更痒/发痒]$_{主事件}$ + * [沙我的脚]$_{副事件}$

副事件作为状态变化的使因并不完整，句子不成立，应加上"磨"等动词。

例 (5-64) 句的概念结构为：

[担子 AMOVE 他 INTO 连气也喘不过来]$_{主事件}$ + * [担子他]$_{副事件}$

副事件作为造成"他连气也喘不过来"的状态变化的使因并不完整，故句子不成立，应加上"压"等动词。

五　词汇化模式存在差异

Talmy (1985, 2000) 对移动动词的"词汇化模式"（即移动动词所包含的语义成分）进行了专门的研究，并指出世界语言中表达移动概念的动词存在三种词汇化模式类型。我们在运动事件一章中已指出由于移动动词的"词汇化模式"不同而造成运动事件"把"字句的偏误。而事实上，在表状态变化事件的"把"字句中，同样存在相当数量的偏误句，这些偏误句是由于学习者的母语和目的语的词汇化模式不同引起的。英语、西班牙语、土耳其语中的状态变化动词，如"open"、"break"等词汇都允许词汇化使役形式。英语中的词汇化使役形式普遍存在。大量的动词和形容词都具有"使动"用法，甚至有不少名词也具有这种用法，而现代汉语中这种现象极为有限，大多数的动词和形容词是不具备这样的语法功能。我们以英语为母语的学习者所写的"把"字句为例。如：

(5-65) a. *枪声几乎把我们聋了。
b. The guns roared fit to deafen us.

(5-66) a. *妈妈想把这件衣服短一点。
b. My mother want to shorten this coat.

(5-67) a. *我们把房间暗。
b. Let's darkened the room.

上述偏误句是以英语为母语的学生在"动词+结果补语"结构上常犯的一种错误类型，这似乎是不小心遗漏了"动词+结果补语"结构中的"动词"，如上述三例中的"震（聋）"、"改（短）"、"变（暗）"。这样的偏误并非学习者没有掌握好"把"字句的形式结构，其深层原因是不清楚具体的状态动词是否在目的语中也存在相应的词汇化使役形式。学习者易泛化汉语中有限的动词和形容词的"使动"用法，把不具"使动"用法的动词和形容词误用做"使动"词。如：

(5-68) *因为道路上很容易发生交通事故，避免发生不好的事不得不那些声音大些。（中级 缅甸）

(5-69) *不要把它坏。(中级 英国)

在汉语中没有相应的词汇化的使役形式，需要通过动补结构来表达使动。典型的动结式、结果补语都能表示"（使+NP）R+了"，即在不具"使动"功能的动词和形容词前加上一个相关动词构成"动词+结果补语"的结构，如"叫醒"、"搞糊涂"、"弄脏"，从而在语法上获得"使动"功能；在语义上，"结果补语"部分表示致使结果，动词表示致使动力。这种添加成分的方式类似于英语中添加前缀或后缀，以使不表使动义的动词和形容词转化成"使动"动词，如上例中的"large（大）"加上前缀"en"成为"enlarge（放大）"、"break（坏）"加后缀"en"成为"broken（弄坏）"。所以在教学中，可以利用这种对比方式使以英语为母语的学生理解表"使动"意义的"动词+结果补语"结构，避免所谓的"遗漏"现象。

第七节 状态变化事件中的补语（衬体）和"把"字句

一 表达状态变化事件"把"字句的补语

（一）S+把+N+V+得+VP/AP

对外汉语教学界对"得"后的补语"VP/AP"在语法教学分类上有不同的认识。鲁健骥（1994）认为状态补语是通常所说的"程度补语"的一部分，指谓语动词或形容词带"得"的补语；他在《状态补语的句法、语义、语用分析在教学中的应用》一文中指出，对外汉语教材对于状态补语，都笼统地认为是表示动作的程度，"状态补语是指在谓语动词或形容词带'得'后，用来评价、判断或描写'得'前动词、形容词或名词（施事或受事）的成分，也就是通常所说的'程度补语'中的一部分"，其语义仅仅指向"得"前的动词或形容词。这是不符合语言实际的。他举例：

（5-70）他气得直拍桌子。
（5-71）他被那家伙气得直拍桌子。
（5-72）那家伙气得他直拍桌子。
（5-73）那家伙把他气得直拍桌子。

以上例子中"拍桌子"的语义指向都是"他",都可以说是对"他"的描述。"拍桌子"主要也不是表示"气"的程度,而是表示"气"的结果,因此,把它们命名为程度补语似乎名不副实。这类补语的语义指向既可指向谓语动词或形容词,也可指向处于主语地位表示施事或受事的名词,或者充当"把"字宾语的名词。

刘月华(2001)将其统称为情态补语,《汉语水平等级标准与语法等级大纲》中也称为"情态补语"。考虑到它是作为状态变化事件的事件角色之一,我们在本章表状态变化事件的"把"字句中将其称为状态补语。状态补语是有标志"得"的补语,主要指动词后用"得"连接的表示动作的状态的补语,它是说明与动作有关事物的状态的。"把"字句中的状态补语大都是对"把"字宾语的描述或评价,在"把"字句中含状态补语的句式有以下两类。

1. S+把+N+V+得+AP

充当"得"后的状态补语还可以是形容词和形容词短语。如：

（5-74）把脸冻得通红。

性质形容词和状态形容词在构成状态补语的功能上存在差异。如：

（5-75）a. 她把脸冻得通红。
b. *她把脸冻得红。

又如：

(5-76) a. 把衣服弄得脏兮兮的。
b. *把衣服弄得脏了。

由此可见状态补语可做"得"后的状态补语，性质形容词却不可。首先，从形式上来看，V+得+性质形容词和可能补语的肯定形式同形，容易混淆。其次，从属性上来看，性质形容词表示事物恒久的属性，是静态的，而状态形容词则表示暂时的变化，是动态的①。薛凤生（1994）指出这类"把"字句的语义可以概括为：由于 A 的关系，B 变成了 C 所描写的状态。因此在"得"后的状态形容词更能体现动态的变化性和描写性。

性质形容词虽然单纯表示事物的属性，是静态的，本身不包含过程的起点或终点，但是它可以进入动结式来表达过程终点的意义，表示主体受到述语动词所代表的事件的影响而出现的状态。如：

(5-77) 他把衣服弄脏了。

2. S+把+N+V+得+VP

在"把"字句中，充当"得"后状态补语的可以是动词和动词短语，还可以是主谓短语。如：

(5-78) 浓烟把他熏得直流眼泪。
(5-79) 三千米把他跑得两腿发硬。
(5-80) 这个好消息一来，把他激动得跳了起来。
(5-81) 这个语法问题把大伙争论得面红耳赤。

以上例句中的"得"后动词短语有四种结构：1. 动宾短语，如"流眼泪"；2. 主谓短语，如"两腿发硬"；3. 动补短语"跳了起

---

① 朱德熙：《语法讲义》，商务印书馆1982年版，第104页。

来"；4. 固定词组，如"面红耳赤"。这些动词短语一般为多音节。

从语料中可以看出"V+得+AP"比"V+得+VP"的使用频率高得多，是汉语中常见的结构，在《汉语水平等级标准与语法等级大纲》中这种结构被列为丙级，称为"情态补语"。"V+得+AP"结构是情态补语的基本形式，而"V+得+VP"则是情态补语的变化形式。

（二）S+把+N+V+RC

这个句型的"把"字句和实现事件的"把"字句是同型形式，本书区分状态变化事件和实现事件主要根据使事是否具有主观意向性，如果使事具有主观意向性"通过行为实现目的或结果"，便被认为是实现事件；使事无意向性致使凸体进入某种状态或者结果的则被认为是状态变化事件。如：

（5-82）我把衣服洗干净了。

使事"我"之所以要执行"洗"这个行为动作，是为实现"衣服干净"这个目的，虽然它在客观上也改变了衣服的原有的状态，即经历了由脏到干净这个状态变化。我们把这类 S+把+N+V+RC 判定为实现事件。而以下几个句子：

（5-83）他把腿跌断了。
（5-84）他不小心把头摔破了。
（5-85）她把眼睛都哭肿了。

这类句子的使事发出的致使力是无意识的，不是为实现补语成分如"断"、"破"、"肿"等目的，我们把这类事件判定为状态变化事件。

丁声树（1961）认为所有形容词都可以做结果补语，马真、陆俭明（1997）考察了 168 个单音节形容词，得出能做结果补语的达 153 个，不能做结果补语的 15 个，约占 91%。施春宏（2008）经过检验，发现其中的"陈"、"素"、"新"也可以做结果补语，如"搁陈了"、"穿素了"、"整新了（纲纪）"。所以，施文检测的单音节形容词几乎都能做结果补语，少数几个不能作结果补语的是因其适应环境比较窄。双音节形容词作结果补语的能力远不如单音节形容词。他检测的 790 个双音形容词中只有 63 个能够作结果补语。这也说明了汉语结果补语中形容词补语具有单音节倾向性。

动词作结果补语一般是不及物动词。如：

爆、崩、沉、丢、定、动、断、鼓、花、糊、疯、混、豁、活、火、卷、开、垮、亏、乐、愣、裂、破、瘫、睡、死、碎、塌、疼、通、秃、退、瞎、响、醒、哑、赢、晕、炸、涨、胀、折、肿、皱、走、醉等

少数是及物动词。如：

（1）感受义动词：懂、忘、怕、厌烦、腻、腻烦、习惯、熟悉等

（2）失去毁坏义动词：输、赔、亏、丢、掉、翻、落（là）、漏、没、灭、撒、洒、伤、输、砸等

在"把"字句中充当补语的如：

（5-86）你把这里的情况搞搞熟悉。

（5-87）他又把这个大买卖做赔了。

（5-88）我既没钱找门路，也不想找个有钱的男人过早把自己嫁掉。

二 基于概念结构理论的偏误分析

（一）S+把+N+V+得+VP 偏误

我们调查发现汉语学习者比较容易掌握的是状态补语的基本形

式，如"老师，你说得太快了"，而状态补语的变化形式则是外国学生学习的难点。如果再加上复杂结构"把"字句，学生的回避和偏误现象则比较严重。

回避不用的如：

（5-89）a. 昨晚，蚊子把我咬得满身是包。

有的汉语学习者就说：

b. 昨晚，蚊子咬，我身上都是包。（初级 老挝）

虽然例（5-89a）在语法上没有错误，但是从语用角度来看，选择的句式却不是最佳的。如果要凸显事件的状态变化"满身是包"，并且带有说话人追究使因的埋怨语气，应该选择有标记的"把"字句。

我们在分析运动事件一章中曾指出：动词后最多只有两个独立的句法位置，这是因为一个动词后最多只能带两个宾语，这是汉语的基本句法结构模式。动趋式因为路径占据了一个位置，衬体又占据一个位置，如果有一个宾语，则必须将其前置，这是强制类的"把"字句，而狭义的动结式由于结合紧密，基本和单个动词一样，其后还可以有一个位置对应单及物动词，两个位置对应双及物动词。所以在汉语中，带狭义动补结构的"把"字句常常可以转换成主动句。如：

（5-90）a. 我把衣服弄脏了。→ b. 我弄脏了衣服。
（5-91）a. 他把杯子打碎了。→ b. 他打碎了杯子。

因此，汉语学习者为避免使用"把"字句的"高风险性"，常常使用主谓宾句。再加对外汉语教材课后的转换练习，误使他们认为这两个句式是等同的，所以导致类推出这样的句子：

(5-92) a. 他把杯子打得粉碎。→b. *他打粉碎杯子。

"粉碎"的特性决定其属于状态补语，它相比结果补语"碎"更具体，更富有描写性。

状态补语具有描写性，由于描写性的补语所代表的状态非常具体，所以其可预测性低，反而会在说话者心目中占有突出地位。另外，如果从具体结果和抽象结果所负载的信息量角度来看，具体结果包含的信息量要大于抽象结果包含的信息量。信息量大的在认知上更突显，更倾向于成为焦点，其宾语也越可能前置，从而选择使用"把"字句。

（二）S+把+N+V+RC 偏误

1. 衬体的凸显程度与句法位置不匹配

概念成分的表达主要依据凸显原则：凸显的概念成分句法上一定要显现，并且显现在凸显的句法位置上①。我们在分析运动事件的"把"字句中已经多次验证了衬体显现的一个基本原则，即衬体的位置不同，凸显程度就不同，它们一般与凸显程度相当的句法位置匹配。我们在这里继续分析汉语学习者因为违背这个原则而出现的偏误现象。

先看以下两例：

(5-93) a. 辛苦的工作累倒了他的妈妈。
b. 辛苦的工作把他的妈妈累倒了。

例（5-93a）是一般主谓宾句，无使动标记表达了一个使动事件，例（5-91a）句是一个带"把"字标记的使动事件。两个句子从句式变换关系上看，可以互相转换。我们在此不讨论具体的变换机

---

① 宋文辉：《现代汉语动结式配价的认知研究》，博士学位论文，中国社会科学院研究生院语言系，2003年。

制,只讨论变换后的表达,即使动事件的句子合法与否,它和变换前的表达有何差异。

例(5-93a)凸体"他的妈妈"处于结果状态之前,在"把"字句语义概念化的过程中,说话人将"NP1"的语义内容概念化为使因,将"NP2+VP"的语义内容概念化为致使结果。通常情况下,要使人或物接受某个致使力,首先应该取得对人或物的支配权,然后才能令其处于某种状态。因此,"把"字句的句法结构次序与概念结构接近,临摹性很强。汉民族具有很强的临摹现实感性经验的思维特点,汉语的临摹在语言的各个方面都体现出时间顺序相似性原则。因此,汉语本族语使用者倾向于用"把"字句,他们认为"把"字句是最自然的表达使动事件的形式。

另外,从认知动因上分析,补语凸显要求占据句尾位置,宾语必须前置。关于这一点,宋文辉(2007)作了有说服力的分析,他对郭锐(1995)提出的关于宾语必须前置的原因在于补语是否为反义关系中的反项作了纠正和进一步的论证,比如"他打错了人"和"他把人打错了"都成立,郭解释不了。宋则提出了宾语必须前置的动结式的机制是:衬体所表达的事件的结果状态由于某些因素的介入,导致其凸显程度高于一般衬体,语用上表达为对比焦点或者常规焦点,对比焦点不仅要有对比重音来标志其性质,而且由于认知凸显程度的提高,其独立性也就得到增强,要求占据独立的句法位置[①]。由于原来的单及物动结式后只有一个句法位置,现在被凸显程度高的补语占据,因此其后的宾语必须前置。

宋文还列举了两类要求宾语前置的动结式,一类是说话人主观强调的补语,如:

(5-94) a. 我早就把苦吃够了!(宋文辉2007)
b. ?我早就吃够了苦了!(同上)

[①] 宋文辉:《关于宾语必须前置的动结式》,《汉语学报》2006年第4期。

这是语用因素导致的宾语前置，这是说话人也即"吃苦"人的表达，自然加上了很强的主观色彩，不是客观的叙述。"把"字句的主观性强于一般主谓宾句，因此适合采用"把"字句。如果把"我"，即说话人和主语分离，降低主观色彩，而增强叙述的客观性，主谓宾式则可成立。如：

(5-95) 他早就吃够了不识字的苦，所以决心要让自己的孩子接受最好的教育。（北大语料库 中共十大元帅）

另一类是临时创造的动结式，如：

(5-96) a. 他把灯坐灭了。（宋文辉 2007）
b. ? 他坐灭了灯。（同上）

这类临时创造的动结式，因为主事件和副事件之间的联系可预测性低，补语表达的结果状态是偶然形成的。比如，一个人不小心坐到了床头的开关，导致灯灭。所以"灭"的凸显程度提高，倾向于做焦点，独立占据句尾位置，宾语须前置。

因此，我们就可以根据概念结构中衬体所表达的事件的结果状态是否受到某些因素的介入，导致凸显程度的提高来解释相关偏误现象。

(5-97) ? 他玩忘了书包，因为太高兴和朋友见面。（中级 泰国）
(5-98) *我爬惨了上山的路，太滑。（中级 韩国）

上两例的动结式属临时创造的动结式，因为主事件和副事件之间的联系可预测性低，补语表达的结果状态是偶然形成的，所以"忘"和"惨"的凸显程度提高，适宜独立占据句尾位置，倾向于选择

"把"字句。

2. 路径与衬体合并后的使动化造成的偏误

我们来看下面两组例子：

（5-99） a. *辛苦的家务活病倒了妈妈。
         a'. 辛苦的家务活把妈妈病倒了。
（5-100） b. 辛苦的家务活累倒了妈妈。
         b'. 辛苦的家务活把妈妈累倒了。

"辛苦的家务活"导致"病倒"是包含了说话人一种主观上的移情色彩。所谓移情，指说话人情感上倾向于某事物。人对同情的事物自然十分注意。沈家煊（2002）发现"把"字句往往有动作或事件"出乎意料"、"不如意"的含义。因此说话者倾向的选择表达的主观色彩较强的，表"出乎意料"和"不如意"的"把"字句，如例（5-99 a'）句和（5-100 b'）。但我们又发现为何同表主观色彩较强的"把"字句，"累倒"作为状态变化结果可以转化为主谓宾句，而"病倒"作为状态变化结果却不能转化？

这可以从概念距离来解释这一类偏误现象。

"辛苦的家务活"导致"他的妈妈""病"的过程不如"累"那么容易，原因和结果之间的连续不是很明显，也就是概念距离较远，使事的影响力不突出。在主动句中"病倒"的使动化不成立，因此例（5-99 a）不成立。而"把"字句是一个表示致使义的构式，是有标记的间接使动。我们在本章第五节使动动词和非使动动词一节中已分析非使动动词获得进入"把"字句构式是句式结构作用的结果，即当词处于一个构式时，结构中的其他部分就会对该词施加一种语义上的结构压力，进行语义限制，同时增加一定的语法特征，使其获得进入该构式的条件。

3. 使事产生的影响方式与衬体所代表的事件结果不匹配

使事产生的影响方式与衬体所代表的事件结果之间的关系也会影

响"把"字句的合法性。如：

(5-101) *他把自己急哭了。(宋文辉 2007)

"哭"通常情况下被认为是非自主动词，哭的行为是人非可控的。而例(5-101)中的"他"让自己"哭"是有意识的，"急哭"中的"急"也是非可控的，所以"他"不可能以无意识的"急"的方式有意识地使自己"哭"，二者的匹配不合乎人对"急哭"这个事件的理想的认知模式。如果改为：

(5-102) 他把妈妈急哭了。

句子可以有两种意思：使事"他"有意实施某种动作或者行为使"妈妈"产生"急"这种心理活动，导致"哭"；使事"他"无意使"妈妈"产生"急"这种心理活动，但其行为客观上导致了"妈妈急哭了"。这两种情况都符合"急哭"的理想的认知模型，因此句子合法。

所以，只有使事和作用方式匹配合理，符合事件理想的认知模型，才能构成合理的使动事件的概念结构。以往有学者认为只要能构成动结式就能构成"把"字句，如邵敬敏认为凡可以带结果补语（包括带"得"的结果补语）或结果宾语的动词都有可能构成"把"字句，我们觉得这种观点并不十分符合事实。

又如：

(5-103) *这次远足可把大家走远了。(高级 印尼)

"这次远足"对"大家"所产生的影响只能是内部状态产生变化，而不可能是使其外在的空间位置发生变化，即不能使"大家""远"。如果句子改为：

（5-104）这次远足可把大家走累/怕了。

"这次远足"和"大家"之间有相互作用，"这次远足"因为"远"或者难走等因素使得"大家""累"或者"怕"，这符合使事影响力产生作用的正常方式，和衬体所代表的事件结果匹配，因此句子合法。

第八节 表达心理状态变化事件的"把"字句

我们注意到在状态变化事件中，除了外在致使力作用于事物使事物的状态发生变化之外，还有一类事件占了很大的比例，即在致使力作用下人的心理状态发生变化。这类事件在"把"字句中具有特殊的作用方式，反映在概念结构的表达中也有其特殊性。

在这一节里，我们将对心理动词作专门的研究。由于我们把有无意向性作为区分状态变化事件和实现事件的标准，因此这一节内容不仅仅只涉及状态变化事件，还包括心理动词中具有意向性的意志类和部分感知类动词构成的实现事件。

笔者（2012）对可进入"把"字句的心理动词进行了计量考察。统计得知可作"把"字句谓语中心的心理动词的比率依次为：感知类（40.4%）>意志类（29.4%）>情绪类（16.7%）>意愿类（0）。除意愿类心理动词外，其他各类心理动词都有部分词可以进入"把"字句，如意志类心理动词有29.4%可以进入"把"字句。我们对众多学者提到的某些心理动词不能进入"把"字句的现象作出了解释，但对为何同类中有些词能进入"把"字句，而有些又不能没有作进一步的解释，如意志类心理动词约七成不能进入"把"字句，为何又有近三成的词可以进入"把"字句？心理动词对"把"字句句式选择的认动因又是什么？

一 心理力的强弱和"把"字句

目前对"把"字句的句式义存在处置义和致使义的争论,但不管何种句式义都体现出"把"字句的语义结构具有[+作用性]和[+终结性],表现出力的传递的过程。"力可以有多种分类,不但有表示物理意义上的力,还有社会和心理方面的力。"[1] 和其他表示积极活动的动作性动词作谓语的"把"字句相比较,由心理动词作谓语动词构成的"把"字句表达的是一个心理力的传递过程。词汇本身也有"力"的成分,而力有强弱之分,各类心理动词内部成员所表示的作用力是一个由强到弱的连续统。

意志类心理动词中的"克制、坚持、忍、忍耐、忍受……默认、默许、同意、容许、反对、试图"等强弱两端的动词及其句式表达都有所区别,其中靠近左端的意志心理动词本身隐含性状结果,在"把"字句中体现为隐性的致使结果;再往后的动词的影响力减弱,只隐含受事由于施事行为而受影响,体现为显性结果,需要其他语法成分来具体描述结果;最右端的动词则无法表达致使结果。

(5-105)"宦身有吏责,筋事遇嫌猜",他只能把生命深处那种野朴的欲求克制了。

(5-106)他把武装斗争坚持下来了。

(5-107)她独自一人把这些痛苦忍在心里很多年了。

(5-108)*西方势力把瓜分中国企图。

其他几类心理动词内部成员的作用力也同样具有连续统的特征。如情绪类心理动词:

(5-109)你的故事真的把大家都感动了。

---

[1] 束定芳:《认知语义学》,上海外语教育出版社2008年版,第149页。

（5-110）你把孩子吓坏了。

（5-111）类似的事情一件连一件，把婆婆气得心口作疼。

（5-112）*把它放心吧，我能搞定！

感知心理动词如：

（5-113）把不开心的往事都忘了吧。

（5-114）我把从有记忆那天的记忆再回忆一遍。

（5-115）你不是也说了，整整两天也没能把我猜透？

（5-116）*我把这样的做法不合适觉得。

以上所举三类例句中每一类的第一例中的动词都可以直接和"了"构成隐性结果，如"克制了"、"感动了"、"忘了"，而其后中间的例句中加"了"不成句，需要借助其他语法成分才能成立具体描述，如"坚持下来了"、"气得心口作疼"。最后一例则不成立。

从外部看，各类心理动词所表示的施力程度在比例上也是一个由强到弱的趋向，即感知类（40.4%）>意志类（29.4%）>情绪类（16.7%）>意愿类（0）。认知类心理动词能进入"把"字句的占40.4%，要比情绪类心理动词的比率高得多，这与它们内部成员的动态性①强弱的比例有关。具备动态性的动词必然具有施力性，使"把"后的宾语发生某种变化、处于某种情状、产生某种结果。如感知类心理动词"忘"具备使存在于大脑中的信息从有到无的过程，可以与"了"共现；"猜"和"辨别"则体现了从未知到已知的过程，可以与趋向补语共现，如"猜/辨别出来"，与结果补语共现，如"猜对了"、"辨别完了"，与动量补语"一下"共现，可以重叠等。而情绪类动词大部分词不能有这些共现形式，如"*讨厌了/一

---

① 动态性可通过崔希亮 1995 年《"把"字句的若干句法语义问题》一文提出的六项指标来检测，即动词与结果补语、趋向补语、动量补语、重叠、V—V、介词共现的情况。

下/讨厌讨厌"。意愿类心理动词则无一例可以和崔希亮（1995）提到的六项指标形式共现，因此施力程度最弱。

以上论述也可以用来解释下面的偏误现象，如：

(5-117) *我把老师的批评听烦了。（成燕燕 2006）
(5-118) *我把他的话听烦了。（李大忠 1997）
(5-119) *孩子们把故事听高兴了。（同上）

金道荣（2010）解释上述偏误时指出：不能用"把"字句，是因为"烦、高兴"都属于自然产生的"心理状态"；而"我把这个问题弄明白了"、"我把这本书读懂了"等能用"把"字句，是因为"烦、高兴"是很自然的"心理变化状态"，没有经过强制过程，没有经过克服阻力的努力，是自然的变化；"懂、明白"是需要一种克服阻力的动力而达到"变化状态"，不能是自然达到的状态，而是需要动力的变化。他的分析和我们的解释本质上是一样的，只是他没有作客观的形式化的验证，是一种主观上判断而已。

二 心理力的方向和"把"字句

（一）力的外向传递

"力"是概念结构的一部分，可以通过语法结构这样的封闭类成分表达，"把"字句就可以表达力的传递。句式存在着深层的意象图示，"把"字句也有意象图示，它是人们生活体验的内化，是一种特定的心理表征。如图所示：

施力者 ——→ 受力者 ——→ （受力结果）
他　　　　扔　　　球　　　　　　　　球出去

图 5-1

以上图例传递的力发生在两个不同的对象之间，力传递的方向是外向性的。动作动词是构成这种力传递方向最显著的词类。丁薇

(2012)统计认知类心理动词能进入"把"字句的占 40.4%，它虽与动作动词的具体动作行为不同，表示抽象的心理活动，但它同样具备动作动词的施力性，使"把"后的宾语发生某种变化、处于某种情状、产生某种结果。当这些固定的对应被激活，人们便通过隐喻的跨概念映射，把源域物理力的传递模式投射到目标域心理力的传递模式中去，即源域的结构系统映射到目标域中。如图所示：

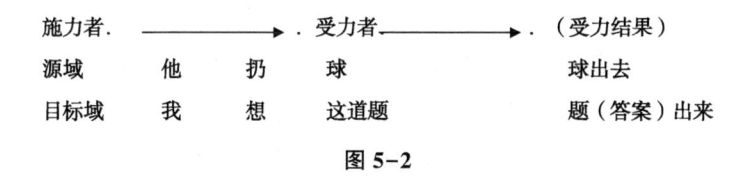

```
施力者.  ———————→ .受力者 ———————→ .（受力结果）
源域     他    扔    球              球出去
目标域   我    想    这道题          题（答案）出来
```

图 5-2

用物质过程替代心理过程是人类认知过程的一个基本倾向。隐喻映射在与目标域内在结构保持一致的前提下，保留源域的认知布局（topology），即意象图式结构。意象图式作为"人类经验和理解中一种联系抽象关系和具体意象的组织结构，是反复出现的对知识的组织形式，是理解和认知更复杂概念的基本结构，人的经验和知识是建立在这些基本结构和关系之上的"。当人的大脑组成了某种意象图式时，就会不自觉地运用这大脑里已有的图式去认知那些新的、复杂的、抽象的事物或现象。[①]

（二）力的返身传递

力的传递也可以是返身的，即指力的传递发生在一个对象和它本身之间，或者说，致使者和被使者完全相同或者具有领属关系。这是因为，致使作用链是可以循环的，致使者可以引起某事发生在自己身上。如：图 5-3[②] 所示。

通过对能够构成"把"字句的情绪心理动词的考察，我们发现除少数具有外向性作用力的心理动词如"吓""气"等外，大部分由情绪心理动词构成的"把"字句属于内向致使"把"字句。"把"字句

[①] 赵艳芳：《认知语言学概论》，上海外语教育出版社 2001 年版，第 68 页。
[②] 周红：《论外向致使和返身致使》，《江汉大学学报》2005 年第 5 期。

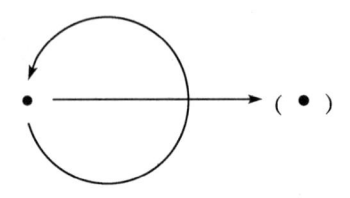

图 5-3 致使力的返身传递

是一个具有致使义的框架。致使包括四个基本要素：致使者（力的来源）、致使力（致使者对被使者的驱动力）、被使者（力作用的对象）和致使结果（被使者在致使者作用下发生的变化）。致使力有四种类型：物理力、言语力、心理力和泛力。致使力由物理力通过人类的认知隐喻扩展到言语力、心理力和泛力。致使力由相应的致使动词充当，分别是：动作致使动词、言语致使动词、心理致使动词、泛力致使动词。心理致使动词是指通过人的心理行为传递致使力的动词，如"气、想、恨、愁、羡慕、后悔"等，它们表现的是人的内在心理力的作用，作用于自身，具有返身性。如：

（5-120）类似的事情一件连一件，把婆婆气得心口作疼。

例（5-120）"类似的事情一件连一件"作为使因，通过致使力"气"作用于被使者也即致使力的发出者"婆婆"自身，使其"心口作疼"。又如"我把她爱上了"不成立，而"我把她爱得死去活来"却成立，是因为后者的"爱"具备返身性，即致使者发出致使力"爱"后，致使者自身发生"死去活来"的心理状态变化，而致使力的涉及对象"她"却没有发生变化。"我把她爱上了"中，"爱上"并没有发生致使力的返身传递，没有对致使者或者被使者产生影响和变化，这也违背了使动事件中使事的限制条件，故句子不成立。因此，我们认为情绪心理动词中，只有那些在人的内在心理力的作用下，既有外向传递力又可以作用于致使力发出者自身的词才能构成"把"字句，而大部分情绪心理动词在人的内在心理力的作用下，既无外向性又不具备返身性,如"感谢、鼓励、顾忌、挂念、关心"等不能构成"把"字句。

三 概念的凸显对句式的选择

心理动词可以构成不同的句式,我们在使用句式时为何要选用"把"字句,而不选用其他句式,这其中的认知心理是什么?

作为整体构式的"把"字句也是一个从整体上体现事件的概念结构。概念成分的凸显程度与其所指的外部世界中的受注意程度成正比。受注意程度的高低与人的认知模式有关,相关因素有观察的难易程度、事物的可预测性高低以及移情等[①]。

心理动词作为人的心理活动,其内部过程不凸显,因此其使因不明显。但是,当说话人变换观察的角度,用以追查心理状态的使因时,它就凸显起来,事件就被重新概念化为致使事件。凸显化的过程就是影响力被注意到的过程。例如,有些心理动词可以出现在主谓句和"把"字句中:

(5-121) a. 她气病了。
b. 她把自己气病了。

"气"是个复杂的心理和生理过程,是行为者内部发生的使行为者状态发生变化的事件,从外部来看,其作用力的过程并不明显,因为"气"并不能立即导致"病",两者联系不明显。而"病"这结果状态比较明显,受到注意,而变化的致使原因则被忽视,事件被概念化为自动事件,用主动句表达,如例(5-122a)。如果说话人要探究"病"的原因,也就是寻找这个结果状态的责任者,则必然注意到客观上不易观察的心理力"气"的作用过程,也就是本来不易观察到的力的作用转化为可观察到的力的作用。结果发现,责任者是"自

[①] 宋文辉:《现代汉语动结式的认知研究》,北京大学出版社2007年版,第150页。

己"。因此,使事和受使者相互区别开来,两者在句法上独立表达,整个事件概念化为致使事件。这种情况是超常的,可预测性低,表达说话者出乎意料,因此凸显程度高,倾向于使用有标记形式的"把"字句。

四 结语

我们认为心理力作用的强度是个由强到弱的连续统,作用力的强弱可否构成"把"字句及其各类"把"字句比率不同的原因。我们按力的方向分析了心理动词作谓语动词的"把"字句的类别及其成因,运用概念凸显原理证明了选择使用心理动词构成的"把"字句而不是主谓句是为凸显说话者观察角度中的概念成分。

第九节 小结

本章对表状态变化事件的"把"字句进行了研究,对汉语学习者在这类"把"字句中出现的与概念结构相关的偏误现象作出了解释。首先,从总体上分析了表状态变化事件的"把"字句中事件角色的特点以及使事和凸体的关系。其次,分别对事件角色在"把"字句中的使用情况和概念结构上的偏误进行分析。

在对使事分析时,运用概念凸显理论对"一碗饭就把他吃饱了"类句子进行分析,认为句子不成立是因为"就"体现了一种说话人认为数量少的主观小量,与它所要凸显的概念成分必须匹配,因此数量词不可缺少。另外,将数量名"一碗饭"置于句首构成的"把"字句体现了凸显的概念成分要与凸显的句法位置匹配的原则。

在对动词分析时,按照语义类别进行了分类,运用概念结构的分析方法对中介语料中动词的概念内容不当、动词的类别在结构中的局限性、不该用"把"字句而用、漏用动词的偏误现象进行了分析。

状态改变事件"把"字句中补语及其概念结构上的偏误体现在两类句式中:

(1) S+把+N+V+得+VP/AP

(2) S+把+N+V+RC

句式 S+把+N+V+得+VP 的回避和偏误现象比较严重，汉语学习者常常使用主谓宾句。再加对外汉语教材课后的转换练习，导致类推偏误。我们从补语的可预测性和包含的信息量两个角度分析，得出使用"把"字句的认知动因：补语凸显，要求占据句尾位置，宾语必须前置。

对 S+把+N+V+RC 句式中与概念结构相关的偏误现象作了三个方面的分析：(1) 衬体的凸显程度与句法位置不匹配。(2) 路径衬体合并后的使动化造成的"把"字句偏误。(3) 使事产生的影响方式与衬体所代表的事件结果不匹配。

我们还另设一节专门讨论了表心理状态变化事件的"把"字句，认为心理力作用的强度是个由强到弱的连续统，作用力的强弱是能否构成"把"字句及其各类"把"字句比率不同的原因。我们还按力的方向分析了心理动词作谓语动词的"把"字句的类别及其成因，运用概念凸显原理证明选择使用"把"字句而不是主谓句是为了凸显说话者观察角度中的概念成分。

第六章

表达实现事件的"把"字句与偏误分析

第一节　引言

　　语言在描述动作行为时，其中一个重要的方面是表达其"实现"或"完成"的程度。Talmy 论及的 5 类构架事件（framing event）中包括了实现事件。他认为"实现"作为一个语义范畴，这些语义成分可由动词词根（verb root）和附加语（satellite）的形式分别或共同来表达。汉语中的附加语包括动趋结构中的趋向成分、动结结构中的结果成分。

　　在施事的动作或行为中，一些是有意图的，有明显的目的性；一些则隐含着潜在的目的。动作导致的目的或结果可与动作在语义上有密切的联系，和原来的意向一致。如"杀"的目的是"使……死亡"，"洗"的结果应该是"干净"。然而，动作和行为也会出现超乎意向之外的结果，这样的结果 Talmy 称之为"继发事件"（further event）。"实现"的概念也就包括了这些结果的完成。

　　Talmy 还指出指出，"实现"意义涵盖了"状态改变"，运动事件中表达事物最终结果的"到达"、"离开"、"进入"等同样也是"实现"。"把"字句是一个典型的表致使结果的句式，典型的"把"字句所描述的情景具有很强的"致果性"和"完成性"，明确传达了"实现"。在四、五两章中，我们已经分别考察了表运动事件的"把"字句和表状态变化事件的"把"字句，为避免重复，本章考察的范围不包括两者，只考察有意向致使结果的"把"字句。

第二节 "把"字句和实现事件

一 语料统计

（一）本族语语料

我们选取了北京大学 CCL 现代汉语语料库 1000 例的"把"字句，符合本书所界定的表达实现事件的"把"字句为 253 例。占所有事件类型"把"字句的 25.3%。

（二）外国人语料

我们对外国留学生使用"把"字句的偏误语料进行统计，其中 HSK 动态作文语料库共有 585 例"把"字句，表达实现事件的"把"字句为 201 例，约占所有事件类型的 34.3%；南京师范大学中介语偏误信息语料库共有 475 例"把"字句，表达实现事件的"把"字句为 118 例，约占 24.8%；自建语料库共有 200 例"把"字句，表达实现事件"把"字句的共 47 例，约占 23.5%。

实现事件和状态变化事件的区别在于使事对凸体实施作用力时是否具有意向性，这种意向性在"把"字句中可以理解成对事物的一种"处置"。对比两类事件的"把"字句在所有事件类型中的比率，我们可以发现表达实现事件的"把"字句要高于表达状态变化事件的"把"字句，这也体现了"把"字句表处置义的"处置说"之所以被广泛接受的一个原因，即带有处置意义的"把"字句占了多数，比较符合人们对大部分"把"字句的语感。

二 事件分类和表达式

汉语中的"实现"主要是通过动词复合体中的附加语来表述的。这一动词复合体就是汉语中的动补结构。一般来说，动补结构根据补语的性质分为两类：动趋式和动结式。我们把使事具有意向性的那部分状态补语也确认为"实现"义，也就是状态补语为有标记"得"的补语。因为从宽泛的意义上说，这是使事有目的并使之实现的一种结果状态，如：我把衣服洗得干干净净。由于表趋向、结果和结果状态的述补短语从广义上来说都是表因果关系的"使成式"，它们在实现事件其他要素具备的情况下都可进入"把"字句。如下例：

句式1：S +把+N+V+得+VP/AP

此类V都为自主动词，表示使事有意向性地促使凸体保持或者进入某种状态，实现了目的。不同于状态变化事件中V的非自主性以及使事的无意向性。

如：

(6-1) 他把工作做得很出色。
(6-2) 我把衣服洗得干干净净。

句式2：S +把+N+V+DC（趋向补语）

如：

(6-3) 我终于把这道难题做出来了。
(6-4) 他下定决心要把这个难题攻下。

句式3：S +把+N+V+RC（结果补语）

如：

(6-5) 工人把房子推倒了。
(6-6) 孩子把妈妈叫醒了。

第三节 事件角色的特点

一 使事具有意向性和具体性

"实现"顾名思义就是"人和事物通过行为实现目的或结果",因此表达实现事件的使事必定是有意向性的。我们在第五章分析状态变化事件的"把"字句时提出,体现状态变化都是使动变化。变化的动力源使事,可以有意向性地促使凸体改变状态,也可以无意向性地导致凸体发生变化。为区分实现事件和状态变化事件,我们规定:把使事无意向地促使凸体改变状态的事件称为状态变化事件,而使事有意向地促使凸体改变状态和实现目的或结果的事件称为实现事件。

使事的具体性体现在一般都是表［生命］的人,且是说话人心目中所指的。如:

(6-7) a. 我们把行李准备好了。
b. *一个人把行李准备好了。

如果使事在前文中出现过,也经常省略。如:

(6-8) 她走进屋,抱起孩子,( )把他哄睡了。

除了名词性成分充当使事,还有少数动词性成分充当的使事。如:

(6-9) 练书法把(他)几支毛笔都练坏了。
(6-10) 做生意把他做赔了本。

这类句子都属于反现实事件，即没有实现目的或结果，且和目的相反的事件。这类事件句是重动句的派生形式，使事即使因。但使事同样具有意向性和具体性。即"练书法"这一说话人已知的具体行为是为了练好字，"做生意"这一说话人已知的具体行为是为了赚到钱。

二 凸体具有他控性和变化性

跟其他事件类型的凸体一样，"把"字句中的凸体都具有他控性的特点，这与句式义有关，也与"把"本身具有"掌控义"有关①。而表实现事件的"把"字句，从语义上说，是传统研究中表处置义的一类："把"字句主要作用在于表示一种有目的的行为，一种处置②。因此，凸体必定是在某物或人的掌控之下，才能实现其行为的目的。

凸体的变化性体现在数量上的增减、程度和性质上的变化。如：

(6-11) 他把刚买的一斤葡萄都吃光了。
(6-12) 我把声音关小些了。
(6-13) 我把眼睛治好了。

凸体"葡萄"体现了在数量上从有到无的变化，凸体"声音"体现了在程度上从大到小的变化，"眼睛"在性质上体现了从不好到好的变化。

三 衬体具有描写性和结果性

衬体的描写性主要体现在带"得"的状态补语中，往往由多音节短语充当，包括形容词重叠、固定格式等，具有形象性，如：

---

① 牛保义：《"把"字句语义建构的动因研究》，《现代外语》2008年第2期。
② 王力：《汉语史稿》，中华书局2003年版，第408页。

(6-14) 把敌人杀得片甲不留。
(6-15) 把头发梳得油光发亮。

结果性体现在结果补语和趋向补语中，相当于运动事件中衬体和终点的合并。这也是"把"字句是一个有界事件的典型特征。

第四节 使事和凸体的关系

宋文辉（2007）认为如使动事件成立，则致使事件必须可以观察到，即使事和凸体之间的力量作用明显，使事和凸体要有紧密的联系。这与我们对状态变化事件的"把"字句的考察相一致。使事和凸体要有有紧密的联系，其实质就是指使事和凸体概念距离要近。与概念距离的远近这一因素相关的可以分为客观概念距离和主观概念距离。

一 客观概念距离的大小

先看例句：

(6-16) a. *清醒的头脑把病人的病治好了。
　　　　b. 高明的医术把病人的病治好了。

我们从使事和凸体之间的联系的直接程度可以解释这个现象。"高明的医术"和"治好病"，二者有直接的联系；而"清醒的头脑"与"治好病"之间联系不紧密，"清醒的头脑"不可能以"治病"的方式影响"病人"，所以例（6-16b）成立，例（6-16a）不成立。

上述现象也可以理解为致使事件中的一种规约性程度，所谓规约，就是相关联成分在理想化认知模式（idealized cognitive model）中高度关联，它们在日常语境中同现的可能性很大，由一方预测另一方。也就是说，规约性是指致使事件和结果事件之间的联系是必然的还是偶然的，联系越是必然的，规约性就越高。上例中"清醒的头脑"和"治好病"之间没有一种必然的联系，规约性低，句子合法度低。

二 主观概念距离的大小

概念距离的大小是人的认知结果，所以带有一定的程度的主观性，相关的因素有很多。

（一）易观察联系比不易观察的联系紧密

（6-17）a. 他的魔术表演把观众们看得目瞪口呆。
b. *他的魔术魅力把观众们都看得目瞪口呆。

魔术魅力不一定具有使"观众们""目瞪口呆"的作用力，即使有，这种作用力也是很难被直接观察到的，因此它在认知上的影响力不凸显。而例（6-17a）中"魔术表演"导致"观众们""目瞪口呆"这个现象可以被直接观察到，因此"魔术表演"的影响力被注意，认知上凸显，适合做使事。

（二）具体事物比抽象事物的联系紧密

使事一般都不能由光杆名词充当，这是因为光杆名词所表示的语义不够具体，可以通过添加修饰成分等手段来增加语义内容和信息量，提升为使事的能力也就越高。从认知上解释，是因为在一个理想化的致使变化事件的认知模式中，一种使因必然导致一种结果，使因越显著，所产生的结果就越显著。如：

（6-18）*话把他说动心了。
（6-19）？我的话把他说动心了。
（6-20）我的一句话把他说动心了。

从"话"、"我的话"到"我的一句话"信息量逐层增加，越来越具象，作用力也逐渐增强，它对结果的影响也越来越重要。所以句子的合法度也随之增加。

第五节 实现事件中的动词和"把"字句

一 事件和动词类别

Vendler 是最早把谓词意义和事件结构联系起来进行语言学研究的人。他（1967）根据谓词在时间上表现出来的延续性（duration）、完成性（termination）（有无自然终点）、内部结构变化等特征，把动词分为四类：状态动词，例如"believe 相信"、"love 爱"；活动动词，例如"run（跑）"、"cry（哭）"；完成动词，例如"bake a cake（烤一块饼）"、"draw a circle（画一个圈）"；结果动词，例如"recognize（认出）"、"reach（到达）"等。

持动词中心论观点的研究者从 Vendler 的动词分类中得出无自然终点，无内部的结构变化的状态动词、活动动词一般都不能用于"把"字句；结果动词虽然具有自然终点，但不具备延续性，不能蕴涵一个活动过程，同样也不能直接用于"把"字句，而完成动词这三方面属性皆备，可用于"把"字句。事实上，"把"字句能否成立并非单纯由动词本身决定。

杨素英（1998）根据［动力］、［时限］、［终结］、［结果］这四个标准，将动词按照基本意义分为状态动词、动作动词、有时限动作动词、有结果指向动词、含结果实现动词五类，认为只要给它们提供一个表示终结点的成分，表示动词有了结果，并能对"把"的宾语施以影响，便可用在"把"字句中。如：

（一）状态动词+结果补语

如：

（6-21）这非得把他妈气死不可。

(二) 活动动词+结果补语

如：

(6-22) 小狗把鸡追到了门外。

(三) 活动动词+趋向补语

如：

(6-23) 他把手伸了过来。

(四) 有时限动词+结果补语

如：

(6-24) 别把门给敲破了。

(五) 有结果指向词+表成功完成词

如：

(6-25) 快把饭吃完，不许剩下。

这也充分说明：单看动词，很难确定它是否一定不能或者能用在"把"字句中，"把"字句合法的关键在于所表达的事件是否具有完成性。事件性质并非单纯由动词本身决定，除动词外，还与事件参与者、修饰成分等因素有关。事件的性质是由诸多因素根据组合性的原则共同决定的，并且这种组合性在句法结构中也有所体现[①]。动词、事件参与者、修饰成分等因素对事件性质的作用就在于它们对完成性

---

① Ritter, E. & S. Rosen, *Event Structure and Ergativity*, In C. Tenny & J. Pustejovsky (eds.).2000. p. 25.

的贡献上。

二 实现事件中动词的类别

Talmy 关于谓词的词汇化模式的研究延续了将谓词的意义和事件结构联系进行研究的路子，他认为实现事件框架包含四类动词：自身完成类型动词（intrinsic-fulfillment verb）；未尽完成义实现动词（moot-fulfillment verb）；蕴含完成动词（implied-fulfillment verb）；充分实现动词（attained-fulfillment verb）。他以英语为例，考察了表达"实现"意义的四类"动词+附加语"形式。严辰松（2005）在《英汉语表达"实现"意义的词汇化模式》一文中对此作了介绍，在这里，我们结合"把"字句，对各类型动词再作进一步的探讨。

（一）自身完成动词

自身完成类型动词（intrinsic-fulfillment verb）的一个典型的特征是使事的意图范围只涵盖动词本身，动词的语义不包含动作导致的结果。如：

(6-26) I kicked the hubcap.

在动作后的附加语被称为继发事件附加语[①]（further-event satellite）是一种语义上的增益（semantic increment）[②]。如：

(6-27) I kicked the hubcap flat.

使事是有意向性的，但意向不超出动作的范围。例（6-27）的附加语实际上是一种语义上的增益，用概念结构形式表达为：

[①] Talmy, Leonard, *Toward a Cognitive Semantics*, Vol II. Cambridge, Massachusetts: MIT Press, 2000. p. 264.

[②] Ibid., p. 263.

[IAMOVE the hubcap INTO flat]_主事件 + [I kicked the hubcap]_副事件

"flat"所表述的最终结果，即主事件中的"（毂盖）被踢瘪了"是句子语义核心所在。

汉语中具有自身完成义的动词，多为人的肢体动作。如：砍、捅、解、掐、敲、推、撬、摔、撞、碾、踢、跺等。

这类动词后面带的补语是继发事件，表示前面动作引起的结果或状态的改变。由于这类动词都具有意向性，我们把它们归为实现事件。这些词加上补语后，"把"字句所表达的致使事件的完结性得到满足，因此可以派生出"把"字句，如：

(6-28) 他甚至把一个指头砍掉来表示戒毒决心。（北大语料库 新华社 2004 年新闻稿）

(6-29) 既然是搭台唱戏，就一定要把锣鼓敲响。（北大语料库 1994 年《人民日报》）

(6-30) 大伙儿花了一个多小时才把高度密封的车厢撬开。（北大语料库 新华社 2004 年新闻稿）

（二）未尽完成义动词

这一类动词的语义不仅覆盖动作本身且进一步延伸至动词之外，使事的意图可包括拟达到的目的或结果，但是否实现则不确定。加上附加语后，才表示拟达到的目的或完成的结果已实现。未尽完成义附加语的语义与自身完成类型动词的附加语不同，前者不是独立的，而是依附于动词的意义，是对后者意义的补足。

汉语中未尽完成义动词多为获取类动词：找、搜、抓、捉、买、租、偷、想、听、看、猜等。

它们需要用附加语表示拟达到的目的，如"找到"、"看见"、"买着"、"捉住"、"听上"、"租下"、"猜中"等。加上附加语之后，

具备表达完结事件的能力,一般可进入"把"字句,如:

(6-31) 飞行员以为是一只甲壳虫,顺手把它抓住。(北大语料库《中国儿童百科全书》)

但也有少数构不成"把"字句,如:

(6-32) *监考老师把他们的纸条看见了。(中级　缅甸)

这是因为"看见"(包括"发现")是从发现者的角度,即从使事的视角来组织事件,"看见"、"发现"属于低及物性动词,对凸体的影响力弱,受影响力低的凸体凸显程度低,不能显现在"把"字句宾语位置。这也进一步论证了概念成分要和句法位置凸显程度相匹配的原则。

(三) 蕴涵完成义动词

蕴涵完成义动词与未尽义动词一样,语义延伸至动词之外,不同的是动词本身已经隐含了结果或目的已实现的意义,附加语只是用来确认动词中蕴涵的"实现"义,使其更加明确。但在没有"确认附加语"的情况下,动词隐含的"实现"义是可以被取消的。如"我把衣服洗干净了"中表明我已把衬衣洗干净,即"洗"的目的"使衣服干净"已经达到。不过,这一蕴涵在加上后续句后,可以被取消,如"我洗了衬衫,但是没洗干净"。添加附加语"干净"是为进一步确认衣服洗干净的蕴涵义。

这类动词按照语义可分为:

(1) 去除、消耗类动词

撕、拆、拆除、害、杀、洗、脱、吃、喝、清理、开除、处理等。由这些词构成的"把"字句如:

(6-33) 她把自己的衣服脱下来给女孩穿上。(北大语料库

新华社 2004 年新闻稿）

（6-34）刷牙时要采用竖刷的方法，把牙缝中存留的残屑都清理干净。（北大语料库《儿童百科全书》）

杨素英（1998）认为这类词容易导向结果。如"拆房子"可取部分而说"房子拆了"，而"盖房子"只有在房子完全盖好了才能说"房子盖了"。因此消耗、损耗类词既有［>结果］词的特性，又有［+结果］的特性。但由于它们极易导向结果，同［+结果］类词一样可以不带附加成分而出现在"把"字结构中。如：

（6-35）她把自己的衣服脱了给女孩穿上。

（6-36）刷牙时要采用竖刷的方法，把牙缝中存留的残屑都清理了。

我们认为这类动词虽也属于蕴涵完成义动词，但是由于它们同脱离类位移动词隐含位移参照的性质，类似本身也隐含变化实现前的参照，即隐含变化的起点，因此可以不带附加成分而出现在"把"字结构中。

（2）相对变化动词

这类词介于［有结果指向］和［含结果实现］之间，它们包含结果，这个结果却不确定，因此它们常常需要加上程度词或者数量词等使结果确定。如：降低、提高、增加、改善、改良、减少、缩短等。由这些词构成的"把"字句如：

（6-37）奇货可居的外商不得不把价格降低一半。（北大语料库 1994 年《人民日报》）

（6-38）我们还需要把方案改良一下。（北大语料库 新华社 2004 年新闻稿）

（6-39）他把劳动时间缩短到每天十小时半。（北大语料库

《中国儿童百科全书》）

(3) 日常生活类动词

如：烧、煮、炒、蒸、炸、烤、煎、熨、晒、修等。

"洗"蕴含了"干净"，"烧/煮/炒/煎/蒸"蕴含了"熟"，"晒"蕴含"干"，"修"蕴含"好"。添加"干净"等词或"好"、"完"、"成"等作为附加语可确认动词所蕴涵的完成义。这类动词可以单独或者重叠用在"把"字句中，也可以加补语以确定结果。如：

(6-40) 他把鱼身上剖下的东西煮了，鲜气诱人。（北大语料库《佳作》）

(6-41) 把衣服拿去熨熨，我明天开会穿。（北大语料库 北京话调查资料）

(6-42) 卢儿把她撕开的缝缝好，熨平。（北大语料库《飘》）

(四) 充分实现动词

先看下例：

(6-43) a. They drowned him. （《英汉大词典》）
b. * They drowned him dead/to death.

在英语中有一定数量的词，如上例中的"drowned"，不仅表达了动作"使浸没在水中"，还十分明确地表明了结果"死亡"。因此不能再加附加语"dead/to death"。这一类动词的语义也包含了动作和目的两个成分。与前几类动词不同的是：此类动词包含了"达到目的"义，表示"完全实现"，无须附加语来补充说明或确认。

单音节词有：赢、还、开、关、踢、换、灭等

这类词由于包含结果，所以都可以表达完整的事件或变化过程，

可以进入"把"字句。如：

（6-44） 我把他赢了。很惊险！很惊险。（北大语料库 1994年报刊精选）

（6-45） 老师不得不先把外套换了，再出来接受电视台记者的采访。（北大语料库 新华社 2004年新闻稿）

这类"把"字句的动词具有完全完成义，一般为补充型的双音节非重叠动词，例如"取消"、"解决"、"消灭"、"撤销"、"打倒"、"粉碎"、"改正"、"纠正"、"证明"、"说明"、"恢复"、"解散"、"解脱"、"分开"、"解开"、"扭转"、"结束"等。

这类动词在"把"字句中多用于表达指令和意愿。如：

（6-46） 他说，搜铺车臣非法武装头目的行动正在进行，并希望在近期把他们消灭。（北大语料库 新华社 2004年新闻稿）

（6-47） 一种认为，应该强化路局的职权，尽量削弱分局，以至把它撤销。（北大语料库 1994年《人民日报》）

（6-48） 以后杨坚建立隋朝时，把这种形式也取消了。（北大语料库《中国古代文化史》）

（6-49） 他因害怕派出所的人突然闯进来，慌里慌张地就把事情解决了。（北大语料库《中国北漂艺人生存实录》）

我们把这类词确认为完全实现义动词的前提是它们表达了一个完全实现的目的和结果，无须再加上程度词或者数量词等使结果确定，但大部分词都需加上表示"实现"义的附加语"了"。如果按照 Talmy 对完全实现动词的定义"无须附加语来补充说明或确认"，从严格意义上来说，现代汉语中不携带附加语的完全实现动词几乎很少。古汉语中具有自足完成义的动词，在现代汉语中一般都需要加上附加语以补足完成义，例如"吐——吐出"、"举——举起"、"损——损害"、"阻——阻止"。这是现代汉语词双音节化及其发展规律所决定的，也是古今词汇的主要差别之一。

现代汉语中，"了"是表示"实现"义使用频率最高的附加语。"了"含有"实现"的意义，如"他把人杀了"中的"了"应看作表达"实现"义，因为"把"字句作为一个"构式"（construction），它所描述的情景具有很强的"致使性"和"完全性"，明确地传达了"实现"义。

严辰松（2005）认为汉语中的补语实际上"消减"（resect）了这些动词原有的完全完成义，使之成为未尽完成。Talmy（2000）举了下面两组英语中完全完成义被消减的例子：

(6-50) a. I kicked him. / I grasped the rope.
b. I kicked (out) at him. / I grasped at the rope.

Talmy（2000）指出英语中的进行时态也可消减动词的完全完成义。如：

(6-51) I was opening the door when I heard the scream.

汉语在实现事件框架中表现突出。Talmy 认为，汉语是典型的"附加语构架语"，"实现事件"的语义核心"实现"主要由附加语表达；汉语中缺乏完全完成义动词，大量的动词都是未尽完成义或蕴涵完成义动词。

第六节 动词使用情况和偏误分析

一 概念内容不当

（6-52）＊在一般的外国语中，学中文在外国人心目中比任何外国话难，汉字必须要每个字背下来。（初级 韩国）

（6-53）＊如果我不加倍努力学习，把学业升上去，将来我怎能立足于社会，怎样对得起母亲对我的培养呢。（初级 韩国）

例（6-52）中"汉字必须要每个字背下来"除了概念结构方面漏用了"把"的偏误，"背"的概念内容"背诵"（有声的）也不恰当，应该改为"把印象保持在脑子里"的"记"（无声的）；例（6-53）"把学业升上去"中的"升"概念内容不恰当，这与相对应的本国语的词汇义项不一一对应有关。

二 动词的类别未受限制

（一）蕴涵完成义动词在"把"字句中的局限性

（6-54）＊一个最亲的最爱的人在他身旁十分痛苦地喊叫或要求把他杀。（中级 老挝）

（6-55）＊我也是想，怎么把病人杀呢？（中级 韩国）

（6-56）＊一个最亲的最爱的人在他身旁十分痛苦地喊叫或要求把他杀。（中级 韩国）

我们在HSK动态语料库的语料中发现了大量关于"杀"作核心

动词的"把"字句的偏误,共同的特征就是缺少表实现义的补语"了"或者"死"。英语中"kill"是完全实现义动词,无须添加任何附加语来补充说明或确认,而汉语中"杀"是蕴涵完成义动词,动词本身虽已经隐含了结果或目的已实现的意义,但仍需添加附加语来确认动词中蕴涵的"实现"义,来补足或确认"实现"义。在英语中原来作为整体指称的一件事,在汉语中被概念化为两个部分。也就是说,相同的语义空间,英语指涉为一个整体,而汉语则指涉为两个部分,因此汉语学习者就会写出这样的"把"字句:

(6-57) *他一到教室就把空调开。(初级 老挝)
(6-58) *妈妈把病治了,全家人都很高兴。(初级 泰国)

英汉"open=开+开","cure=治+好"。汉语学习者把汉语中应该概念化为两个部分的"开+开"、"治+好"等同于英语中的一个整体,因此出现了上述的偏误句。

Talmy 认为"杀"、"踢"、"开"都不具有完全的"实现"义,必须添加"着"、"开"、"死"才能表现完全的"实现"。例如:

(6-59) 我开了门(但门没有开开)。(Talmy 2000)
(6-60) 我杀了人(但是没杀死)。(同上)
(6-61) 我踢了他(但是没踢着)。(同上)

括号内的后续句其实是不成立的,前半句的是一个表实现义的事件,如果去掉表实现义的补语"了",则后续句成立,这也证明了严辰松(2005)的观点:汉语的动补结构是"构式语法"意义上的一种"构式"。它的构式效应使得原本具有完全完成义的动词也需用上补语。汉语中的补语实际上"消减"(resect)了这些动词原有的完全完成义。

（二）类推的偏误

（6-62） a. 他把敌人杀（死）了。
　　　　 b. *他把敌人推了。（初级 缅甸）

上文提到，在汉语中，"杀"是蕴涵完成义动词，动词本身虽已经隐含了结果或目的已实现的意义。也就是说，"杀"在词汇句法层面已经包含了一个表示结果状态的子事件，因此无需再在句子句法中映射出来。补语"死"即使不出现，但其所表示的结果状态已为动词"杀"所蕴涵，因而句子是合格的，而（6-62b）中的"推"是自身完成动词，在补语"倒"空缺的情况下，语义上缺少一个表示结果状态的子事件，因此"把"字句不合法，它必须加上补语"倒"才能构成合格的"把"字句——"他把敌人推倒了"。

能愿动词、副词或其他状语出现在谓语前时，少数充分实现动词作为核心动词构成的"把"字动词后边可以没有其他成分。如：

（6-63）他因害怕派出所的人突然闯进来，慌里慌张地就把事情解决了。（北大语料库《中国北漂艺人生存实录》）

（6-64）其实，安乐死的目的，就只是狠狠地把生命结束，没有可取之处。（中级 韩国）

这是因为除动词外，句式的合法性还与事件参与者、修饰成分等因素有关。这些修饰成分的添加作用就在于它们对"把"字句语义中"完成性"的贡献上。"把"字句合法的关键在于所表达的事件是否具有完成性。

教学中，由于教师对无需补足成分的例外缺乏足够的说明，学习者会类推出这样的偏误句：

(6-65) *我们必须把教室打扫。(初级 泰国)
(6-66) *我们要把环境好好保护。(初级 芬兰)

"打扫"和"保护"是自身完成类型动词（intrinsic-fulfillment verb）。这一类动词的一个典型特征是：使事的意图范围只涵盖动词本身，动词的语义不包含动作导致的结果。因此必须添加补语，才能合法表达"把"字句表致使结果的句式义。

三 使事与动词的作用方式不匹配

(6-67) *努力的锻炼把他跑瘦了。(高级 泰国)

努力的锻炼把他练瘦了。
两句的概念结构分别为：

[努力的锻炼 AMOVE 他 INTO 瘦]$_{主事件}$ +? [他跑]$_{副事件}$
[努力的锻炼 AMOVE 他 INTO 瘦]$_{主事件}$ + [他练]$_{副事件}$

作为使事的"努力的锻炼"产生的影响方式要与"跑"和"练"的作用方式相匹配，句子才能成立。锻炼有诸多的内容，"跑"是其中一项，还有诸如"慢走"、"打球"等其他内容，所以两者不匹配。"练"可以囊括各种内容的作用方式，因此与使事匹配合理，构成合理的使动事件的概念结构。

四 该用"把"字句而未用

(6-68) *为了留住他这个人才，老板增加两倍他的工资。
　　　　(中级 韩国)
(6-69) *公司效益不断下降，必须减少一半公司的员工。
　　　　(中级 韩国)

"把+N+增加/减少/提高/降低+具体的数量词"属于强制性"把"字句,以上两例不合句法。

例(6-68)和(6-69)中,具体的数量词"两倍"和"一半"如果改为抽象的"了₁",句子则成立。它们不成立的原因是动词后的数量词"两倍"和"一半"相比"了₁"更具体,更富有说明性,所以其可预测性低,会在说话者心目中占有突出地位。另外,如果从具体结果和抽象结果所负载的信息量角度来看,具体结果包含的信息量要大于抽象结果包含的信息量。信息量大的在认知上更突显,更倾向于成为焦点,其宾语也越可能前置而选择"把"字句。

五 词汇化模式存在差异

(6-70) *后来一个人搞小小的摊位,把这个企业慢慢大,现在开了一个很大的商场了。(中级 印尼)

(6-71) *把声音小点好吗?(中级 美国)

(6-72) *妈妈把衣服短了很多。(初级 泰国)

在状态变化事件一章中,我们分析了英语里有些动词在汉语中没有相应的词汇化使役形式,汉语需要通过动补结构来表达使动。典型的动结式,结果补语都能表示"(使+NP)R+了"。即在不具"使动"功能的动词和形容词前加上一个相关动词构成"动词+结果补语"的结构,如"扩大"、"减小"、"缩短"等,在语法上获得"使动"功能;在语义上"结果补语"部分表示致使结果,动词表示致使动力。这种添加成分的方式类似于英语中添加前缀或后缀,把不表使动义的动词和形容词转化成使动动词,如上例中的"large(大)"加上前缀"en"成为"enlarge(放大)"、"less"、"short(短)"加上后缀"en"成为"lessen(减小)"、"shorten(缩短)"。所以在教学中,可以利用这种对比方式使以英语为母语的学生理解表"使动"意义的"动词+结果补语"结构,避免所谓的"遗漏"现象。

　　Ritter & Rosen（2000）认为事件的性质是由诸多因素根据组合性的原则共同决定的,并且这种组合性在句法结构中也有所体现。除动词外,还与事件参与者、修饰成分等因素有关。"把"字句合法与否关键在于所表达的事件是否具有完成性,事件参与者包括使事和凸体,动词、补语以及修饰成分等因素对事件性质的作用就在于它们对完成性的贡献上。

第七节　实现事件中的补语（衬体）和"把"字句

　　Talmy（2000）认为英语中协助表述"实现"义的附加语有两类:表示实在的语义和抽象的语义。实在义的如"clean"、"flat"、"loose"等,这些附加语描述"继发事件",与动作的意图和受事的状态有密切的语义上的联系。另一类如"hunt down"中的"down"、"call up"中的"up"没有实在的语义,与动作的意图和受事的状态无密切的联系（除了个别比喻的用法）。它们是标记"实现"的抽象符号,用以补足动词的完成义或确认所蕴涵的完成义。Talmy（2000）认为,它们是"实现"这一语义范畴存在的最好佐证。

　　汉语中的"实现"主要是通过动词复合体中的附加语来表述的。这一动词复合体就是汉语中的动补结构。一般来说,动补结构根据补语的性质分为两类:动趋式和动结式。我们把使事具有意向性的那部分状态补语也确认为"实现"义,也就是状态补语是有标志"得"的补语。因为从宽泛的意义上说,这是使事有目的并使之实现的一种结果状态,如"我把衣服洗得干干净净"。由于表趋向、结果和结果状态的述补短语,从广义上来说,都是表因果关系的"使成式",它们在实现事件其他要素具备的情况下都可进入"把"字句。

一　S+把+N+V+DC（趋向补语）及其概念结构相关的偏误分析

趋向补语可以表示动作达到目的或者结果，也即实现意义。表示结果意义的趋向补语有"上、上来、上去、下、下来、下去、出、出来、出去，过、过来、过去，起、起来，开，到，来，去"等①。

趋向补语分为实义类和虚义类。实义补语表达事物运动的路径，如：

(6-73) 把灯泡按上去。
(6-74) 把布帘放下来。

"上"和"下"表示到达位移的终点，也即"实现"。
虚义的趋向补语是一种引申用法，表达认知上的"到达"，如：

(6-75) 终于把这道难题做出来了。
(6-76) 他下定决心要把这个地皮拿下。

这类趋向成分如同上文提及的英语中的"down"和"up"一样，也是标记"实现"的符号。

语料中，表实现事件的"把"字句中与趋向补语有关的偏误句有多种类型，我们只选择与概念结构相关的偏误作分析，包括趋向补语的选择错误、趋向补语的缺失和冗余、宾语的位置错误等几个方面。

(一) 趋向补语缺失和冗余

(6-77) *我先把我自己的想法说以后，再说明我自己的想

---

① 刘月华：《趋向补语的语法意义》，载《语法研究和探索（四）》，北京大学出版社1988年版，第78页。

法。(初级　日本)

(6-78) *他们开玩笑地把火柴吹，不让新娘顺利地点烟。(初级　韩国)

两句的概念结构分别为：

* ［我 AMOVE 自己的想法］_{主事件}＋［我说］_{副事件}
* ［他们 AMOVE 火柴］_{主事件}＋［他们吹］_{副事件}

主事件的结构不完整，因此需添加表示结果的趋向补语"出来"这个"把"字句才体现了完成义。

(6-79) *在这样的病人已经半死而不能再醒过来的情况下，病人的家属以及医生均难以判断能否把病人（的）痛苦解脱下来。(中级　泰国)

"解脱"是一个表充分实现的动词，此类型的动词包含了"达到目的"义，表示"完全实现"，不需另加趋向补语"下来"来使句子完整，只需添加语气助词"了$_2$"来说明或确认。

(二) 趋向补语选择错误

(6-80) *但是我把他的一首歌背了起来。(初级　韩国)
(6-81) *我们不能每一本每个字都把他阅读起来。(初级　英国)
(6-82) *把他的话牢记起来。(中级　泰国)

例 (6-80) 概念结构为：

* ［我 AMOVE 他的歌 INTO 背起来］_{主事件}＋［我背］_{副事件}

此类偏误的原因是混淆了"起来"和"下来"的语义。主事件中"背起来"表开始义,应该改为表实现义的"背下来"。例(6-81)和(6-82)同理。

(6-83) *可是觉得这个工作不能把我的潜能都发挥起来,就换了公司。(高级　日本)

(6-84) *父亲是伟大的人,我不知道怎么会把我的感情和爱都说起来。(中级　韩国)

(6-85) *因此歌星大胆地利用歌曲把那些普通人说不出来的话唱起来。(中级　印尼)

例(6-83)概念结构为:

*[这个工作 AMOVE 我的潜能 INTO 发挥起来]_{主事件} + [我发挥]_{副事件}

此类偏误则是混淆了"起来"和"出来"的语义。"起来"表起始义,"出来"表结果义。所以"发挥起来"应改为"发挥出来"。例(6-84)和(6-85)同理。

由于每个表示结果意义的趋向补语都有其特殊的结果意义,具体意义决定了与其搭配的动词有限制性。如表示"接触"义的"上",要求其前边的动词是接触或可使接触的动词,如"合、穿、连、添、填、画"等。

同一个动词有时可以带不同的表结果意义的趋向补语,表示不同的意义。如:

(6-86) 把你知道的内幕都写出来。(由内到外/由隐藏到显露)

(6-87) 把你知道的内幕都写下来。(表示分离)

由上可知，此类偏误主要还是跟具体趋向补语的概念内容有关，需要学习者逐个学习。

（三）不该用"把"字句而用

（6-88）＊他把这条山路走出了。（中级　老挝）
　　　　＊［他 AMOVE 山路 出 ］主事件＋［他走山路］副事件

主事件和副事件无紧密联系，副事件既不是主事件的方式，又不是使因，因此不匹配。如果改为主动句"他走出了山路"，其概念结构便合法，如：

　　　　［他 MOVE 出 山路］主事件＋［他走山路］副事件

这类偏误在留学生中介语语料中不多，属于刚学习完"他把书拿出来"等"S+把+N+V+趋向补语""把"字句后的类推错误，由于没有搞清楚这类"把"字句的句式义，致使在选择动词时无限制性。

（四）该用"把"字句而未用

（6-89）＊你必须记下来每个汉字。（初级　韩国）

"记下来"的宾语"每个汉字"不能处于动趋式之后，这与其概念结构以及概念显现的形式限制有关。如上例的概念结构如下：

　　　　［你必须 AMOVE 每个汉字 INTO 记下来）］主事件＋［你记每个汉字］副事件

这是一个使动的事件，"你"是使事，"每个汉字"是凸体，"下来"是一个虚义的趋向补语，引申结果义，是一个整体，但是它是从运动路径"下"和直指性简单趋向补语"来"引申而来，"下"和

"来"分别占据一个句法位置。三个事件角色都凸显，独立显现，占据着独立的句法位置。但是，概念显现的形式限制条件规定，动词后最多只能有两个独立的句法位置，如果把引申结果义的复合的趋向补语改为引申结果义的简单趋向补语，它便只占据一个句法位置，句子就合法。如：

（6-90）你必须记下每个汉字。
（6-91）你必须记住每个汉字。

还有一个方法就是把凸体"每个汉字"往前提，显现在"把"字句宾语的位置上，动词后只留下两个独立的句法位置。即：

（6-92）你必须把每个汉字记下来。

另外，我们在状态变化事件一章中分析了两类要求宾语前置的动结式，一类是说话人主观强调的补语，这是语用因素导致的宾语前置。例句中的"必须"是一个主观性很强的词汇标记，自然加上了很强的主观色情，不是客观的叙述。"把"字句的主观性强于一般主谓宾句，因此适合采用"把"字句。

张伯江、方梅（2001）指出一类强制形式的"把"字句，即谓语里有总括性副词"都"，如：

（6-93）瑞丰把校旗和点名簿都找出来。（张伯江、方梅2001）
（6-94）当初，在他买过这所房子来的时候，他须把东屋和南屋都租出去，才能显得院内部不太空虚。（同上）

他们还指出当宾语为有定的、与副词的总括性相关的遍指性宾语，且动词+复合趋向补语为及物性结构时，需要采用"把"字句。

只是张伯江和方梅对此没有作出解释。上例中的"你必须把每个字记下来"来,"每个汉字"属于遍指性宾语,可以添加"都",也属于此类强制性"把"字句。从概念结构的限制形式和主观性角度,我们也可对此作出解释。

二　S+把+N+V+RC(结果补语)及其概念结构相关的偏误分析

(一)结果补语缺失和冗余

(6-95)　*在污染以前把它好好保户(护)。
(6-96)　*我早就30岁了,不知(没有)把现在我的情况向你们说,要求你们的理解呢。

以上两例偏误句出自韩国学生,由于韩语中没有述补结构,只有状述结构,因此他们常常使用韩语的状述表达方式,如"好好保护"来对应汉语的述补结构"保护好"。韩国学生总是造出"缺补语",即用光杆动词作谓语的偏误句。

"把"字句是一个表示在致使力作用下致使结果的句式,完成性是其语义的核心。以上例句的偏误都是因为缺失了结果补语造成主事件的结构不完整。"保护"、"说"都是光杆动词,因此需添加表示结果/目的的补语"好"、"好"、"清楚"才合句法。

有时除了缺失补语,还缺失"把"。如:

(6-97)　*为了你们,我一定要所有的事努力做。(初级　韩国)

概念结构:

　　*〔我 AMOVE 所有的事情 INTO ?〕_{主事件}+〔我做〕_{副事件}

"我是"使因，整个句子是使动事件，缺少"把"和衬体，应改为"为了你们，我一定要把所有的事努力做好。"

(6-98) *这场演出把观众吸引了。（中级　韩国）
(6-99) *我也是想，怎么把治（病）人杀呢？（初级　泰国）

这类偏误句中补语的缺失是由于不同实现类动词的局限造成的，"吸引"属于未尽完成义动词，这一类动词的语义不仅覆盖动作本身且进一步延伸至动词之外，使事的意图可包括拟达到的目的或结果，但是否实现则不确定，"杀"是蕴涵完成义动词，它与未尽义动词一样语义延伸至动词之外，不同的是动词本身已经隐含了结果或目的已实现的意义，附加语用来确认动词中蕴涵的"实现"义，因此这两类动词都需要添加附加语来补足"把"字句的完成性这一语义要求。

(6-100) 这场演出把观众吸引住了。
(6-101) 我也是想，怎么把治（病）人杀掉呢？

补语冗余的偏误如：

(6-102) 以前我的家庭很穷，父母很痛苦把我们七个兄弟姐妹养长大。（初级　韩国）

此处的补语冗余与韵律限制有关，董秀芳（1998）认为动词为单音节时，补语一般为单音节，如果是双音节，一般后一音节都读轻声。例（6-102），如去掉"养长大"中的"长"，改为"养大"，或者把"养"改为双音节动词"抚养"，则能和双音节"长大"组合。

（二）误与主谓宾句转换

狭义的动结式由于结合紧密，基本和单个动词一样，其后还可以

有一个位置对应单及物动词,两个位置对应双及物动词。所以在汉语中,带狭义动补结构的"把"字句常常可以转换成主动句。如:

(6-103) a. 他吃完了米饭。　　a'. 他把米饭吃完了。
　　　　 b. 他摔碎了花瓶。　　b'. 他把花瓶摔碎了。
　　　　 c. 他准备好了行李。　c'. 他把行李准备好了。

这类"把"字句有其相应的非"把"字句句式,而在其他很多汉语学习者的母语里只能翻译成一种句式,如"他吃完了米饭"和"他把米饭吃完了"在英语里都是"He ate the rice"。一些对外汉语教材的课后练习里把这类句子的转换作为"把"字句的语法练习,误使学习者以为这两个句式相同,这就没有达到向学习者灌输和强化"把"字句的语义特征的作用。其实,"把"字句的主观性强于一般主谓宾句,如果降低说话人的主观色彩,而增强叙述的客观性,主谓宾式则可成立。这一点需要联系上下文来体现实现事件"把"字句中施事的意愿性。如:

(6-104) a. 她已经愤怒到了极点,把伸手可及的花瓶摔碎了。
　　　　 b. 淘气的小儿子摔碎了花瓶,然后又偷偷地把碎片扫掉了。
　　　　 c. 淘气的小儿子一个趔趄/不小心把花瓶摔碎了,吓得脸色发白。

例(6-104a)中"摔碎花瓶"这一行为显然是有意的,施事带有很明显的主观性,适合选择"把"字句这一具有主观归因于施事主语机制的句式。例(6-104b)中,"摔碎花瓶"这一行为是无意的,适合选择主谓宾这一客观性相对较强的句式。而例(6-104c),从"一个趔趄/不小心"可知施事"淘气的小儿子"本身并无主观意愿要"摔碎花瓶",但是说话者主观归因与施事,因此这是非常规的理解,需要在常规情况下所使用的"把"字句里添加有标记的词汇形式"一个跟跄/不小心"等。如例(6-104 c')如果不添加有标记形式,容易理解成有意为之,这就与后一分句在语义上不衔接。

以上我们分析了带狭义动补结构的"把"字句,它们通常可以转换成主动句。因此,汉语学习者常常在学习完 S+把+N+V+RC 结构后出现这样的偏误:

(6-105) *我把米饭吃饱了。(初级 泰国)

"我吃饱了米饭"是一个自动事件,其概念结构如下:

[我 MOVE INTO 饱]_{主事件} + [我吃米饭]_{副事件}

"米饭"是副事件的构成成分,凸显程度低,不适合"把"后宾语这一凸显程度高的句法位置。"把"后宾语位置适合使成事件的凸体。如果句子改成"我吃光了米饭"就可以实现转换:

(6-106) 我把米饭吃光了。

"我吃光了米饭"的概念结构为:

[我 AMOVE 米饭 INTO 光]_{主事件} + [我吃]_{副事件}

因此它是一个使动事件,"米饭"显现在主事件中,是凸体,凸显程度高,因此适合出现在"把"字句宾语这一凸显程度高的句法位置。

另外,也有"我洗好了衣服"成立与"我洗脏了衣服"不成立的对比,如:

(6-107) 我洗好/干净了衣服→我把衣服洗干净/好了。

(6-108) *我洗脏了衣服→我把衣服洗脏了。

这是因为"脏"比"好"更具体，比"干净"更非常规，出现频率低，具体性强，非常规的补语可预测性低，易于成为焦点，其宾语也越可能前置，从而形成"把"字句"我把衣服洗脏了"。

还有一类补语为心理感动词/形容词的结果补语，与上述情况又有不同，如：

(6-109) 我听烦了他的话。→*我把他的话听烦了。（李大忠 1997）

(6-110) 孩子们听厌了故事。→*孩子们把故事听厌了。（同上）

(6-111) 我听明白了这个问题。→我把这个问题弄明白了。（同上）

(6-112) 我读懂了这本书。→他把这本书读懂了。（同上）

(6-113) 我学会了游泳。→我把游泳学会了。（叶向阳 2004）

在这类动补结构中，如果补语为心理情绪动词，"把"字句便不成立，如例（6-109）和例（6-110）中的"烦"、"厌"等。如果补语为心理认知知动词，则"把"字句成立。我们认为情绪心理动词带有描写性，带有"评价"意义，其内部过程不凸显，并不表示结果，因此体现不出使事对凸体的影响力，不适合选择表完成义的"把"字句。而心理认知动词"明白、懂、会"则体现了一个由"不明白/懂/会——明白/懂/会"具体的变化过程并且产生了结果。它们体现了使事对凸体的影响力大，因此适合"把"字句。

（三）误与重动句转换

根据衬体是否表达了预期目的实现，我们将实现事件分为预期结果的实现事件和非预期结果的实现事件。如：

（6-114） 我把衣服洗干净了。
（6-115） 我把衣服洗脏了。

非预期结果的实现事件可以根据结果出现的情况分为：
（1） 欠额实现事件
如：

（6-116） 他把坑挖浅了。
（6-117） 他把米饭煮生了。

所谓"欠额"是指因为量达到而使预期目的没有实现，如"挖浅"、"煮生"。
（2） 超额实现事件
如：

（6-118） 他把菜炒焦了。
（6-119） 他把鸭蛋腌咸了。

"超额"顾名思义是过了一定的界限，使得预期的目的出现过量，向不好的方向发展了。如"炒焦"和"腌咸"。
（3） 反实现事件
如：

（6-120） 他把衣服洗脏了。
（6-121） 他把衣服缝坏了。

Talmy（2000）认为汉语的补语可表达意外的结果，如上例中

"洗脏了","洗"的目的不是"脏",而是"干净";"缝坏了"缝的原先目的是"好",却不料"坏"了。

宋文辉(2007)认为以上三类事件都不可转换成重动句：

(6-122) a. *他挖坑挖浅了。　　a'. *他煮米饭煮生了。
　　　　b. *他炒菜炒焦了。　　b'. *他腌鸭蛋腌咸了。
　　　　c. *他洗衣服洗脏了。　　c'. *他缝衣服缝坏了。

我们认为非预期结果的实现事件倾向于选择"把"字句。为何有这种倾向性？先看中介语语料中的一个偏误例句：

(6-123) *同学送给我很多葡萄,把我吃饱了。

这个句子如果改成：

(6-124) 同学送给我很多葡萄,把我吃撑了。

例(6-123)中"吃饱"是一个表预期结果的实现事件,例(6-124)是非预期结果的实现事件。

动结式补语对"把"字句的选择受主事件和副事件结合的可预测性高低的影响。主事件和副事件之间联系的可预测性高低也体现为张国宪(2006)所区分的规约性和非规约性两个术语,他用规约性和非规约性说明现实世界中结果达成的两种情状。规约性系联指两个结构成分的概念语义间有着内在的必然的逻辑联系(可称为理据性联系、非任意性联系)。如"洗"和"干净"、"木头"跟"桌子"等的结合,两个成分彼此的概念语义互相包含,即从一个概念的语义特征中可析出另一个概念,反之亦然。非规约性系联的两个结构成分的概念语义间没有内在的必然的的逻辑联系(可称为偶发性联系),彼此的联系是出于概念组合的需要,带有某种约定俗成的性质。如

"洗"和"脏"、"木头"和"人"的结合。

例（6-123）之所以不合法，是因为"吃"和"饱"之间有很强的可预测性（或者称之为规约性），"吃饱"出现的频率很高，所以会降低人的注意程度，而"吃撑"相对来说是出现频率较低的事件，容易引起人的注意，形成深刻的印象，人主观上也认为其中的动力作用明显，因此例中的使事"一斤葡萄"对凸体"他"的影响力容易被注意到，事件易于概念化为使动事件，倾向选择表致使关系的"把"字句。这也同样可以用来说明欠额实现事件、超额实现事件、反实现事件不选择重动句而选择"把"字句的原因，因为凸体和衬体之间的联系，如"挖浅"、"煮生"、"炒焦"、"腌咸"、"洗脏"、"缝坏"属于频率较低的事件，容易引起人的注意，事件易于概念化为使动事件。

从影响力的角度来看，比如"煮熟"和"煮生"都表达实现事件，二者的分布不同是因为"煮熟"属于正常的预期结果，可预测程度高，因此其凸体"米饭"受影响小，不凸显，倾向于选择主动句；而"煮生"是反常结果，非预期的结果，凸体"米饭"受影响大，凸显程度高，因此倾向选择"把"字句。

我们在阐释上述规律时一直强调"倾向选择'把'字句"，因为这是一个倾向性规律，也有预期结果和非预期结果都选择"把"字句的，如前文中的"我把衣服洗干净了"、"我把衣服洗脏了"。但是，"我把衣服洗干净了"可以转换成主动句"我洗干净了衣服"，而"我把衣服洗脏了"却不可转换成主动句"我洗脏了衣服"。预期结果也有选择"把"字句的，如"我把衣服洗干净了"，这与其他因素的影响有关，比如说话人强调是谁对"衣服"进行了处置"洗"，以及处置结果如何等。又如：

（6-125）倒电脑把他倒赔了一万块钱。（施春宏 2008）
（6-126）做生意把他做折了本。（同上）
（6-127）这批电脑把他倒赔了一万块钱（同上）。

(6-128) 这笔生意把他做折了本。(同上)

结果补语"倒赔、做折"不仅表示造成非预期结果，反而进一步表示失去义，却可转换成重动句，如：

(6-129) 倒电脑倒赔了他一万块钱。
(6-130) 做生意做折了他的本钱。

这是一类使事为使因，且补语动词的主体论元和客体论元存在潜在的领属关系的特殊类反实现事件。

(四) 误与话题句转换

(6-131) *中国的水果很便宜，比韩国便宜很多。但是，昨天我把西瓜买贵了。(中级 韩国)

改为：中国的水果很便宜，比韩国便宜很多。但是，昨天的西瓜我买贵了。

"买贵"是一个表超额实现的事件，按上面的分析，不选择重动句"*我买西瓜买贵了"倾向于选择"把"字句，但是"*我把西瓜买贵了"也不成立，而话题句"西瓜我买贵了"合句法。

这是因为"买贵"虽然表达一个使动事件，"我"是使事，"西瓜"的事件角色是凸体，"买贵"表达说话人对"买"的动作的主观评价，客观上"西瓜"并未发生真实的变化。如果把补语"贵"改为"光"，则可实现话题句和"把"字句的装换。如：

(6-132) a. 西瓜我买光了。
　　　　 b. 我把西瓜买光了。

"买光"是凸体"西瓜"发生了真实的变化，受到的影响程度大，因此凸显程度高，可以进入"把"字句宾语这一凸显程度高的位置，它也可以进入话题句中话题的位置，而"买贵"的凸体"西瓜"只能进入话题位置，不能进入"把"字句宾语位置。

这也说明了动结式的使动程度高低对句式的选择具有限制性，使动性越强，越倾向进入"把"字句，使动性减弱倾向选择话题句，使动性最弱，为自动事件时，就只能进入重动句而不能进入话题句，更不能进入"把"字句。如"*酒我喝醉了"、"*我把酒喝醉了"、"我喝酒喝醉了"。这也验证了宋文辉（2007）提出的"使动事件的凸体所受到的影响的强弱是一个连续系统，受影响的程度与动结式的使动性强弱成正比[①]。"

(6-133) a. 他把杯子打碎了。　　*他打杯子打碎了。
　　　　 b. 他把菜炒咸了。　　　他炒菜炒咸了。
　　　　 c. *他把菜买贵了。　　　他买菜买贵了。
　　　　 d. *酒我喝醉了。　　　　我喝酒喝醉了。

a→d 动结式的使动程度逐渐下降，凸体受影响的程度也依次减弱。

（五）混淆可能补语

(6-134) *我以前不是这样，因为第一次学时候，只我是跟中国人说一句话也很高兴，而且他把我说的汉语听得懂，这很惊异。（中级　缅甸）
(6-135) *这个时候我也想"痛了就成熟了"，时间都把问题解决得了。（中级　韩国）
(6-136) *我把这个蛋糕吃得了。（中级　印尼）

[①] 宋文辉，《现代汉语动结式的认知研究》，北京大学出版社 2007 年版，第 66 页。

李遐（2005）认为汉语中，由于"把"字句表示对某人、某事物施加某种动作，并强调使某人、某事物产生某种结果或影响，因此，一般情况下，"把"字句所表示的是已然状态，是一种未然的状态，两者不能同现。要在"把"字句中表示未然的可能性，不能用可能补语，要用"能"、"可能"作状语表示。这是因为"把"字句强烈要求"已然"，不要求"未然"。

我们认为从已然和未然性来看待这个问题有失偏颇，因为"把"字句也可以表达未然的事件，如"你把这件衣服改小点"等祈使句表达的就是一个未然事件。"把"字句是一个带标记的使动事件，使事对凸体施加作用力和影响，使其产生某种结果。在状态变化事件中，衬体是隐喻性的运动的终点，是状态变化后的一个结果，而可能补语只是说明由动词谓语所表达的动作行为在主客观条件下是否允许实现某种结果和变化，因此和"把"字句的语义不相容。

但当可能补语加上程度副词后，句子就成立，如：

（6-137）a. *他把衣服洗得干净。
　　　　　b. 他把衣服洗得很干净。
（6-138）a. *我把这个月的工资花得多。
　　　　　b. 我把这个月的工资花得很多。

（6-137b）和（6-138b）的补语都加上了程度副词"很"，变为状态补语，具有描写性和结果性，因此可构成合句法的"把"字句。

三　S+把+N+V+得+VP/AP 及其概念结构相关的偏误分析

（一）不该用"把"字句而用

表实现事件把字句还有一类"S+把+N+V+得+VP/AP"结构，其中使事具有意向性，V 为自主动词。（我们把使事为无意向性，V 为非自主动词的"S+把+N+V+得+VP/AP"定为状态变化事件）。这类把字句的偏误有：

(6-139) *我把中文学得很努力。（我学中文学得很努力。）
（李大忠 1997）

(6-140) *他把汉语说得很流利。（他说汉语说得很流利。）
（成燕燕 2006）

(6-141) 他把饭做得很难吃。　　他做饭做得很难吃。

(6-142) 大家把教室打扫得很干净。大家打扫教室打扫得很干净。

成燕燕（2006）分析指出例（6-139）和例（6-140）之所以不可使用"把"字句，只能使用重动句，是因为"努力、流利"属于"现在状态"，带有"评价"意义，并不表示结果。而例（6-141）和例（6-142）可用"把"字句，是因为从"不干净"到"干净"有了具体的变化、产生了动作后的结果。由此可见，"把"字句中的状态补语跟"动力变化性"关系紧密，若是不带"动力变化性"的状态补语，就不能用"把"字句。

我们也可以从概念结构的主事件和副事件之间的联想紧密性来分析。前两例的概念结构为：

* ［我 AMOVE 中文 INTO 努力］_{主事件} + ［我学］_{副事件}

* ［我 AMOVE 汉语 INTO 流利］_{主事件} + ［我说］_{副事件}

主事件和副事件缺乏联系，不符合事件的理想化认知模式。例（6-139）的核心事件"我使中文进入努力的状态或结果"不成立；例（6-140）"我使汉语进入流利的状态或结果"也不成立。

例（6-141）和例（6-142）概念结构为：

［他 AMOVE 饭 INTO 很难吃］_{主事件} + ［他做］_{副事件}

［大家 AMOVE 教室 INTO 很干净］_{主事件} + ［大家打扫］_{副事件}

主事件和副事件必须紧密联系，才符合事件的理想化认知模式。例（6-141）的核心事件"我使饭变成很难吃的结果"成立、例（6-142）的核心事件"大家使教室变成很干净的结果"成立。

（二）该用"把"字句而未用

(6-143) *这段故事描写了十分清楚它的形象。（初级 印尼）

(6-144) *他们受了不少苦才养我们如此有前途。（中级 韩国）

(6-145) *我带来全家照片的事忘得干干净净的。（中级 泰国）

(6-146) *城市的人们洗窗户洗得干干净净的，然后把它们关得很固，刮什么风都不会近（进）来了。（中级 印尼）

"十分清楚"、"如此有前途"、"干干净净"如果跟在动词后，应属于具有描写性的状态补语，我们在状态变化事件一章中指出：描写性的补语所代表的状态非常具体，所以其可预测性低，相对结果补语会在说话者心目中占有突出地位。另外，如果从具体结果和抽象结果所负载的信息量角度来看，具体结果包含的信息量要大于抽象结果包含的信息量。信息量大的认知上更突显，更倾向于成为焦点，其宾语也越可能前置而选择"把"字句。因此，上面两个偏误句式应改为：

(6-147) 这段故事把它的形象描写得十分清楚。

(6-148) 他们受了不少苦才把我们培养得如此有前途。

(6-149) 我把带全家照片来的事忘得干干净净的。

(6-150) 城市的人们把窗户洗得干干净净的，然后把它们关得很固（牢），刮什么风都不会进来了。

（三）补语概念内容上有误

（6-151）＊由于人们把满意和幸福之间的这种假想的因果关系看得认真，所以他们处处把满足心里的各种欲望看作是获得幸福的主要手段。（中级 俄罗斯）

形容词和动词组合构成动补结构，例如"吃饱"、"洗干净"、"炒咸了"。如果在形容词前加上程度副词，则变成了状态补语，结构形式也发生了变化，即动词后必须加"得"构成状态补语。这是因为加上程度后，原来抽象、笼统的程度变得更加具体、有量化，并带有说话者的主观色彩。"把"字句正是凸显焦点的句式，因此上述例句应该增加程度副词以适合这一句式。另外，"看得重"比"看得认真"的搭配更符合语义，故句子改为：

（6-152）由于人们把满意和幸福之间的这种假想的因果关系看得很/非常/极其重，所以他们处处把满足心里的各种欲望看作是获得幸福的主要手段。

请再回看：

（6-150）＊城市的人们把窗户洗得干干净净的，然后把它们关得很固，刮什么风都不会进来了。

这一例的偏误，学生掌握了"S+把+N+V+得+VP/AP"的用法，在概念结构上没有任何问题，只是对"关"相应的具体补语"牢"和"固"的概念内容不是很清楚，"固"在现代汉语中很少独立使用，常常作为一个词的语素，例如"稳固"、"坚固"，因此它不能和程度副词组合，句中的补语应改为"牢固"或者可以单独使用的

"牢"、"紧"。

  (6-153) *每年到了3月份，我们在电视里时常看到刚考完的考生被采访的情况，他们常讲把学过的东西忘得九霄云外了！（中级　印尼）

  这一例偏误，或许是学习者在听他人说"忘到九霄云外"时的耳误，把"到"听成了"得"。如果从概念结构上分析，"九霄云外"是一个表示比喻的抽象处所词，因此不能做状态补语，这个句子只能改为：

  (6-154) 每年到了3月份，我们在电视里时常看到刚考完的考生被采访的情况，他们常讲把学过的东西忘得干干净净了。

  或者将句子改为表运动事件的"把"字句：

  (6-155) 每年到了3月份，我们在电视里时常看到刚考完的考生被采访的情况，他们常讲把学过的东西忘到九霄云外了。

第八节　小结

  本章对表实现事件的"把"字句进行了研究，对汉语学习者在这类"把"字句中出现的与概念结构相关的偏误现象作出了解释。我们考察了使用频率相对较高的三类句式：1. S+把+N+V+得+VP/AP、2. S+把+N+V+DC（趋向补语）、3. S+把+N+V+RC（结果补语）。

  首先，从总体上分析了表实现事件的"把"字句中事件角色的特点、使事和凸体的关系。

其次，对实现事件中的动词进行分析，按照语义类别分为：自身完成动词、未尽完成义动词、蕴涵完成义动词和充分实现动词。然后结合"把"字句，描写了各类型动词在"把"字句中的使用和限制情况，并运用概念结构的分析方法对动词的各类偏误现象作出解释。

最后，对实现事件"把"字句中衬体（补语）及其概念结构上的偏误现象作出解释。

关于 NP1+把+NP2+V+DC（趋向补语）的偏误现象分为：（1）趋向补语缺失和冗余，（2）趋向补语选择错误，（3）不该用"把"字句而用，（4）该用"把"字句而未用。主事件的结构不完整、主事件和副事件的联系不紧密、类推错误，不清楚概念结构以及概念显现的形式限制等因素造成了上述偏误。另外，必须使用"把"字句还与说话人的主观强调有关。

句式"S+把+N+V+结果补语"的偏误现象及其概念结构上的偏误分析分为：（1）与主谓宾句转换的偏误现象及其概念结构上的分析，（2）与重动句转换的偏误现象及其概念结构上的分析，（3）与话题句转换的偏误现象及其概念结构上的分析，（4）结果补语缺失和冗余，（5）混淆可能补语等几个方面。通过分析"把"字句和主谓宾句、重动句以及话题句的转换相关偏误现象得出：补语的预期性和非预期影响对"把"字句句式的选择；动结式的使动程度高低对句式的选择具有限制性，使动性越强，越倾向进入"把"字句，使动性减弱倾向选择话题句，使动性最弱，为自动事件时，就只能进入重动句而不能进入话题句，更不能进入"把"字句。

"S+把+N+V+得+VP/AP"的偏误现象分为两类：（1）不该用"把"字句而用。我们从概念结构的主事件和副事件之间的联系紧密性角度来分析如"*我把中文学得很努力"、"*他把汉语说得很流利"等偏误现象。（2）该用"把"字句而未用。如"*这段故事描写得十分清楚它的形象"应该选择"把"字句是因为描写性的补语所代表的状态具体，信息量大，在认知上突显，倾向于成为焦点，其宾语也就越可能前置而选择"把"字句。

第七章

表达廓时事件的"把"字句与偏误分析

第一节 引言

廓时事件的构架事件是廓定事件时体的事件。如：

(7-1) 大家干起来了。

概念结构为：

[大家干 MOVE INTO 起来]_{主事件} + [大家干]_{副事件}

"大家干"是主事件中的凸体，"起来"是廓定"大家干"这一事件的时体。整个句子表达了"大家干"这个事件进入了"起来"，也即"开始"这种状态。因为主事件中的凸体"大家干"是一个组合概念，因此其组成部分"大家"不凸显，又因为副事件中的凸体"大家"与之同指，二者合并显现为句子的主语。主事件凸体的组成部分"干"和副事件的"干"合并。凸体的组成成分和副事件的概念成分可以因为同指而合并显现，这一点也是廓时事件与运动事件、状态变化事件和实现事件不同之处。凸体是一个完整的事件，是相对于时间轴的运动。

廓时事件是运动事件通过隐喻扩展形成的。例如上例中的"大家干起来了","大家干"这一事件作为凸体,运动至衬体"起来"这一隐喻"开始"的状态。"起来"原指身姿由静态的卧姿或坐姿向上转换为站姿,这是一种空间关系的转换,它可以隐喻不同状态的转换,"开始"即指静态向动态逐渐转化的起始。

由于在廓时事件中,主事件是廓定事件时体的事件,其中的凸体与副事件的概念成分同指,因此主事件和副事件联系的紧密程度、事件的可预测性等原则都很难体现,如:

(7-2) a. 他唱开了。

概念结构为:

[他 唱 MOVE INTO 开]$_{主事件}$ + [他唱]$_{副事件}$

又如:

b. *我坐开了。

概念结构为:

* [我 坐 MOVE INTO 开]$_{主事件}$ + [我坐]$_{副事件}$

两个例子表达的都是一个事件进入"开"的时体状态,都表示一个事件的开始,但是两个句子可接受度不同。

廓时事件概念结构的构成主要跟衬体所表示的时体意义及凸体所代表的事件类型相关,两者必须互相匹配。比如,虚化的"下去"表示"持续"的时体意义,只能廓定持续性事件的时体,不能廓定瞬时事件的时体。如:

(7-3) a. 他说下去。

概念结构为：

[他说 MOVE INTO 下去]主事件 + [他说]副事件

又如：

b. *他死下去。

*[他死 MOVE INTO 下去]主事件 + [他死]副事件

在这两个例子中，衬体"下去"表示的时体意义是"持续"，例（7-3a）中，凸体"他说"代表的是一个持续性事件，与衬体表示的时体意义相匹配，"他说下去"这个句子是可接受的。而例（7-3b）中，凸体"他死"代表的是一个瞬时事件，与"持续"的时体意义不匹配，因而这个句子不可接受。

在现代汉语中，动词带时体标记"着，了，过"形成的句子表示廓时事件，另外由补语表示时体意义的动趋式"V+上/开/起/起来/下来/下去"构成的句子也表示廓时事件。如：

(7-4) 风刮得很大，雨也下起来了。（马峰《吕梁英雄传》）

(7-5) 大晴天的忽然响起了雷声。（北大语料库《读者》）

(7-6) 他们你一拳他一脚地干上了。（刘流《烈火金刚》）

(7-7) 那时候过年的习俗同现在一样，从农历腊月二十三，就忙活开了。（北大语料库 新华社 2004 年新闻稿）

(7-8) 坚持下去，马上就成功了。（北大语料库 1994 年报刊精选）

(7-9) 你总算把这本书读下来了。（北大语料库《佳作》）

第二节 "把"字句和廓时事件

一 语料统计

（一）本族语语料

我们选取了北京大学 CCL 现代汉语语料库中 1000 例的"把"字句，表达廓时事件的"把"字句为 31 例，占所有事件类型"把"字句的 3.1%。

（二）外国人语料

我们对汉语学习者使用"把"字句的偏误语料进行统计，其中 HSK 动态作文语料库共 585 例"把"字句，表达廓时事件的"把"字句为 25 例，约占所有事件类型的 4.2%；南京师范大学中介语偏误信息语料库共有 475 例"把"字句，表达廓时事件的"把"字句为 10 例，约占 2.1%；自建语料库共 200 例"把"字句，表达廓时事件"把"字句的共 22 例，约占 11%。

由以上数据可知，表达廓时事件的"把"字句在本族语的语料和外国人的语料中都较少出现，使用频率都很低。汉语学习者对这类事件的"把"字句掌握程度较低，习得相对较慢，这与该类句式本身在生活中的使用频率较低有关。再加语法化在一定程度上增加了习得的难度，如"下来"、"下去"表示时体义时，语义变得虚灵，完全看不出原来动词的意义，使得学习者不易理解和把握，汉语学习者常常采取回避策略。另外，教材中对该语言点安排的缺失和不重视，也是造成该类事件使用"把"字句的低使用频率和高错误率的一个原因。

二 事件分类和表达式

表达廓时事件的"把"字句可分为以下五类：

句式1：S+把+N1+VP+$了_1$+N2

如：

(7-10) 她把那个歌手当成了心中的偶像。

句式2：S+把+N+VP+了$_{1+2}$
如：

(7-11) 我把家门锁上了。

句式3：S+把+N1+V+着$_1$/着$_2$
如：

(7-12) 那女人把孙小姐从头到脚地打量着$_1$。
(7-13) 你把孩子带着，我去去就回来。

句式4：S+把+N1+V+过$_1$/过$_2$
如：

(7-14) 他把考卷一遍一遍检查过$_1$。
(7-15) 我从来没有把这事跟外人讲过$_2$。

句式5：S+把+V+下来/下去
如：

(7-16) 他还是在高级指挥员的位置上把武装斗争坚持了下来。
(7-17) 我们要深入持久地把反腐败斗争抓下去。

第三节　事件角色的特点

一　使事具有非凸显性

先看例句：

（7-18）他把考卷一遍一遍检查过$_1$。

例（7-18）的概念结构为：

[他检查考卷 AMOVE　INTO 过$_1$]$_{主事件}$ + [他检查考卷]$_{副事件}$

主事件中的使事"他"和凸体是一个组合概念，共同构成一个相对时间轴而运动的凸体"他检查考卷"。在其他事件类型的"把"字句中，使事独立显现，遵循事件角色的凸显等级，即使事>凸体>衬体，而表达廓时事件的"把"字句中使事和凸体组和，故在认知上不凸显。

二　凸体具有事件性

在廓时事件中，凸体的组成成分和副事件的概念成分可以因为同指而合并显现，凸体是一个完整的事件，是相对于时间轴的运动。这一点也是廓时事件与运动事件、状态变化事件和实现事件的不同之处。如：

（7-19）你把钢琴坚持练下去。

概念结构为：

[你练钢琴 AMOVE INTO 下去]_主事件 + [你练钢琴]_副事件

主事件中的"你练钢琴"是廓时事件的凸体，它和副事件的概念成分同指，是一个完整的事件。所以廓时事件中凸体的事件性是不同于其他事件类型的凸体的一个显著特点。

三 衬体具有时间性

表达廓时事件"把"字句的衬体都是由表达时体意义的时体标记构成，如"了$_1$、了$_{1+2}$、着$_1$、着$_2$、过$_1$、过$_2$、过下来、下去"，因此它不同于其他事件类型"把"字句的衬体，这是运动事件从空间范畴到时间范畴隐喻的一个体现。

第四节 "了"、"着"、"过"和"把"字句

动词带时（态）体标记构成的句子表示廓时事件。现代汉语并没有明显的时态（体）标记，动词词缀"-着、-了、-过"虚化程度最高，通常被认为是体标记，"-了"标记动作的完成，"-着"相当于持续体，"-过"表达过去的经历。但也有人认为它们兼表"时"范畴的功能。在文中，我们不予深入探究，姑且称为时体标记。

由于"-着、-了、-过"虚化程度极高，不像趋向动词隐喻的时体标记可以具化，把这三者作为主事件的衬体理解似乎有些抽象。但这并影响我们运用相应的理论来解释一些偏误现象。

一 "了"和"把"字句及其偏误分析

（一）"了"的语法意义

助词"了"在汉语中通常分为两种功能：完成体的动词后缀和句末语气词。

动词后缀表示动作的完成，动作的完成和时间没有直接的关系，可以是过去，也可以是将来。动词后缀"了"表达"已然"义，与否

定词"没"相对，表达某行为"已经发生"或"已做"，并不强调"实现"义。

情态助词用于句末，是一个断言标记（assertionmarker），陈述说话人的语气，表示与当前有关的状态。句末"了"有标志句子完成和回答者话轮结束的交际功能。[①] 如：

(7-20) 他杀了人了。

前一个"了"是完成体的动词后缀，表示事情已然发生，我们把它记为了$_1$，后一个则是句末情态词，也是一个断言标记，记为了$_2$。

有时"了"不但在动词后，而且，它也可以在句末。如：

(7-21) a. 我把衣服洗了。
　　　　b. 他唱了。

此时的"了"既可以被认为完成体标记，又可以被认为句末助词。如例（7-20a）既表示"洗"这个行为的完成，又表示了与当前有关的状态，如"衣服干净了，（你不用洗了）"。其中"了"为"了$_{1+2}$"。例（7-20b）中，"他唱了，（刚才还不愿意开口呢。）"表示新情况的出现，句中"了"为"了$_2$"。如果语境变为"他唱了，你还没唱"，则表示"唱"这个具体行为的完成，此处的"了"是了$_1$。"了"属于哪种功能要看具体的语境。

(二)"了"和"把"字句

"了"构成的把字句句式有：

句式1：S+把+N1+VP+了$_1$+N2

如：

———

[①] 温晓虹：《汉语作为外语的习得研究——理论基础与课堂实践》，北京大学出版社2008年版，第109页。

第七章 表达廓时事件的"把"字句与偏误分析　　183

（7-22）她把我当成了傻瓜。
（7-23）虎妞把小福子看成了朋友。

句式2：S+把+N1+VP+了$_{1+2}$
如：

（7-24）老师把空调打开了。
（7-25）妈妈把女儿带走了。

句式3：S+把+N+V+了（lou）
如：

（7-26）快把厚外套脱了吧，怪热的。
（7-27）你把今天的垃圾倒了。

句式"S+把+N+V+了（lou）"中"V十了"实际上是表结果义的述补式。马希文（1983）、吴葆棠（1987）认为句末"了"在北京话中都念（lou），与时态助词或语气助词"了"（le）读合不同，它是动词"了"（liǎo）的弱化形式，还没有虚化为时态助词，是介于动词"了"（liǎo）和时态助词"了"（le）之间的一个结果补语性词尾（王力1944；吕叔湘等1984；木村英树1983；刘月华1988）。因此，此处的"了"不是真正意义上的时态助词。

王惠（1993）认为进入"S+把+N+V+了"的动词具有[+瞬时]、[+去除]的语义特征。如：卖、当、花（钱）、辞、戒、毙、宰、杀、拆、摘、卸、脱、撤、废、赔（本）、除、丢、扔、泼、剃、剔、删、倒、剥、熄、灭、停、关、闭、吃、喝、吐等。

其实也不尽然，进入该句式的还有一些表充分实现的动词，如"泄露、解决、解放、克服、改正"等。我们在第六章已有论述，此不赘述。

中介语语料中有以下偏误句：

(7-28) *今天是女朋友的生日，他把一件红色的衣服穿了。（中级　俄罗斯）

(7-29) *作业很多，我把课文写了，还有写句子。（中级　老挝）

(7-30) *从此以后，我不敢把米饭掉了。（高级　韩国）

上述偏误句中的动词"穿"、"写"不含去除义，而"掉"的概念内容不当，应改为"倒"。

由于"S+把+N+V+了"中的"了"并不表时态，因此，上述动词所进入的"把"字句不属于廓时事件。这些动词根据动词和所跟补语的类别分属于运动事件、状态变化事件和实现事件。

与廓时事件相关的"了"包括句中完成体的动词后缀了$_1$、句末了$_1$和了$_{1+2}$。

(三) 偏误分析

表达廓时事件的"S+把+N1+VP+了$_1$+N2"和"S+把+N+VP+了$_{1+2}$"的偏误现象体现在以下几个方面。

1. 漏用

(7-31) *母亲的工作是护士，她把我养成"洁癖"。（高级　韩国）

(7-32) *他把淘气的儿子关半天，心里却又很后悔。（中级　泰国）

(7-33) *把春联在门上贴好几年，今年要换一副新的。（高级　老挝）

例(7-31)表示到说话者说话之时，事件已然发生。即表示变化的动词"养成"已经发生，所以其后要加上表已然的"了$_1$"。或者在句尾加上表变化的"了₂"。例（7-32）和（7-33）是"把"字句的下位句式"S+把+N1+V+了₁+时量短语"，这个句式表示致使性事件完结后到说话者说话时持续的时间，如"他把淘气的儿子关了半天"、"把春联在门上贴了好几年（了）。"

一般主谓句除了表示事件完结后所持续的时间，还可以表示动作仍在持续，尚未结束。如"他写这篇论文写了一年，还没写完"，这类表示动作持续时间的"V+了₁+时量短语"不能用于"把"字句，如"*他把饭做了一个钟头"。这是由"把"字句表达一个完全变化事件的性质决定的。

在汉语中，用完成体标记"了"和时量补语来表示动作或者状态持续的时间。之所以如此，是因为数量词和"了"都能使无自然终止点的动作变为有自然终止点，或使动作的自然终止点变为实际终止点。①"V了"总是和"现在"相联系。这种联系意味着过去发生的事件对现在造成了一定影响，蕴涵了一个状态变更子事件的存在，才使事件具备了完成性。以上"把"字句不合格正是因为缺少"了"对事件完成性的贡献。

2. 冗余

(7-34) *我家里还有各种果树，春夏秋冬（我们）都能把水果吃了。（中级　蒙古）

(7-35) *我最讨厌人家在我的前面吸烟。每一次碰到这种情况，我都把他们狠狠地骂了一顿。（中级　日本）

(7-36) *平常老师把他批评了，他还是笑。（初级　坦桑尼亚）

(7-37) *所以总之，大人有义务把他们好好长大了。（中级　俄罗斯）

---

① 沈家煊：《有界与无界》，《中国语文》1995年第5期。

关于时态（体）的研究，许多学者已经把它的范畴从狭义的语法体扩展到了句子（事件）层面的广义的体。龚千炎（2000）认为汉语时态系统是一个"以动词为核心"、"有层次"的系统。在这个系统中，时态助词跟动词联系最紧密，虚化程度也最高，时态副词在时态的表达上最具丰富性，而时态语气词的覆盖面则最大。

在例（7-34）中，如果单看"我们把水果吃了"，这是一个合句法的"把"字句。动词"吃"是一个表"去除义"的动词，符合句式"S+把+N+V+了"对动词的语义要求。但是，我们再看修饰成分"春夏秋冬"这一时间副词，在句中作一个表周期频率的频率状语[①]，表明句子的时态是一般现在时，这与"了"所表示的时体意义完成体的概念语义不相匹配，因此句子不合法。同理，例（7-35）中"我都把他们狠狠地骂了一顿"是一个补语为动量的"把"字句，"了"在句子作完成体标记，表示"骂"这一行为已经发生，而事件的修饰成分"每一次碰到这种情况"，中的"每一次"是一个频度的副词，在惯常句中做状语，它表明这是一个表一般现在时的句子，因此与"了"表完成体的概念语义不相匹配。例（7-36）和例（7-37）的偏误也是因为"平常"、"义务"等成分和"了"表完成体的概念语义不相匹配。

上述偏误例句中的时间副词等成分对句子所表示的情状的影响也再次证明了我们在前文中已经分析过的观点：除动词外，还与事件参与者、修饰成分等因素有关。因为"事件的性质是由诸多因素根据组合性的原则共同决定的，并且这种组合性在句法结构中也有所体现。"[②]。

[①] R. Quirk：《英语语法辞典》，四川人民出版社1986年版，第863页。

[②] Ritter, E. & S. Rosen. *Event structure and ergativity*. In C. Tenny & J. Pustejovsky (eds.).2000.p. 23.

二 "着"和"把"字句及其偏误分析

(一)"着"语法意义

吕叔湘(1948)认为"着"表示动作进行的状态持续,朱德熙(1982)认为"着"表示动作或变化的持续,即已经开始,尚未结束。"着"通常被分为"着$_1$"、"着$_2$"。"着$_1$"表示动作的持续,"着$_2$"表示状态的持续。"着$_1$"一般接在含有[+动态][+持续]义的动词之后表示动态动作的持续。"着$_2$"一般跟在含有[+静态][+持续]义的动词之后,表示静止状态的持续。

(7-38) 他正吃着$_1$饭,有人按门铃了。(北大语料库《新媳妇新女婿》)

(7-39) 红海葵便把有毒的触手对着$_2$入侵者。(北大语料库《科技博览》)

"着"所叙述的事件时间是一个由单一反复进行的动作延续而成的区间段,起始界限点是一个位于现在时间之前的不确定点,结束界限点是一个位于现在时间之后的不确定点,现在时间点和说话时间点为同一时刻。因此,"着"表达的是持续体。

(二)"着"和"把"字句

动词带"着"的"把"字结构,其基本语义表达的是凸体在致使力作用下的一种持续的状态。

"S 把 N+V 着"句式对动词的选择很严格,以下句子都不能成立。如:

(7-40) *他把球传着$_1$。

(7-41) *我把铅笔咬着$_1$。

(7-42) *他把背蹭着$_1$。

以上例中的"V着"体现的都是施动者的状态，V为［+动态］［+持续］，往往不能进入"S把N+V着"结构。影响动词进入"把"字结构的因素是多方面的，当一些不能进入"S把N+V着""把"字句的动词前面带上一些状语性成分之后，就可以被"把"字句所接受。如：

1. 表示运动反复进行的成分

如：

（7-43）他把球在他们之间来回传着$_1$。

2. 表运动强度的成分

如：

（7-44）我把铅笔轻轻地咬着$_1$。

3. 表运动处所的成分

如：

（7-45）他把背在墙上蹭着$_1$。

这种运动的状态是靠动词前面的状语才得以体现的，这些状语能体现动作的反复进行。

只有语义特征为［+静态］［+持续］且有［+使动］语义特征的动词才能不加状语成分而单独进入"S把N+V着"，具体分为以下几类：

1. 携带义

如：抱、背、带、提、拿、装、戴等

2. 存放义

如：摆、放、盖、搁、留、保存等

3. 开合义

如：开、关、睁、闭、盯等

这类动词如果是在单句中出现，单句多为祈使句。如：

(7-46) 你最好把课本带着$_2$。
(7-47) 你把这些书留着$_2$。
(7-48) 把电脑开着$_2$。

如果是陈述句，则常以连动句或复句形式出现，表示动作者或要求对方有目的地持续某个动作或使动作完成后的状态持续。① 如：

(7-49) 你把衣服收进来放着$_2$。
(7-50) 他把我的手紧紧地握着$_2$。

这类在句末且前边动词的语义特征为［+持续］［+附着］义的"着"，北京话都念（. zhao）. 往往弱化成〔tseu〕，与时态助词"着"［+进行］的读音不同，后者念（. zhe），甚至可弱化为〔ts〕（赵元任 1979；马希文 1987）。② 木村英树（1983）认为在句尾的"着"意义较实，是从动词"著"［附着］弱化而来，是介于"著"与"着"之间的一个结果补语性词尾，表示状态持续。

因此，王惠（1993）认为"把"字句中"着"都是结果补语性词尾，而无一是时态助词。"着"与 V ［+持续］、［+附着］相结合，构成表结果义的述补式，从而进入"把"字句结构内部。这个观点显然有失偏颇，因为它既没有包括那些增加状语成分后进入"把"字句的"着$_1$"，如上文中列举的"他把球在他们之间来回传着"等，

---

① 陆庆和：《实用对外汉语教学语法》，北京大学出版社 2008 年版，第 436 页。
② 王惠：《"把"字句中的"了/着/过"》，《汉语学习》1993 年第 1 期（总第 73 期）。

也排斥了那些语义已经虚化,看不出是结果义的"着$_2$","着$_2$"大部分已经成为持续体的标记。

综上分析,由"着"构成的表廓时事件的"把"字句下位句式有两个,即"S+把+N1+V+状语成分+着$_1$"和"S+把+N1+V+着$_2$"。

(三) S+把+N1+状语成分+V+着$_1$的偏误分析

(7-51) *他把这条路走着$_1$,虽然有电动车在学校。(中级 俄罗斯)

(7-52) *他把我打量着$_1$,好像以前没有见过。(中级 印尼)

(7-53) *他把衣服上的脏搓着$_1$,很生气的。(高级 缅甸)

"V着$_1$"表示动作的持续,没有一个自然的终结点,其过程是同质的(homogeneous)、累积性的(cumulative),不具备完成性。它和"把"字句这一典型的表事件的完成性的句式不匹配。廓时事件概念结构的构成主要跟衬体所表示的时体意义及凸体所代表的事件类型相关,两者必须互相匹配。因此,需要调节事件中的其他成分,使两者匹配。除了增加补语成分,另一个不改变事件类型的方法是通过对行为动作进行限制,使其有界化。以上偏误句可以通过添加行为"反复进行的成分"、"运动强度"或者"表处所的成分"等即可成立,如:

(7-54) 他把这条路一趟又一趟地走着$_1$。(眼看就要发现线索了。)

(7-55) 他把我上上下下打量着$_1$。

(7-56) 他把衣服上的污渍使劲搓着$_1$。

这些状语成分的添加使得事件得到量化。Hout(2000)认为事件的完成性可以从事件的量化性质来判断。完成性事件可以量化,而非完成性事件不可量化。据此，以上例句中"把"字句的完成性都通过状语成分得以实现。

由此可见，不少被认为是不能进入"把"字句的动词，它们都可能进入"把"字句。那些表面上看来是种种的"例外"，实际上是整体机制的"必然"的表现。"把"字句作为一个事件，其各要素之间互参互动、互相补充，共同影响"把"字句的句法语义条件。

（四）S+把+N1+V+着$_2$的偏误分析

先看以下两例：

（7-57）你把衣服带着$_2$！
（7-58）你别老把手机拿着$_2$！

例中的"着"表示动作"带"、"拿"正在进行的时间，而且这种动作还在持续。这种时间表达不能换成具有同样意义的时间词语"正（在）、老、总、一直"等。如：

（7-59）＊你正在把衣服带。（初级 美国）
（7-60）＊你别老把手机拿，上课也看。（中级 越南）

"着$_2$"对"把"字句的制约性体现在不能用其他表示时间的词语来替换。语料中的典型偏误如：

（7-61）a. 把碗端着$_2$。
　　　　b. ＊正在把碗端着$_2$，可乐在旁边。（中级 印尼）

"着$_2$"可以出现在表示祈使义的"把"字句中。例（7-61a）"碗"从不在手中再到手中是一种状态的改变，而且我们在前文已作分析，"着$_2$"意义较实，是从动词"著"[附着]弱化而来，是介于"著"与"着"之间的一个结果补语性词尾，它与具有 [+持续]、

[+附着] 义的动词相结合，构成的是表结果义的述补式。因此例（7-61a）符合"把"字句的句式义。而例（7-61b）句，由于有了表示状态进行中的"正在"的出现，表明事件不具有完成性，所以两者的概念语义不相匹配，不能构成"把"字句。

三 "过"和"把"字句及其偏误分析

（一）"过"的语法意义

关于动态助词"过"的语法意义，学界看法基本一致，赵元任（1979）、王力（1958）、吕叔湘（1980）等的研究认为动态助词"过"可分为过$_1$和过$_2$，过$_1$用在动词后，表示动作完毕、完结，如：

(7-62) 歌舞节目表演过$_1$，接下来便是相声了。（北大语料库《中国北漂艺人生存实录》）

(7-63) 我把稿子一页一页检查过$_1$。（北大语料库《佳作》）

"过$_2$"用在动词后，表示曾经有过这样的事情，隐含着现在动作已不再进行了，强调的是"曾然"。如：

(7-64) 他去过不少国家，但是没有来过$_2$中国。（北大语料库《我的世界我的梦》）

(7-65) 我从来没有把这事跟外人讲过$_2$。（北大语料库 北京话调查资料）

（二）"过"和"把"字句

马真（1985）在《"把"字句补议》一文中指出"把"字句里的动词可以带上动态助词"了"、"着"，但是不能带动态助词"过"。

(7-66) *我把这种菜吃过。（马真 1999）

(7-67) *他把你做的衣服穿过了。(同上)
(7-68) *我把钱给过他。(同上)
(7-69) *同志们都把他批评过。(同上)

事实上,如果在其他成分保证事件的完成性的情况下,"V过"同样也可以构成合格的"把"字句,如:

(7-70) a. *把这几件事情汇报过。
b. 把这几件事情汇报过了。
c. 把这几件事情都向上级详细汇报过。

只不过从语料统计来看,这类"把"字句出现的频率明显少于"着"和"了"构成的"把"字句。

"把"字句中的"过"对动词的语义特征和句法结构有一定的选择性。史金生(1988)《谈"把"字句中的"过"》一文通过考察这类"把"字句中的动作结果和宾语,指出如果"把"的宾语是泛指的,则动词对所要选择的成分没有什么特殊的限制(即只要体现出结果或方式即可),动作的结果可以延续到现在,也可不延续到现在。如:

(7-71) 他把饭做糊过。(结果—延续)
(7-72) 他把衣服弄脏过。(结果—非延续)

如果"把"的宾语是定指的,则要求动作的结果是非延续性的。若动作的结果是延续性的,则不能充当"把"字句的谓语:

(7-73) *他把那条狗打死过。(史金生 1988)
(7-74) *他把那个暖瓶弄碎过。(同上)

史文认为这是因为"把"的宾语是首要主题,它要求谓语能够与之构成一个表述,而"那条狗打死过"和"那个暖瓶弄碎过"都不能成立,动补短语所表现的结果的延续性与"过"的非延续性形成了矛盾。这与我们在概念结构上的分析观点在本质上是一致的,即廓时事件概念结构的构成主要跟衬体所表示的时体意义及凸体所代表的事件类型相关,两者必须匹配。

(三) 表廓时事件的 S+把+N1+V+过$_1$的偏误分析

先看以下偏误例句:

(7-75) *老师把作业本数过$_1$,然后拿走了。(中级 老挝)

(7-76) *我把书给过$_1$他,他怎么说没有?(初级 韩国)

(7-77) *妈妈把全家去看电影的计划取消过$_1$。(中级 日本)

由于时态助词"过"本身强调的是动作行为的"曾经"状态,而"把"字句的语义核心是致使力作用下的一种完成和结果状态,因此从语义匹配上来讲,两者具有排斥性。故"过"出现在"把"字句中,往往对句子结构有一定的要求,这主要表现为在句子当中除了动词后面带动态助词"过"以外,还要有其组成成分,如状语、补语或其他动态助词"了"等。如例(7-75)句可以通过增加动前状语成分"一一",把句子改为"老师把作业本一一数过",这样动词得到了量化,事件的完成性和结果性便得以实现。例(7-76)通过增加动态助词"了"构成合句法的"把"字句"我把书给过他了"。

例(7-77)的动词"取消"是充分实现动词,句末"过"应该改为"了"。充分实现动词,也即自身表结果的动词、动补短语都不能带"过$_1$"来充当"把"字句的谓语。这是因为"过$_1$"表经历体的意义和"把"字句所表事件的完成性相排斥。因为廓时事件概念结构的构成主要跟衬体所表示的时体意义及凸体所代表的事件类型相关，两者必须匹配。

（四）表廓时事件的 S+把+N1+V+过$_2$ 的偏误分析

先看下面例子：

（7-78）a. *我把那只猫养过$_2$，一年后死了。（中级　日本）
b. *我把那只猫养死过$_2$。
c. 我把那只猫养肥过$_2$。

例（7-78 a）的动词"养"是自动动词，和时体助词"过$_2$"组合的动补结构缺少动量，"那只猫"受到的影响力小，因此凸显程度不高，只能显示在宾语位置，不能显现在凸显程度高的"把"字宾语位置，不适合选择在致使力作用下出现致使变化和结果的"把"字句。沈家煊（2002）认为，不合格的"把"字句通过在动词后面加上结果补语的手段，起到了增强动量的作用，突出了说话人的主观感受。然而，增加补语"死"之后例（7-78 b）仍然不成立，而与它相同结构的例（7-78 c）却成立。例（7-78 b）和例（7-78 c）的差别在于动补结构的类别不同，即例（7-78 b）中的"养死"对于定指的"把"后宾语"那只猫"是不可重复的，而例（7-78 c）中的"养肥"却可以是重复的，如后来又"养瘦"了。由上分析可得：要使表廓时事件的"S+把+N1+V+过$_2$+补语"这类"把"字句成立，动补结构必须具备［+可重复性］、［+可变性］、［+结果性］。

例（7-78 b）和例（7-78 c）两例结构完成相同，区别在于结果补语。史金生（1988）认为由于"把"后宾语是定指的，因此补语"死"和"肥"与之构成的表述"那只猫死过"和"那只猫肥过"，前者成立，而后者不成立。他认为动补短语所表现的结果的延续性与"过$_2$"的非延续性形成了矛盾。如果从概念结构上来分析，这也就是我们在前文分析"了"和"着"时强调的观点：廓时事件概念结构的构成主要跟衬体所表示的时体意义及凸体所代表的事件类型相关，两者必须匹配。

第五节 "V上"、"V开"、"V起"、"V起来"和"把"字句

一 "V上"、"V开"、"V起"、"V起来"和廓时事件

简单趋向补语"上，开，起"可以构成廓时事件，如：

(7-79) 四位少女挨桌唱起了动听的祝酒歌。（北大语料库 1994年报刊精选）

(7-80) 我们今年又吃上了北海亭的清汤面。（北大语料库 作家文摘）

(7-81) 这批老将一来到天津体育馆就忙开了。（北大语料库 1995年《人民日报》）

(7-82) 他以一颗年轻而火热的公仆心，为群众办下了一桩桩实事。（北大语料库 新华社2004年新闻稿）

由复合趋向补语"起来、下来、下去"构成的廓时事件如：

(7-83) 一声跟着一声，附近的公鸡全都叫起来了。（北大语料库 农民调查）

(7-84) 两场仗打下来，袁绍一连损失了他手下的颜良、文丑两员大将。（北大语料库 中华上下五千年）

(7-85) 如果没有这种复杂的生命，树木就不能活下去。（北大语料库 新华社2004年新闻稿）

这些例子中，补语不再表示趋向意义，而表示抽象的时体意义。

其中"起"、"起来"、"上"、"开"表示起始，表示由静态转为动态；"下去、下来"表示动作或状态的持续；"下来"也可表示实现。

二 "V上"、"V开"、"V起"和"把"字句

"起、上、开"都表示起始，表示由静态转为动态，但是各自在搭配的动词上有一定的差别。这些成分处于由补语向体标记演化的过程中，因此并存于现代汉语中。它们通过相互竞争，最后留下哪个，还需时日。因为在补语向体标记的演化过程中往往会有与此类似的情况，即产生多个意义和功能相近的虚化成分。①

补语表示起始意义的动趋式"V上"、"V开"、"V起"、"V起来"的宾论元不能出现在"把"字宾语位置，只能显现在一般宾语位置，并且也不能显现在"被"字句主语位置、话题位置和重动句宾语的位置。如：

(7-86) a. 他喝上酒了。(宋文辉 2003)
b. *他把酒喝上了。(同上)
c. *酒被他喝上了。(同上)
d. *酒他喝上了。(同上)
e. *他喝酒喝上了。(同上)

刘月华（1988）认为"上"、"起来"、"开"与动词组合时，表示一种在说话人看来是不知不觉开始的状态，所以不能用于"把"字句。如：

(7-87) *他们又把歌唱上了。(刘月华 1988)
(7-88) *他们又把歌唱起来了。(同上)

---

① 刘丹青：《苏州方言的体》，载张双庆主编《动词的体》，香港中文大学中国文化研究所、吴多泰中国语文研究中心 1996 年版，第 57 页。

(7-89) *他们又把歌唱开了。(同上)

这种看法有些牵强，因为我们也可以认为被描述的对象是有意识地执行"唱歌"这一活动。用概念结构来分析，如下：

[他唱歌 AMOVE INTO 上]$_{主事件}$ + [他唱歌]$_{副事件}$

"上、开"表示起始，没有续段和结果，"歌"受到的影响力小，因此凸显程度不高，只能显示在宾语位置，不能显现在凸显程度高的"把"字宾语位置、话题位置和重动句宾语的位置。

"起"和"起来"的意义接近，但是后者比前者有更强的足句能力。如"V 起来"后面不带宾语，可以和动词组合独立构成单句，如"唱起来！"。"起"必须带宾语，如"他唱起了一首老歌"，这是因为"起来"中的"来"表示了一种结果意义。趋向补语中的"来"隐含了终点，由空间隐喻至时间的"起来"也就表达了结果的意义。因此，它可以不加其他宾论元等有助于有界化的成分来表达一个有界的句子，如陈述句和祈使句，而"起"则必须借助有界化的成分。

三 "V 起来"和"把"字句

（一）"起来"和隐喻

"起来"的原型是指身姿由静态的卧姿或坐姿向上转换为站姿。这一原型通过隐喻、转喻等方式向其他领域扩展，有如下情形：

（1）表示由低向高处移动，通过空间位移实现空间转换。如"把画儿挂起来"。

（2）处于特定状态，如"听起来"。

（3）空间关系转换隐喻不同状态的转换，又分为：

①由自在向约束转化，如：

(7-90) 你把这些书捆起来。
(7-91) 快，去把它们放起来。

②由静态向动态逐渐转化的起始过程，如：

(7-92) 窗外开始下起雨来了。

表示新状态、新动作逐渐起始的过程，凸显由静态向动态逐渐转化的过程，可称之为"起始体"。

"起来"表示时间概念是有限制的，只能凸显开始和进程，不能凸显结果。这是因为"起来"和表示结果的"了"竞争的结果，即"起来"分管起始阶段，"了"分管终结阶段。这就限制了表示时间的"起来"的视角，只能凸显"起始"①。

（二）基于概念结构理论的偏误分析

在汉语中，表达位移结果的"V+起来"如果用在"把"字句中，一般问题不大。比如：

(7-93) 把帘子挑起来。（中级　印尼）
(7-94) 种子的嫩芽把土顶起来了。（高级　韩国）
(7-95) 他把我抱起来了。（中级　老挝）

以上例句中的"V+起来"都表示动作而导致的结果——"位移"，即由低处向高处移动的结果。引申义一旦出现，偏误则增多。如：

(7-96) *大家把那首歌唱起来，祝贺他。（中级　印尼）

---

① 陈忠：《认知语言学》，山东教育出版社2005年版，第257—259页。

"起来"是起始义时,动词的宾语只能放在"起"和"来"之间。这是因为"V"在"起来"之前表示的动量较小,所以"V起来"的宾论元受到的影响小,凸显程度低。因此不能显现在凸显程度较高的"把"字句宾语位置上。所以上述偏误应该改为 svo 句。即:

(7-97) 大家唱起来了。
(7-98) 大家唱起歌来。

考察语料,我们发现这类偏误经常出现在以韩语为母语的汉语学习者身上,如:

(7-99) *我们把汤喝起来,没有辣。(中级 韩国)
(7-100) *大家把课文读起来,老师没有说话,很生气(初级 韩国)
(7-101) *老师把我的作文读起来,同学们笑着。(中级 韩国)
(7-102) *哥哥把弟弟欺负哭起来,弟弟跑去告诉妈妈。(高级 韩国)

这主要是因为照搬了韩语中"V+shizakha一(开始)"这一结构语序,再加上"把"字句强调动词后不能是光杆动词,学习者很容易把这个结构照搬进"把"字句中,混淆了表位移结果的"V+起来",韩语对应的表达方式是" V+oulli一(上)"。这也正是没有掌握"把"字句的语义造成的。

第六节 "V下来"、"V下去"和"把"字句

一 "下来"、"下去"和隐喻

"下来"和"下去"的原型都表空间运动,"下来"是指从高处向观察者的所在位置移动。这是由"来"的基本意义决定的,即指运动的方向指向观察者的立足点,观察者的立足点为空间位移的终点。"下去"指从观察者所在位置上离开,观察者的立足点为空间位移的起点,空间位移的方向是离开观察者。上、下两部分都是沿着一个一维的方向单向运动。

时间是没有形态的抽象物,但人们根据经验,把时间看作一个单向运动的物体,从过去经由现在通向未来,这恰好和空间的位移一维性相似,"下来"表示从高处向观察者所在位置移动,在时间域内体现为从过去向观察者所在的"现在"移动;"下去"在时间域内体现为从"现在"离开,向未来移动。如:

(7-103)怎样才能把这种好的势头保持下去?(北大语料库新华社2004年新闻稿)

(7-104)如今半个多世纪过去了,这一美德仍然流传了下来。(同上)

这是汉语中"下来"和"下去"从空间范畴向时间范畴隐喻的过程,是以范畴之间相似性为基础的。我们把它们归入表时体意义的补语中。即:

"下来"表示动作或状态的持续(从过去到现在)。

"下去"表示动作或状态的持续(从现在到未来)。

认知主体的视角或注意力不同,决定了对事件的感知的侧重不同。如"下来"反映的位移事件是以"目标"为导向的,在使用

"下来"时，通常凸显终点；"下去"反映的位移事件是以"起点"为导向的，在使用"下去"时，通常凸显起点。两者都是位移体空间运动的参照点，必须是已知的、确定的而且不可或缺。

"下来"的语义可以描述为：[+物理空间位移][+/-自移][+确定的方向][+凸显终点][+位移义或趋向义]

"下去"的语义可描述为：[+物理空间位移][+/-自移][+确定的方向][+凸显起点][+位移义或趋向义]

隐喻到时间域，语义发生变化：

"下来"的语义描述为：[+时间上的持续][+/-自动][+从过去到现在][+凸显终点]

"下去"的语义描述为：[+时间上的持续][+/-自动][+从现在到未来][+凸显起点]

二 S+把+V+下去（时体义）及其概念结构上的偏误分析

（一）情态成分

根据上述分析，表时体义的补语"下去"在"把"字句中的语义可描述为[时间上的持续][-自动][+从现在到未来][+凸显起点]，即在使事致使力的作用下凸体继续保持目前（现在）的状态。

先看以下例句：

(7-105) 只要我们把对 SS433 的研究持续开展下去，总有一天会揭开它的奥秘。（北大语料库 北京话调查资料）

(7-106) 如果把个物体一直分割下去，将会怎样？（同上）

(7-107) 李培杰一旦尝到了改革的甜头，就下定决心一定要把这场改革坚持下去。（同上）

(7-108) 她表示，希望澳门教育界把爱国爱澳的好传统发扬下去。（同上）

(7-109) 你只好坚强起来把它忍耐下去。（同上）

表示持续的"下去"做补语,"V下去"构成的陈述句中都加上了情态成分,如上述例句中的"只要"、"如果"、"一定要"、"希望"、"只好"等,因此句子处于非真实情态中。

如果"V下去"构成的是祈使句,则无限制条件。如:

(7-110) 把网吧整治工作坚决抓下去。(北大语料库 北京话调查资料)
(7-111) 把日子好好过下去(北大语料库《佳作》)
(7-112) 唱下去,我正听着呢。(北大语料库 北京话调查资料)

这是因为"下去"的语义为[+时间上的持续][+/-自动][+从现在到未来][+凸显起点],它的概念构成是"离开现在到未来",其终点并不确定,因此"V下去"不能构成有界事态来表达真实情态的陈述句。而例(7-101)——例(7-105)中的情态成分,以及"V下去"出现在祈使句中,这些条件都使句子处于非真实情态中,而"非真实情态与未完成体有自然关联,无界事态适合未完成体的表达。"[①] 因此,如果去掉这些情态成分,或者使句子不处于祈使句中,就会出现不足句的情况。如:

(7-113) *我们把对SS433的研究持续开展下去。
(7-114) *把个物体一直分割下去。

(二) V的类别

"S+把+V+下去(时体义)"中的"V"都是持续性动词,在时间展开的内部过程中有起点和续断,无终点[②],必须有[+持续]的

[①] 宋文辉:《现代汉语动结式的认知研究》,北京大学出版社2007年版,第213页。
[②] 郭锐:《汉语动词的过程结构》,《中国语文》1993年第6期。

语义特征。如例句中的"开展、分割、继续、坚持、忍耐、做、办、进行、发扬"等,由于"V"必须是持续性动词,因此其前往往有表持续义的状语,如"持续"、"一直"、"坚持"、"继续"等。在北京大学现代汉语语料库中,我们发现进入"S+把+V+下去(时体义)"中的动词,表抽象义、动力弱的"发展"、"继续"、"坚持"等使用频率要高于表具体行为、动力强的动词。如果出现受事,必须放在动词之前、在动词前加上助动词"得"、"要"等,或者用"把"引导受事NP[①]。如:

(7-115) a. 试验得搞下去!(袁毓林1993下同)
a'. 把试验搞下去!
b. 工作得做下去!
b'. 把工作做下去!
c. 这案子得调查下去!
c'. 把这案子调查下去!
d. 义务咨询要坚持下去!
d'. 把义务咨询坚持下去!

我们在上文中已提到,汉语学习者很少甚至回避使用诸如"S+把+V+下去(时体义)"句式,其中一个原因是教材中对该语言点安排缺失和不重视。在厦门大学国家语言资源监测与研究中心教育教材语言分中心所收录的六部最具有权威性和使用广泛性的对外汉语综合教材中,我们只发现了2例"S+把+V+下去(时体义)",如:

(7-116) 我们要永远把这种精神继承和发扬下去。(阶梯汉语 第48课)
(7-117) 我知道为了我能坚持把学上下去,家里已经没有

---

① 袁毓林:《现代汉语祈使句研究》,北京大学出版社1993年版,第105页。

可卖的了。(北语实用汉语教材 第71课)

低出现率导致学习者并不了解这类句式的语义和动词的限制性，便会造出如下偏误句：

(7-118) *把这个问题明白下去。(高级　俄罗斯)

虚化的"下去"表示"持续"的时体意义，只能廓定持续性事件的时体，不能廓定瞬时事件的时体。例（7-118）的概念结构如下：

*［(我) 明白这个问题 AMOVE　INTO　下去］主事件 + ［(我) 明白这个问题］副事件

例（7-118）中，凸体"明白这个问题"代表的是一个瞬时事件，与"持续"的时体意义不匹配，因而这个句子不可接受。如果把句中的瞬间动词改为表持续义的状态动词"研究"，句子则成立。因为例中衬体"下去"表示的时体意义是"持续"，凸体"研究这个问题"代表的是一个持续性事件，与衬体表示的时体意义相匹配，所以"把这个问题研究下去"这个句子是可接受的。由此可见，廓时事件概念结构的构成主要跟衬体所表示的时体意义及凸体所代表的事件类型相关，两者必须互相匹配。

表瞬时的动词与持续性动词相对，一般被称为非持续性动词。它们数量不多，常用的有：死、伤、断、熄、丢、结束、到、回、来、去、塌、懂、明白、知道、出现、成立、批准、出嫁、结婚等。这些动词都不能和"下去"组合。马庆株（2004）根据能不能加后缀"着"把动词划分持续性动词和非持续性动词。因此除了"着"，也可以用"下去"来作为区分持续性动词和非持续性动词的形式标记。

三　S+把+V+下来（时体义）及其概念结构上的偏误分析

表时体的补语"下来"的语义描述为：［+时间上的持续］［+/-自动］［+从过去到现在］［+凸显终点］。我们把"V下来（时体义）"构成的"把"字句分为如下三组：

A 组

（7-119）擅长骑射的锡伯族人把射箭传统传承下来。（北大语料库　《世界博览》）

（7-120）他还是在高级指挥员的位置上把武装斗争坚持了下来。（北大语料库　《军事天地》）

（7-121）秦孝公一看反对的人这么多，自己刚刚即位，怕闹出乱子来，就改革的事暂时搁了下来。（北大语料库　《中华上下五千年》）

B 组

（7-122）会议应该把共同愿望和要求肯定下来。（北大语料库　1994年《人民日报》）

（7-123）第一部共和国宪法把公民的权利和义务明确规定下来。（北大语料库　新华社2004年新闻稿）

（7-124）把管子的口径和长度确定下来。（北大语料库　《中国北漂艺人生存实录》）

（7-125）吃完今年的年夜饭，就急不可待把明年年夜饭的席位也预订下来。（北大语料库　北京话调查资料）

C 组

（7-126）我就决心一定要把它买下来。（同上）

（7-127）终于在一个清晨把这个项目谈了下来。（同上）

（7-128）他把字母念下来了。（同上）

（7-129）三家兵马始终没有能把它攻下来。（北大语料库

《中华上下五千年》)

以上三组"把"字句中的"V下来",A组表示持续,B组表示靠近结果的续断,而C组则表示有终点的结果。我们认为,"V下来"中的持续性动词所指成分在时间展开的内部过程中有续断和终点,是突出终点的持续,因此房玉清(1992)认为"下来"表示"实现"是有其合理性的。

厦门大学国家语言资源监测与研究中心教育教材语言分中心所收录的六部对外汉语综合教材中,只有1例"S+把+V+下来(时体义)。如:

(7-130) 他嘱咐方龙孩子留学在这里,对他们一定严格要求,既要学好汉语又要学好如何做人,把中国人谦虚、诚实、勤劳、勇敢的传统美德全部继承下来。(阶梯汉语 第67课)

由于这类"把"字句在生活中使用频率不高,再加教材编排的忽视,因此留学生对这类句式的掌握并不是很理想。虽然在中介语语料中,我们几乎没有找到例句,但在课堂作文中还是碰到了这样的偏误句:

(7-131) *他正在把这道题做下来。(初级 印尼)

"V下来"不能受表示持续的副词修饰,这是由其[+凸显终点]的语义决定的,而"V下去"不凸显终点,凸显起点,是真正意义上的持续,则可以和表持续的副词结合。如:

(7-132) 他正在把这道题做下去。

前文分析了"V下去"必须和情态成分一起或者处在祈使句中才能构成合法的句子,而"V下来"不受这个条件的限制。如:

(7-133) 他把学上下来了。
　　　　＊你把学上下去了。
　　　　你一定要把学上下去。
　　　　你把学上下去。

"V下来"凸显终点,凸显的句法成分与凸显程度相当的句法位置匹配,因此,适合选择"把"字句句尾这一凸显终点的句式。同时,因为"下来(时体)"的概念构成隐含着语境默认的确定时间点,一般指说话的时间,所以"V下来"和"V下去"的句法表现有差别。

第七节　小结

本章分析了在现代汉语中表廓时事件的"把"字句,它们是动词带时体标记"了"、"着"、"过"形成的"把"字句,以及由补语表示时体意义的动趋式"V+下来"、"V+下去"构成的"把"字句。

1. 带时体标记"了"、"着"、"过"的"把"字句。此类"把"字句又因时体标记语法意义的不同而分为两个类别:带时体标记"了"的"把"字句分为"S+把+N1+VP+了$_1$+N2"和"S+把+N+VP+了$_{1+2}$";带时体标记"着"的"把"字句分为"S+把+N1+V+着$_2$"和"S+把+N1+状语成分+V+着$_1$";带时体标记"过"的"把"字句分为"S+把+N1+V+过$_2$"和"S+把+N1+V+过$_1$"。"把"字句的相关偏误运用概念结构中时体意义及凸体所代表的事件类型必须互相匹配这一原则来分析。

2. 补语表示起始意义的动趋式"V上"、"V开"、"V起"、"V起来"的宾论元不能出现在把字宾语位置,只能显现在一般宾语位置。因为它们表示起始，没有续段和结果，凸体受到的影响力小，因此凸显程度不高，只能显示在宾语位置，不能显现在凸显程度高的"把"字宾语位置、话题位置和重动句宾语的位置。

3. "V下去"凸显起点，不能构成有界事态来表达真实情态的陈述句，必须加上了情态成分或者是在祈使句中才能构成"把"字句。构成的"把"字句句式语义是：在致使力的作用下凸体继续保持目前（现在）的状态。"S+把+V+下去（时体义）"中的"V"都是持续性动词，在时间展开的内部过程中有起点和续断，无终点，必须有[+持续]的语义特征。

4. "V下来"凸显终点，凸显的句法成分与凸显程度相当的句法位置匹配，因此适合选择"把"字句句尾这一凸显终点的句式。"V下来"不能受表示持续的副词修饰，这是由其[+凸显终点]的语义决定的。

在廓时事件中，主事件是廓定事件时体的事件，其中的凸体与副事件的概念成分同指，故主事件和副事件联系的紧密程度、事件的可预测性等原则都很难体现。因此，在运动事件、状态变化事件以及实现事件中所使用的分析方法受到一定的局限。我们认为廓时事件概念结构的构成主要跟衬体所表示的时体意义及凸体所代表的事件类型相关，两者必须互相匹配。这一原则始终贯穿在各类表廓时事件的"把"字句的分析中。

结 束 语

本书运用 Talmy 的概念结构理论来研究"把"字句，并分析二语学习者在该句式中出现的相关偏误现象，将偏误分析和认知语义上的解释相结合。在人的主观体验基础上形成的概念结构对语言的结构具有相当大的影响，从这个平面出发来看语义和句法之间的联系，易于语言学习者对目的语的理解。

我们将句式众多的"把"字句分为四种不同的宏观事件类型，对每种事件类型的下位句式按照事件角色以及它们之间的关系进行研究，并对与概念结构相关的偏误现象作出解释。主要结论如下：

（1）表达运动事件的"把"字句。动词遗漏现象的深层原因是不同语言的词汇化模式不同；动趋式"S+把+N+V+（RC）+（来/去）"不能转换为 SVO 语序是因为概念显现的形式限制；动介式"S+把+N1+V 给+N2"和"S+把+N1 给+N2+V+R"，两者在表达形式上的不同是动词和路径之间组合的紧密程度不同造成；衬体一般与凸显程度相当的句法位置相匹配。

（2）表达状态变化事件的"把"字句。状态补语具有描写性、信息量大、可预测性低的特点，故在认知上更突显，倾向于成为焦点而选择使用"把"字句；句式"S+把+NP+V+RC"与概念结构相关的偏误现象及其解释分为三个方面：①衬体的凸显程度与句法位置不匹配。②路径与衬体合并后的使动化造成偏误。③使事产生的影响方式与衬体所代表的事件结果不匹配；心理状态变化事件中，心理力作用的强度是个由强到弱的连续统，作用力的强弱是能否构成"把"字句以及构比率不同的原因。

（3）表达实现事件的"把"字句。句式"S+把+N+V+RC（结果补语）"的偏误现象与补语的预期性有关：非预期结果的实现事件倾向选择"把"字句；"S+把+N+V+得+VP/AP"的偏误现象可以从概念结构中主事件和副事件之间的联系紧密性角度以及描写性补语的可预测性来解释。"S+把+N+V+DC（趋向补语）"的偏误则是因为不清楚概念结构以及概念显现的形式限制而产生的。

（4）表达廓时事件的"把"字句。时体标记"上，开，起，起来"不能构成"把"字句。这是因为它们表示起始，没有续段和结果，凸体受到的影响力小，因此凸显程度不高，不能显现在凸显程度高的把字宾语位置；廓时事件概念结构的构成主要跟衬体所表示的时体意义及凸体所代表的事件类型相关，两者必须互相匹配。这一原则适合用来解释含"着"、"了"、"过"、"下来"、"下去"补语的"把"字句的偏误现象。

本书的创新之处主要表现在两个方面：

理论方面，近一个世纪以来学界对"把"字句的相关问题研究倾注了极大的热情，相应的研究成果不胜枚举，但是由于句式本身的复杂性，在许多问题上仍然存在争议，很多现象没有得到统一的解释。这往往是只从语言系统内部去论证某些语言现象的局限所致。认知语法认为，语言形成其句法构造的内在动因是认知和语义，句法构造的外在形式是受认知和语义因素促动的。目前，"把"字句在认知和语义方面的研究还比较缺乏，本书即尝试将 Talmy 的概念结构理论作为本书的理论基础和依据，将"把"字句按照事件类型分类，从概念角度出发考察语言的形式特征，从语法结构在表达概念结构中所具有的功能来解释语法结构，对"把"字句各事件类型中相关问题作出解释。相信这样的探索对现代汉语"把"字句的研究进展会有所裨益。

应用方面，从现阶段有关"把"字句的偏误分析研究来看，对表层的偏误分析居多，对偏误原因的解释也以母语负迁移和目的语泛化为主，从认知上对偏误原因的解释还很不够。本书结合 Talmy 的概念结构理论，它既具有系统性和概括性，又易于操作和理解，运用它来解释"把"字句中相关的偏误现象，将"把"字句的偏误分析深入至认知语义层面，以指导二语学习者深入语言的深层概念体系，充分利用已有的经验知识和认知能力来理解语言，减少偏误，习得二语。本书也吸收形式方法的优点，力图做到充分的句法分析基础上的认知解释。

本书的不足之处主要表现在两个方面：

（1）理论方面

从概念结构出发研究"把"字句及其偏误现象，可以指导二语学习者深入语言的深层概念体系，充分利用已有的经验知识和认知能力来理解语言，减少偏误。但是人对外在世界的概念化存在差异，语言结构反映概念结构，它所反映出来的语言结构也不可能是一致的，一些偏误现象需要针对具体例子作具体的分析和解释。

（2）语料方面

尽管我们使用的几个语料库具有一定的权威性和代表性，但是由于"把"字句在汉语二语学习者中的使用频率较低，有些类型的偏误例句数量较少，容易让人以为是一种偶然的偏误现象，而不是因为存在深层的认知和语义上的问题。这也是偏误产生复杂性的表现，需要我们克服主观认定。要做到客观探源，还要借助一些科学有效的手段（如纵向跟踪调查、实验考察等）。然而，由于客观条件的限制以及个人能力的原因，我们在这方面的工作做得较少。

同时，也由于语料所限，本书对每类事件中使用频率相对较低的"把"字句尚未涉及，我们将在今后的研究中完善。

参考文献

一 著作

陈昌来：《现代汉语动词的句法语义属性研究》，学林出版社 2002 年版。

陈昌来：《现代汉语语义平面问题研究》，学林出版社 2003 年版。

陈前瑞：《汉语体貌研究的类型学视野》，商务印书馆 2009 年版。

陈忠：《认知语言学》，山东教育出版社 2006 年版。

程琪龙：《概念框架和认知》，上海教育出版社 2006 年版。

程琪龙：《概念语义研究的新视角》，上海外语教育出版社 2011 年版。

崔希亮等：《汉语作为第二语言的习得与认知研究》，北京大学出版社 2008 年版。

戴耀晶：《现代汉语时体系统研究》，浙江教育出版社 1997 年版。

丁声树：《现代汉语语法讲话》，商务印书馆 1961 年版。

房玉清：《实用汉语语法》，北京大学出版社 1992 年版。

龚千炎：《汉语的时相时制时态》，商务印书馆 2000 年版。

李大忠：《外国人学汉语语法偏误分析》，北京语言大学出版社 1996 年版。

李福印：《认知语言学概论》，北京大学出版社 2008 年版。

刘承峰：《现代汉语语用数范畴初探》，学林出版社 2010 年版。

刘丹青：《语法调查研究手册》，上海教育出版社 2008 年版。

刘梦溪：《中国现代学术经典：赵元任卷》，河北教育出版社

1996 年版。

刘培玉:《现代汉语把字句的多角度研究》,华中师范大学出版社 2009 年版。

刘一之:《"把"字句的语用、语法限制及语义解释. 语法研究和探索(十)》,商务印书馆 2000 年版。

刘月华、潘文娱、故韡:《实用现代汉语语法(增订本)》,商务印书馆 2007 年版。

刘月华:《实用现代汉语语法》,商务印书馆 2001 年版。

卢福波:《汉语语法教学理论与方法》,北京大学出版社 2010 年版。

陆俭明、马真:《现代汉语虚词散论》,北京大学出版社 1985 年版。

陆俭明、沈阳:《汉语和汉语研究十五讲(第二版)》,北京大学出版社 2004 年版。

陆庆和:《实用对外汉语教学语法》,北京大学出版社 2006 年版。

吕叔湘:《把字用法的研究》,见《吕叔湘全集(第 2 卷)》,辽宁教育出版社 2002 年版。

吕叔湘等:《汉语语法论文集》,商务印书馆 1984 年版。

吕叔湘:《现代汉语八百词(增订本)》,商务印书馆 2002 年版。

马庆株:《汉语动词和动词性结构·二编》,北京大学出版社 2007 年版。

马庆株:《汉语动词和动词性结构·一编》,北京大学出版社 2005 年版。

马真:《"把"字句补议. 现代汉语虚词散论》,北京大学出版社 1985 年版。

孟琮、郑怀德等:《汉语动词用法词典》,商务印书馆 2005 年版。

屈承熹:《汉语认知功能语法》,文鹤出版有限公司 1999 年版。

饶长溶:《把字句·被字句》,北京人民教育出版社 1990 年版。

邵敬敏：《汉语语法的立体研究》，商务印书馆 2006 年版。
沈园：《句法—语义界面研究》，上海教育出版社 2007 年版。
盛炎：《语言教学原理》，重庆出版社 1990 年版。
施春宏：《汉语动结式的句法语义研究》，北京语言大学出版社 2008 年版。
石毓智：《汉语研究的类型学视野》，江西教育出版社 2004 年版。
石毓智：《汉语语法化的历程》，北京大学出版社 2001 年版。
石毓智：《语法的形式和理据》，江西教育出版社 2001 年版。
束定芳：《认知语义学》，上海教育出版社 2008 年版。
束定芳：《语言的认知研究：认知语言学论文精选》，上海外语教育出版社 2004 年版。
宋文辉：《现代汉语动结式的认知研究》，北京大学出版社 2007 年版。
宋玉柱：《现代汉语特殊句式》，山西教育出版社 1991 年版。
王还：《"把"字句和"被"字句》，新知识出版社 1957 年版。
王力：《汉语史稿》，中华书局 2003 年版。
王力：《中国现代语法》，商务印书馆 1985 年版。
王寅：《认知语法概论》，上海外语教育出版社 2006 年版。
王寅：《认知语言学》，上海外语教育出版社 2007 年版。
吴葆棠：《一种有表失义倾向的"把"字句》，语文出版社 1987 年版。
吴为善：《构式语法与汉语构式》，学林出版社 2016 年版。
肖奚强：《外国学生汉语句式学习难度及分级排序研究》，高等教育出版社 2009 年版。
徐杰：《普遍语法原则与汉语语法现象》，北京大学出版社 2001 年版。
徐烈炯、刘丹青：《话题的结构与功能》，上海教育出版社 1998 年版。
徐烈炯、刘丹青：《话题与焦点新论》，上海教育出版社 2003 年版。
徐子亮：《汉语作为外语的学习研究：认知模式与策略》，北京大学出版社 2010 年版。

袁毓林：《现代汉语祈使句研究》，北京大学出版社 1993 年版。

张斌、胡裕树：《汉语语法研究》，商务印书馆 1989 年版。

张斌：《新编现代汉语》，复旦大学出版社 2002 年版。

张伯江：《从施受关系到句式语义》，商务印书馆 2009 年版。

张伯江、方梅：《汉语功能语法研究》，江西教育出版社 2001 年版。

张辉：《熟语及其理解的认知语义学研究》，北京军事谊文出版社 2003 年版。

张敏：《认知语言学与汉语名词词组》，中国社会科学出版社 1998 年版。

赵艳芳：《认知语言学概论》，上海外语教育出版社 2000 年版。

赵元任：《汉语口语语法》，商务印书馆 1979 年版。

郑定欧：《词汇语法理论与汉语句法研究》，北京语言文化大学出版社 1999 年版。

郑小兵、朱其智、邓小宁等：《外国人学汉语语法偏误研究》，北京大学出版社 2007 年版。

朱德熙：《语法讲义》，商务印书馆 1982 年版。

朱德熙：《朱德熙文集》，商务印书馆 2001 年版。

朱景松：《现代汉语虚词词典》，语文出版社 2007 年版。

Comrie, B. *Aspect*: *An Introduction to the Study of Verbal Aspect and Related Problems*. Cambridge University Press, 1976.

Comrie, B. *Tense*. Cambridge University Press, 1985.

Dik, S. *The Theory of Functional Grammar. Vol.* 1&2. (second edition). Edited by Kees Hengeveld. Mouton de Gruyter, 1997.

Goldberg, A：《构式：论元结构的构式语法研究》，吴海波译，北京大学出版社 2007 年版。

Haiman, J. *Iconicity in Syntax*. John Benjamins Publishing Company. 1985.

Jackendoff, R. *Foundation of Language*: *Brain, Meaning, Grammar, Evolution*. Ox-ford University Press, 2002.

Jackendoff, R. *Language, Consciousness, Culture: Essays on Mental structure.* The MIT Press, 2007.

Jackendoff, R. *Languages of the Mind: Essays on Mental Representation.* The MIT Press, 1992.

James, P. *Events as Grammatical Objects: The Converging Perspectives of Lexical Semantics and Syntax.* CSLI Publications, 2001.

Joan, L. Perkins, R. & Pagliuca, W. *The Evolution of Grammar: Tense, Aspect and Modality in the Languages of the world.* The University of Chicago Press, 1994.

John F. Sowa. *Conceptual structures: Information processing in Mind and Machine.* Addsion-Wesly Publishing Co. 1984.

Johnson, M. *The Body in the Mind.* Chicago University Press, 1987.

Lakoff, G. *Women, Fire and Dangerous Things.* University of Chicago Press, 1987.

Langacker, R. *Concepts, Images, and Symbol.* Mouton de Gruyter, 1991.

Langacker, R. *Foundations of Cognitive Grammar.* Vol. 1, Stanford University Press, 1987.

Langacker, R. *Grammar and Conceptualization.* Mouton de Gruyter, 2000.

Levin, B. *English Verb Classes and Alternations: A Preliminary Investigation.* The University of Chicago Press, 1993.

Mairal, R. & Gil, J. *Linguistic Universal.* Cambridge University Press, 2006.

Malle, B. *Verbs of Interpersonal Causality and the Folk Theory of Mind and Behavior.* in Shibatani, M. ed. *The Grammar of Causation and Interpersonal Manipulation* . John Benjamins Publishing Company, 2001.

R. Quirk,《英语语法辞典》,四川人民出版社1986年版。

Shibatani, M. *The Grammar of Causation and Interpersonal Manipula-*

tion. John Benjamins Publishing Company, 2001.

Tai, James H‑J. *Temporal Sequence and Word Order in Chinese*. Iconicity in Syntax, John Haiman, ed. John Benjamins Publishing Company, 1985.

Talmy, L. Lexicalization Patterns: Semantic Structure in Lexical forms.*T.Shopen Language Typology and Syntactic Description*. Cambridge University Press, 1985.

Talmy, L. The Relation of Grammar to Cognition. B. Rudzka‑Ostyn. *Topics in Cognitive Linguistics*. John Benjamins Publishing Company, 1988.

Talmy, L. *Toward a Cognitive Semantics (Vol I): Concept Structuring Systems*. The MIT Press, 2000.

Talmy, L. *Toward a Cognitive Semantics (Vol II): Concept Structuring Systems*. The MIT Press, 2000.

Thomas E. Payne. *Describing Morphosyntax: A Guide for Field Linguists*. Cambridge University Press, 1997.

Ungerer, F. & H. J. Schmid. *An introduction to Cognitive Linguistics*, Beijing: Foreign Language Teaching and Research Press, 2001.

Vendler, Z. *Linguistics in Philosophy*. New York: Ithaca. Cornell University Press, 1967.

二 期刊

贝罗贝:《早期"把"字句的几个问题》,《语文研究》1989年第1期。

曹广顺、龙国富:《再谈中古汉语处置式》,《中国语文》2005年第4期。

陈初生:《早期处置式略论》,《中国语文》1983年第3期。

陈平:《论现代汉语时间系统的三元结构》,《中国语文》1988年第6期。

陈忠：《"起来"的句法变换条件及其理据》，《山东社会科学》2006 年第 2 期。

成燕燕：《哈萨克族汉语"把字句"习得的偏误分析》，《语言与翻译》2006 年第 3 期。

程琪龙：《Jackendoff 致使概念结构评价》，《国外语言学》1997 年第 3 期。

程琪龙：《"概念结构"探索》，《语文研究》1996 年第 1 期。

程琪龙、王宗炎：《兼语一般句式和"把"字句式的语义特征》，《语文研究》1998 年第 4 期。

程仪：《浅谈"把"字句状语的位置》，河南师范大学学报（社会科学版）1983 年第 3 期。

崔希亮：《"把"字句的若干句法语义问题》，《世界汉语教学》1995 年第 3 期。

崔永华：《汉语中介语中的"把……放……"短语分析》，《汉语学习》2003 年第 2 期。

丁薇：《谓语中心为心理动词的"把"字句》，《汉语学报》2012 年第 1 期。

董秀芳：《述补带宾句式中的韵律限制》，《语言研究》1998 年第 1 期。

范晓：《动词的配价与汉语的把字句》，《中国语文》2001 年第 4 期。

傅雨贤：《"把"字句与"主谓宾"句的转换及其条件》，《语言教学与研究》1981 年第 1 期。

高立群：《汉语把字句认知表征图式的实验研究》，《心理科学》2004 年第 1 期。

高平平：《谈"把"字句中的动词叠用》，《汉语学习》1999 年第 5 期。

龚千炎：《现代汉语的时间系统》，《世界汉语教学》1994 年第 1 期。

古川裕：《起点指向和终点指向不对称性及其认知解释》，《世界汉语教学》2002年第3期。

郭德润：《"把"字句的动词》，《江淮论坛》1981年第6期。

郭锐：《把字句的语义构造和论元结构》，《语言学论丛》第28辑，2003年。

郭锐：《汉语动词的过程结构》，《中国语文》1993年第6期。

郭燕妮：《致使义把字句的句法语义语用分析》，《汉语学报》2008年第1期。

郭燕妮：《致使义"把"字句的句式语义》，盐城师范学院学报2008年第3期。

韩蓉：《认知功能教学法与对外汉语"把"字句教学》，沈阳师范大学学报（社会科学版）2011年第1期。

胡文泽：《"把"字句语法意义在"把"字结构句中的不均衡表现》，《语言研究》2010年第1期。

黄月圆：《把/被结构与动词重复结构的互补分布现象》，《中国语文》1996年第2期。

黄月圆、杨素英：《汉语作为第二语言的"把"字句习得研究》，《世界汉语教学》2004年第1期。

黄振英：《"把"字句教学中的两个问题》，《世界汉语教学》1989年第1期。

继懋、王红旗：《粘合补语和组合补语表达差异的认知分析》，《世界汉语教学》2001年第2期。

姜德梧：《从HSK（基础）测试的数据统计看"把"字句的教学》，《汉语学习》1999年第5期。

姜守旸：《"把"字句中单音节动词重叠形式的语法意义》，锦州师范学院学报（哲学社会科学版）2000年第4期。

蒋绍愚：《把字句略论》，《中国语文》1997年第4期。

蒋绍愚：《〈元曲选〉中的把字句——把字句再论》，《语言研究》1999年第1期。

金立鑫：《"把"字句的句法、语义、语境特征》，《中国语文》1997年第1期。

阚哲华：《汉语位移事件词汇化的语言类型探究》，《当代语言学》2010年第2期。

孔令达：《关于动态助词"过1"和"过2"》，《安徽师范大学学报》（人文社会科学版）1986年第4期。

李宝贵：《韩国留学生"把"字句偏误分析（对外汉语教学与研究版）》，《辽宁工学院学报》2004年第5期。

李大忠：《语法偏误分析二题》，《中国人民大学学报》1995年第4期。

李临定：《动补格句式》，《中国语文》1980年第1期。

李宁、王小珊：《"把"字句的语用功能调查》，《汉语学习》2001年第1期。

李遐：《少数民族学生汉语"把"字句习得偏误的认知心理分析》，《语言与翻译》2005年第3期。

李延波：《"把"字句构造的"心理空间"》，《现代语文》2010年第5期。

李增吉：《试谈"把"字句中其他状语的位置》，《逻辑与语言学习》1992年第4期。

刘承峰：《光杆动词不能进入"被/把"字句吗?》，《中国语文》2003年第5期。

刘培玉：《把字句研究评述》，《河南师范大学学报》（哲学社会科学版）2001年第4期。

刘培玉、赵敬华：《把字句动词的类和制约因素》，《中南大学学报》（社会科学版）2006年第1期。

刘颂浩：《论"把"字句运用中的回避现象及"把"字句的难点》，《语言教学与研究》2003年第2期。

刘颂浩、汪燕：《"把"字句练习设计中的语境问题》，《汉语学习》2003年第4期。

刘珣：《语言学习理论的研究与对外汉语教学》，《语言文字应用》1993 年第 2 期。

刘子瑜：《处置式带补语的历时发展》，《语言教学与研究》2009 年第 1 期。

卢英顺：《把字句的配价及相关问题》，《语言科学》2003 年第 2 期。

鲁健骥：《偏误分析与对外汉语教学》，《语言文字应用》1992 年第 1 期。

鲁健骥：《外国人学汉语的语法偏误分析》，《语言教学与研究》1994 年第 1 期。

鲁健骥：《中介语研究中的几个问题》，《语言文字应用》1993 年第 1 期。

陆俭明、郭锐：《汉语语法研究所面临的挑战》，《世界汉语教学》1998 年第 4 期。

陆庆和：《关于"把"字句教学系统性的几点思考》，《暨南大学华文学院学报》2003 年第 1 期。

吕必松：《"把"字短语、"把"字句和"把"字句教学》，《汉语学习》2010 年第 5 期。

吕必松：《对外汉语教学的理论研究问题刍议》，《语言文字应用》1992 年第 1 期。

吕必松：《汉语中介语研究的意义与策略》，《语言文字应用》1993 年第 2 期。

吕叔湘：《被字句、把字句动词带宾语》，《中国语文》1965 年第 4 期。

吕文华：《"把"字句的教学》，《语言教学与研究（第一集）》，1977 年。

吕文华：《"把"字句的语义类型》，《汉语学习》1994 年第 4 期。

马希文：《北京方言里的"着"》，《方言》1987 年第 1 期。

马希文：《关于动词"了"的弱化形式/. lou/》，《中国语言学报》1983年第1期。

马希文：《与动结式动词有关的某些句式》，《中国语文》1987年第6期。

马真、陆俭明：《形容词作结果补语情况考察》，《汉语学习》1997年第1期、第4期、第6期。

梅祖麟：《唐宋处置式的来源》，《中国语文》1990年第3期。

木村英树：《关于补语性词尾"着/. zhe/"和"了/. le. /"》，《语文研究》1983年第2期。

宁岩：《概念范畴角度解析概念结构的普遍性特征》，《洛阳师范学院学报》2011年第7期。

牛保义：《把字句语义建构的动因研究》，《现代外语》2008年第2期。

潘文娱：《对把字句的进一步探讨》，《语言教学与研究》1978年第3期。

齐沪扬：《表示静态位置的"着"字句的语义和语用分析》，《华东师范大学学报》（哲学社会科学版）1998年第3期。

齐沪扬：《带处所宾语的"把"字句中处所宾语省略与移位的制约因素的认知解释》，《华文教学与研究》2010年第1期。

齐沪扬、李文浩：《突显度、主观化与短时义副词"才"》，《语言教学与研究》2009年第5期。

全裕慧：《"使动"义的"动词+结果补语"结构的教与学》，《汉语学习》1999年第5期。

邵敬敏：《把字句研究纵横观》，《语文导报》1987年第7期。

邵敬敏：《关于"在黑板上写字"句式变换和分化的若干问题》，《语言教学与研究》1982年第3期。

邵敬敏、赵春利：《"致使把字句"和"省隐被字句"及其语用解释》，《汉语学习》2005年第4期。

沈家煊：《句法的象似性问题》，《外语教学与研究》1993年第1期。

沈家煊：《如何处置"处置式"？——论把字句的主观性》，《中国语文》2002 年第 5 期。

沈家煊：《现代汉语"动补结构"的类型学考察》，《世界汉语教学》2003 年第 3 期。

沈家煊：《语言的"主观性"和"主观化"》，《外语教学与研究》2001 年第 4 期。

沈家煊：《"在"字句和"给"字句》，《中国语文》1999 年第 2 期。

沈阳：《名词短语的多重移位形式及把字句的构造过程与语义解释》，《中国语文》1997 年第 6 期。

沈阳、徐烈炯：《题元理论与汉语配价问题》，《当代语言学》1998 年第 3 期。

施关淦：《关于"在+NP+V+N"句式的分化问题》，《中国语文》1980 年第 3 期。

史金生、胡晓萍：《动词带"着"的"把"字结构》，《语言教学与研究》1998 年第 4 期。

史金生：《谈"把"字句中的"过"》，《汉语学习》1988 年第 3 期。

史文磊：《汉语运动事件词化类型研究综观》，《当代语言学》2012 年第 1 期。

宋文辉：《动结式在几个句式中的分布》，《语文研究》2004 年第 3 期。

宋文辉：《关于宾语必须前置的动结式》，《汉语学报》2006 年第 4 期。

宋文辉：《主观性与施事的意愿性强度》，《中国语文》2005 年第 6 期。

宋玉柱：《"把"字宾语研究献疑》，《语言学通讯》1988 年第 3 期。

宋玉柱：《关于"把"字句的两个问题》，《语文研究》1981 年第 2 期。

宋玉柱：《关于述语为"进行"的"把"字句》，《汉语学习》1988 年第 3 期。

宋玉柱：《谓语另带宾语的"把"字句》，《语言文学》1981 年第 6 期。

孙朝奋：《再论助词"着"的用法及其来源》，《中国语文》1997 年第 2 期。

孙海霞：《"把"字句在篇章中的使用情况考察》，《绍兴文理学院学报》2006 年第 6 期。

陶红印、张伯江：《无定式把字句在近、现代汉语中的地位问题及其理论意义》，《中国语文》2000 年第 5 期。

佟慧君：《留学生习作中的病句分析》，《语言教学与研究》1978 年第三集。

童小娥：《从事件的角度看补语"上来"和"下来"的对称与不对称》，《世界汉语教学》2009 年第 4 期。

王广成、王秀卿：《事件结构的句法映射——以把字句为例》，《现代外语》2006 年第 4 期。

王红斌：《包含名宾心理动词的事件句和非事件句》，《南京师范大学学报》（社会科学版）2004 年第 2 期。

王红旗：《动结式述补结构在把字句和重动句中的分布》，《语文研究》2001 第 1 期。

王还：《"把"字句中"把"的宾语》，《中国语文》1985 年第 1 期。

王惠：《"把"字句中的"了/着/过"》，《汉语学习》1993 年第 1 期。

王军虎：《动词带"过"的"把"字句》，《中国语文》1988 年第 5 期。

王彦杰：《"把……给 V"句式中助词"给"的使用条件和表达功能》，《语言教学与研究》2001 第 2 期。

王政红：《"把"字句的情状类型及其语法特征》，《南京师范大学学报》（社会科学版）1994年第4期。

吴继章：《含介词"把"的连动式》，《逻辑与语言学习》1994年第3期。

吴建伟、张晓辉：《致使运动事件"把"字句构式的句法语义》，《华东理工大学学报》（社会科学版）2010年第1期。

夏齐富：《关于"把"字句的几点思考》，《安庆师院社会科学学报》1998年第3期。

项开喜：《汉语重动句的功能研究》，《中国语文》1997年第4期。

肖奚强：《略论偏误分析的基本原则》，《语言文字应用》2001年第1期。

熊文新：《留学生把字结构的表现分析》，《世界汉语教学》1996年第1期。

徐燕青：《"使"字句与"把"字句的异同》，《世界汉语教学》1999年第4期。

严辰松：《伦纳德·泰尔米的宏事件研究及其启示》，《外语教学》2008年第2期。

严辰松：《英汉语表达"实现"意义的词汇化模式》，《外国语》2005年第1期。

严辰松：《运动事件的词汇化模式——英汉比较研究》，《解放军外国语学院学报》1998年第6期。

杨素英：《从情状类型来看"把"字句（上）》，《汉语学习》1998年第2期。

杨小璐、肖丹：《现代汉语"把"字句习得的个案研究》，《当代语言学》2008年第3期。

叶向阳：《"把"字句的致使性解释》，《世界汉语教学》2004年第2期。

余文青：《留学生使用"把"字句的调查报告》，《汉语学习》

2000 年第 5 期。

袁毓林：《述结式配价的控制——还原分析》，《中国语文》2001 年第 5 期。

岳中奇：《成事"把"字句的句法形式及语义》，《语文研究》2004 年第 3 期。

岳中奇：《处所宾语"把"字句中动词补语的制约机制》，《汉语学习》2001 年第 4 期。

曾传禄：《汉语位移事件与句法表达》，《集美大学学报》（哲学社会科学版）2009 年第 3 期。

詹开第：《"把"字句谓语中动作的方向》，《中国语文》1983 年第 2 期。

詹开第：《动结式动词与"把"字句的变换关系》，《中国语文》1985 年第 6 期。

张宝林：《回避与泛化——基于"HSK 动态作文语料库"的"把"字句习得考察》，《世界汉语教学》2010 年第 2 期。

张伯江：《被字句和把字句的对称与不对称》，《中国语文》2001 年第 6 期。

张伯江：《动趋式里宾语位置的制约因素》，《汉语学习》1991 年第 6 期。

张伯江：《论"把"字句的句式语义》，《语言研究》2000 年第 1 期。

张国宪：《现代汉语形容词的体及形态化历程》，《中国语文》1998 年第 6 期。

张辉：《语法整合与英汉致使移动的对比研究》，《天津外国语大学学报》2004 年第 1 期。

张济卿：《有关"把"字句的若干验证与探索》，《语文研究》2000 年第 1 期。

张姜知：《"把"字宾语的指称类型及其语体相关性》，《当代修辞学》2012 年第 2 期。

张黎:《汉语"把"字句的认知类型学解释》,《世界汉语教学》2007年第3期。

张黎:《汉语位移句的语义组合》,《现代中国语研究》2006年第8期。

张宁、刘明臣:《试论运用功能法教把字句》,《语言教学与研究》1994年第1期。

张旺熹:《"把字结构"的语义及其语用分析》,《语言教学与研究》1991年第3期。

张旺熹:《"把"字句的位移图式》,《语言教学与研究》2001第3期。

张谊生:《"把+N+Vv"祈使句的成句因素》,《汉语学习》1997年第1期。

赵春利:《对外汉语偏误分析二十年研究回顾》,《云南师范大学学报》2005年第3期。

赵金铭:《教外国人汉语语法的一些原则问题》,《语言教学与研究》1994年第2期。

赵一农:《1+1还是1+2?——双语者大脑中的语言—概念结构研究评述》,《当代语言学》2012年第4期。

郑红:《"把"字句、"被"字句与致使力的传递》,《齐齐哈尔大学学报》(哲学社会科学版) 2008年第5期。

郑红:《论外向致使和返身致使》,《江汉大学学报》(人文科学版) 2005年第5期。

郑杰:《现代汉语"把"字句研究综述》,《语言教学与研究》2002年第5期。

周海峰:《从重动句看"把"字句》,《徐州师范大学学报》1998年第2期。

朱德熙:《"在黑板上写字"及相关句式》,《语言教学与研究》1981年第1期。

Dowty, D. *Thematic Proto-roles and Argument Selection*. Language,

1991.

Haiman, J. *Iconicity and Economic Motivation.* Language. Vol. 59, No. 4. 1983.

Jin, H. Pragmaticization and the L2 Acquisition of Chinese Ba Construction. *Journal of Chinese Language Teachers Association*, 1992.

Pau, B. *The Evolution of Passive and Disposal Sentences.* Journal of Chinese Linguistics 9, 1981.

Robinson and Ha. Instance theory and second language rule learning under explicit condition, *Studies in Second Language Acquisition*, Vol. 15, 1993.

Tsao, Feng-fu. "A Topic-comment Approach To the Ba Construction" *Journal of Chinese Linguistics*. 15 . No. 1, 1987.

Wen, X. Acquisition Sequence of Three Constructions: An Analysis of the Interlanguage of Learners of Chinese as a Foreign Language. *Journal of Chinese Language Teachers Association*, 2006.

三 论文

戴浩一：《以认知为基础的汉语功能语法刍议》，见束定芳主编《语言的认知研究：认知语言学论文精选》，上海教育出版社2004年版。

郭锐：《把字句的配价结构》，第二届全国现代汉语配价语法研讨会，1999年。

郭锐：《述结式的论元结构》，见徐烈炯、邵敬敏主编《汉语语法研究的新拓展（一）21世纪首届现代汉语国际研讨会论文集》，浙江教育出版社2002年版。

郭锐：《述结式述补结构的配价结构和成分整合》，见沈阳、郑定欧主编《现代汉语配价语法研究》，北京大学出版社1995年版。

胡附、文炼：《把字句问题》，《现代汉语语法探索》，新知识出版社1956年版。

金道荣：《论阿尔泰语法背景下的汉语"把"字句偏误的生成机

制与教学对策》，北京大学博士学位论文，2010 年。

金立鑫：《趋向补语和宾语的位置关系》，见赵金铭主编《对外汉语研究的跨学科探索》，北京语言大学出版社 2003 年版。

黎锦熙：《说"把"（上）》，见黎锦熙《语言文字学论著选集》，北京师范大学出版社 2002 年版。

栗爽：《现代汉语位移动词研究》，硕士学位论文，上海师范大学，2008 年。

梁东汉：《论"把"字句》，见《语言学论丛（第二辑）》，新知识出版社 1958 年版。

刘丹青：《苏州方言的体》，见张双庆主编《动词的体》，香港中文大学出版社 1996 年版。

刘月华：《趋向补语的语法意义》，见《语法研究和探索》，北京大学出版社 1988 年版。

吕叔湘：《中国文法要略》，见《吕叔湘文集（第 1 卷）》，商务印书馆 1990 年版。

缪小放：《老舍作品中的"把 NVP"》，见张志公《语文论集（四）》，外语教学与研究出版社 1991 年版。

齐沪扬：《动词移动性功能的考察和动词的分类》，《语法研究和探索（十）》，商务印书馆 2000 年版。

齐沪扬：《空间位移中客观参照"D+Q+M"的语用含义》，《汉语现状与历史的研究》，中国社会科学出版社 1999 年版。

齐沪扬：《现代汉语空间位置系统》，博士学位论文，上海师范大学，1993 年。

杉村博文：《处置与遭遇：再论 S（把）》，见大河内宪主编《日本近、现代汉语研究论文选》，北京语言学院出版社 1993 年版。

邵敬敏：《"把字句""被字句"的认知解释》，见邢福义《汉语被动表述问题研究新拓展》，华中师范大学出版社 2006 年版。

邵敬敏：《把字句及其变换句式》，见《研究生论文选集（语言文字分册）》，江苏古籍出版社 1985 年版。

石定栩：《把字句和被字句》，见石定栩主编《共性与个性》，北京语言文化大学出版社 1999 年版。

宋文辉：《现代汉语动结式配价的认知研究》，博士学位论文，中国社会科学院研究生院语言系，2003 年。

孙朝奋：《主观化理论与现代汉语把字句研究》，见沈阳、冯胜利编《当代语言学理论和汉语研究》，商务印书馆 2008 年版。

王红旗：《"把"字句的意义究竟是什么》，第二届全国现代汉语配价语法研究会议，1999 年。

温晓虹：《位移意义的"把"字句的习得研究》，见《汉语作为外语的习得研究——理论基础与课堂实践》，北京大学出版社 2008 年版。

席留生：《"把"字句的认知研究》，博士学位论文，河南大学，2008 年。

夏晓蓉：《概念结构理论与二语词汇习得》，见马广惠《外国语言文学论集》，复旦大学出版社 2006 年版。

薛凤生：《"把"字句和"被"字句的结构意义》，见戴浩一、薛凤生主编《功能主义与汉语语法》，北京语言学院出版社 1994 年版。

叶向阳：《"把"字句的致使性解释》，硕士学位论文，北京大学，1997 年。

张蕾：《概念结构及其应用》，博士学位论文，西北工业大学，2001 年。

张敏：《语义地图模型及其在汉语多义语法形式研究中运用》，第五届汉语语法化问题国际学术讨论会，2009 年。

祝敏彻：《论初期处置式》，见《语言学论丛》第 1 辑，北京新知识出版社 1957 年版。

Hout, A. van. Event Semantics in the Lexicon‐syntax Interface. In C. Tenny & J. Pustejovsky (eds.). *Events as Grammatical Objects*：*The Converging Perspectives of Lexical Semantics and Syntax*. CSLI publications, 2000.

附　　录

自建语料库偏误例句

一　表达运动事件的"把"字句：

（1）＊我把饭拿碗里，吃了一半。（中级　越南）

（2）＊先把那个人拿到上边去了。（初级　韩国）

（3）＊它的眼睛很明亮，经常把舌头拿出来。（高级　韩国）

（4）＊他把椅子搬了，来我这里。（中级　日本）

（5）＊妈妈把孩子抱了，孩子还哭。（中级　泰国）

（6）＊医生把患者躺在床上，开始手术了。（初级　日本）

（7）＊队长把3号队走向东边。（高级　缅甸）

（8）＊我们的政府为了保护自然，所以政府搬他们到平地跟我们在一起。（中级　日本）

（9）＊我先放手机在车里，然后用那个线打电话。（初级　印尼）

（10）＊路上的一些人把我到医院。（初级　印尼）

（11）＊所以人们把狼回到保护区。（中级　日本）

（12）＊不应该把小小的问题在心里。（初级　韩国）

（13）＊把行李近房子后我就开始找电话打回国，但是这是第一次来南京于是不知道怎么办手续就向我的同屋问一问。（把行李搬进房子后我就开始找电话，想打个电话回国。）（初级　泰国）

附　录

（14）＊工人把床从楼上到楼下搬了。（初级　韩国）

（15）＊他把桌子搬在教室外边去了。（中级　日本）

（16）＊我把行李都拖到宾馆房间了。（中级　日本）

（17）＊我把行李都拖在宾馆房间了。（高级　韩国）

（18）＊别扔垃圾在水槽里。（高级　韩国）

（19）＊你别忘我的书带教室。（高级　老挝）

（20）＊有一天她照样把缝纫机放在胡同。（高级　美国）

（21）＊（泡菜的作法）首先把大白菜放在盘子然后放了盐什么的。（中级　韩国）

（22）＊她每天做挤牛奶在农场，然后她把奶放在桶。她做完了就把桶放在头上回家。（中级　缅甸）

（23）＊我把脏的衣服都放在洗衣机，但是我忘了。（初级　泰国）

（24）＊我还记得七八岁的时候，售票员在车上售票，大家把钱给她。（初级　韩国）

（25）＊大概十五世纪左右，有一个人把它给国王奉送以后，成了个不可缺少的宫廷味。（约旦　中级）

（26）＊不法商家把大量假冒伪劣化妆品销向内地。（高级　印尼）

（27）＊他抢过篮球，把它掷往了球筐。（中级　日本）

（28）＊我从屋里走出，看到正下雨。（中级　泰国）

（29）＊你明天到我家，我一定给你我的礼物。（初级　韩国）

（30）＊为了能弄得一些旧邮票，从父母亲与中国国内亲人通信中，在信封上贴的邮票把它剪下。

（31）＊渔夫说："我什么都不要，你游泳吧！"就把鱼放出了。（初级　泰国）

（32）＊请你自己把钱放进去我的口袋里。（初级　越南）

（33）＊你不要把垃圾扔进在水里去。（中级　日本）

（34）＊我的朋友把那个自行车要带回去韩国，但我们选的自行

车没有包装盒子。(中级　韩国)

（35）*互相推给别人自己不愿意做的事情。(中级　越南)

（36）*他还有高尚的品格,当祖国处于困难时期,爸爸辛苦挣来的钱大部分的寄给国内的老母亲及他的兄弟姐妹。(中级　韩国)

（37）*那时候我是小孩子,当然好奇心很大,所以我伸手进入这个空间。(初级　越南)

（38）*我们读书,然后做的采都放在桌子上,还要一个油灯放在桌子上。(中级　缅甸)

（39）*他对我要求特别高,因为我是独生子,所以他的全部希望寄托我身上。(中级　缅甸)

（40）*但这次我看父亲的眼泪的时候,我才知道他那么大的爱放在心上。(初级　韩国)

（41）*父亲对我管教得特别严格,我一做什么事就管,有时狠狠地骂我,打我,仿佛当做敌人。(初级　日本)

（42）*我把酒桶滑动进了酒窖。(高级　泰国)

（43）*我把酒桶跳滚进了酒窖。(高级　泰国)

（44）*我把行李都拖在宾馆房间了。(高级　韩国)

（45）*把我的大衣挂在。(初级　韩国)

（46）*把我的大衣挂在衣柜。(初级　韩国)

（47）*我在桌子上放书包。(初级　日本)

（48）*一进教室老师就在门后挂雨伞。(初级　越南)

（49）*另一个是,我把喝了一半的果汁放着桌子上出去了,回来后看那个果汁。(高级　印尼)

（50）*早晨,看渔夫坐在台上把鱼网掷水里。(高级　韩国)

（51）*他说他们应该牺牲一个人,把他放了墙脚,然后继续堵塞。(中级　罗马尼亚)

（52）*这次我看到父亲的眼泪的时候,我才知道他那么大的爱放在心上。(中级　韩国)

（53）*我真的不知道在这一生中我能不能再一次跟我父亲见一

面，让他抱我在他的怀里。（中级　印尼）

（54）＊他是经过香港的红十字协会，然后那个协会安排把他来到韩国了。（高级　韩国）

（55）＊过了几年他们终于搬到了庙在山下了，他们很高兴，不用抬水下山去。（中级　日本）

（56）＊我想这个庙搬到山下怎么样？（中级　缅甸）

（57）＊第二个说"你看，我这么瘦，怎么能那么多水挑过来呢？"（高级　韩国）

（58）＊第一个和尚去湖边挑水，然后给第三个和尚把那些水送。（中级　韩国）

（59）＊后来新娘帮我带到位子吃饭。（高级　泰国）

（60）＊所以你们把她搬到这来住吧。（初级　韩国）

（61）＊刚刚第一天上课，妈妈就从教室里带我回家。（初级　印尼）

（62）＊即使有人发现吸烟者扔在地上，谁也不主动去批评他。（高级　日本国）

（63）＊我们把两只鱼拿走回家，我的妈妈做成了好吃的鱼汤。（初级　韩国）

（64）＊明月偷偷地拿出来他的测验成绩。放在爸爸写的那张纸上面。（中级　泰国）

（65）＊我一到家就开始游戏，就是一边把眼睛，蒙上一边写汉字，看样子一定有意思。（初级　韩国）

（66）＊他爸爸趴在地上认真写，儿子给本子爸爸。（初级　韩国）

（67）＊你给我你的手帕，所以儿子给他的手帕纸和笔。（初级　日本）

（68）＊我以为你不能写四次你的名字很快跟我一样，如果我蒙你的眼睛。（中级　印尼）

（69）＊你去湖边挑水，然后给第三个和尚把那些水送。（中级

韩国)

（70）＊现在我们的那么多不必要的"选择"分给发展中的国家。（高级　韩国）

（71）＊我们可以新鲜的肉、蔬菜等送给他们。（中级　日本）

（72）＊所以，"绿色食品"不但生产量多，而且传给这些技术世界上的饥饿的国家。（高级　韩国）

（73）＊首先，把这种比较安全的农作物生产，提供给挨饿的人们。（高级　泰国）

（74）＊但是我认为不应该这些被污染的农业送给孩子。（初级　韩国）

（75）＊吸完烟以后，为了保持整洁，吸后的烟应该放在垃圾里，不可以随便放。（高级　罗马尼亚）

（76）＊第十天，马挪乐完成任务以后，就上到这座建筑的顶部，把自己投下去而死了。（中级　罗马尼亚）

（77）＊2000年7月美国航天航尚（NASA）发市了"地球温室效应"使得格陵兰岛融化把海水平面上升了3厘米，再过100年将达到23厘米。（高级　韩国）

（78）＊我的奶奶她很相信别人，有一次她借给了一个人家里所有的钱，不知道他是骗子，他把全钱都拿走了，不知道去哪儿。（中级　韩国）

（79）＊我们读书，然后做的采都放在桌子上，还要一个油灯放在桌子上。（中级　斯里兰卡）

（80）＊谁让我送医阮的？（高级　韩国）

（81）＊父母也一直希望让孩子送到中国学习。（高级　日本）

（82）＊那时候我是小孩子，当然好奇心很大，所以我伸手进入这个空间，这时候突然被这个东西咬了（高级　日本）

（83）＊那时这个问题我真的不明白，但现在我知道了，外公的话说得对，我应该早点吧自由换给它，给它放回草田里去。（高级　韩国）

附　录　　237

（84）＊气车到了黄山附近，这边的风仿佛我身上的疲劳都拿走。（高级　韩国）

（85）＊所以我爸爸送给朋友我家的狗。（高级　韩国）

（86）＊可是有必要使用化肥和农药来生产大量的粮食，这些价格比较低的粮食出口到挨饿的国家。

（87）＊后来肯德基捐了一大笔钱为了粮食送到一些非洲国家去。（中级　马来西亚）

（88）＊粮食丰富的国家转到或卖到缺少的地区的话，可以解决问题。（高级　日本）

（89）＊他有几些鸟，和每天把它们到分院带，他有一个儿子。（初级　印度尼西亚）

（90）＊夏天的重庆像个火炉，其酷暑和潮湿使留学生赶到外地去。（高级　日本）

（91）＊把东西用完后随使放，那就塞扔进垃圾筒里。（高级　韩国）

（92）＊冰水热到大概75度时候，把水舀过来，以后再倒入冰水，这样至少做3次。（中级　蒙古）

（93）＊把行李进房子后我就开始找电话，想打个电话回国。（中级　泰国）

（94）＊爸爸很高兴地一边笑一边请客人领进屋里。（中级　朝鲜）

（95）＊第二天天气好了，又把花都搬出去屋里。（初级　缅甸）

（96）＊我把她搂了怀里，说："妈妈去哪儿了？"（高级　韩国）

（97）＊我回头把爷爷拉回去家。（初级　韩国）

（98）＊晚上他下班，让小黄把车开到公园门口。（高级　印尼）

（99）＊是我把西湖从杭州搬燕园里了。（中级　韩国）

（100）＊我们兴高采烈地把受伤的鸟抱回来在院子里。（中级　缅甸）

（101）＊我把它一直赶很远到看不见自己的园子的地方。（中

缅甸）

（102）＊我把它捉住，把它放在沙滩，自己迅速回来。（中级　缅甸）

（103）＊他又把它挂枪头回来。（中级　缅甸）

（104）＊妈妈把我拉屋子。（初级　韩国）

二　表状态变化事件的"把"字句：

（1）＊我父亲的烟雾连从不（没）来吸过烟的我的肺也弄黑了。（初级　泰国）

（2）＊爸爸呢，把腿错位而动了手术。（中级　韩国）

（3）＊这道题把他难了。（中级　缅甸）

（4）＊洗衣服把妈妈累了。（初级　泰国）

（5）＊我们走来走去沙滩的时候，好上（像）沙我的脚更发痒，好上（像）母亲的细嫩的皮肤一样的感觉。（中级　日本）

（6）＊他身上的担子太重了，把他连气也喘不过来。（中高　越南）

（7）＊因为道路上很容易发生交通事故，避免发生不好的事不得不那些声音大些。（中级　缅甸）

（8）＊不要把它坏。（中级　英国）

（9）＊明天可以去长城，真把他激动了。（初级　日本）

（10）＊他把球打得很好。（中级　日本）

（11）他玩忘了书包，因为太高兴和朋友见面。（中级　泰国）

（12）＊我爬惨了上山的路，太滑。（中级　韩国）

（13）＊到二十四这一天，她就更忙了，不但要做一顿丰富的晚餐，还要把餐桌摆得很有圣节气氛的。（中级　奥地利）

（14）＊我弟弟的身体不好，我把他们都弄得很累！（二美国二林思安）

（15）＊下次见面时还是弹个古筝或钢琴曲吧，也许这能把问题说得清清楚楚。（中级　罗马尼亚）

附　录

（16）＊现代的圣诞节有一个主要的活动，那就是去商店买东西，把这些东西包装得很漂亮的，一人一分，送给家里的每一个人。（中级　奥地利）

（17）＊新年以前人家都要把他们的家打扫干干净净。（中级　斯里兰卡）

（18）＊但为了掌握知识考试之前该好好复习，把每一点搞得清楚，千万不要粗心大意，也不想作弊。（高级　巴基斯坦）

（19）＊门一开就扑到客人身上，让人家吓了一跳。（高级　日本）

（20）＊她来我们房间两个星期，她搞我们房间怎么样子我也不知道。（高级　越南）

（21）＊蓝蓝的天空中飘浮着朵朵白云，金晶晶的太阳把海水照很亮。（高级　韩国）

（22）＊秋天的风像一台电风扇在夏日吹风，把你的脸上的汗擦得干净的。（高级　也门）

（23）＊一清早，太阳就高高挂在高空上，我让晒得满脸通红。（高级　韩国）

（24）＊虽然我们经常通信和有时打电话，但是我总是很担心你们，把你们因为工作太累而身体变弱。（中级　缅甸）

（25）＊不但带来病的问题，还把身体弱化。（中级　印度尼西亚）

（26）＊当然相对的，我也比较顽皮，时常在家里弄得乱七八糟。（中级　缅甸）

（27）＊这次远足可把大家走远了。（高级　印尼）

三　表达实现事件"把"字句：

（1）＊监考老师把他们的纸条看见了。（中级　缅甸）

（2）＊在一般的外国语中，学中文在外国人心目中比任何外国话难，汉字必须要每个字背下来。（初级　韩国）

（3）＊如果我不加倍努力学习，把学业升上去，将来我怎能立足于社会，怎样对得起母亲对我的培养呢。（初级　韩国）

（4）＊一个最亲的最爱的人在他身旁十分痛苦地喊叫或要求把他杀。（中级级　老挝）

（5）＊我也是想，怎么把病人杀呢？（中级　韩国）

（6）＊一个最亲的最爱的人在他身旁十分痛苦地喊叫或要求把他杀。（中级　韩国）

（7）＊他一到教室就把空调开。（初级　老挝）

（8）＊妈妈把病治了，全家人都很高兴。（初级　泰国）

（9）＊他把敌人推了。（初级　缅甸）

（10）＊我们必须把教室打扫。（初级　泰国）

（11）＊我们要把环境好好保护。（初级　芬兰）

（12）＊努力的锻炼把他跑瘦了。（高级　泰国）

（13）＊为了留住他这个人才，老板增加两倍他的工资。（中级　韩国）

（14）＊公司效益不断下降，必须减少一半公司的员工。（中级　韩国）

（15）＊后来一个人搞小小的摊位，把这个企业慢慢大，现在开了一个很大的商场了。（中级　印尼）

（16）＊把声音小点好吗？（中级　美国）

（17）＊妈妈把衣服短了很多。（初级　泰国）

（18）＊我先把我自己的想法说以后，再说明我自己的想法。（初级　日本）

（19）＊他们开玩笑地把火柴吹，不让新娘顺利地点烟。（初级　韩国）

（20）＊在这样的病人已经半死而不能再醒过来的情况下，病人的家属以及医生均难以判断能否把病人（的）痛苦解脱下来。（中级　泰国）

（21）＊但是我把他的一首歌背了起来。（初级　韩国）

(22) *我们不能每一本每个字都把他阅读起来。(初级　英国)

(23) *把他的话牢记起来。(中级　泰国)

(24) *可是觉得这个工作不能把我的潜能都发挥起来,就换了公司。(高级　日本)

(25) *父亲是伟大的人,我不知道怎么会把我的感情和爱都说起来。(中级　韩国)

(26) *因此歌星大胆地利用歌曲把那些普通人说不出来的话唱起来。(中级　印尼)

(27) *他把这条山路走出了。(中级　老挝)

(28) *你必须记下来每个汉字。(初级　韩国)

(29) *在污染以前把它好好保户(护)(中级　缅甸)。

(30) *我早就30岁了,不知(没有)把现在我的情况向你们说,要求你们的理解呢。(中级　泰国)

(31) *为了你们,我一定要所有的事努力做。(初级　韩国)

(32) *这场演出把观众吸引了。(中级　韩国)

(33) *我也是想,怎么把治(病)人杀呢?(初级　泰国)

(34) *我把米饭吃饱了。(初级　泰国)

(35) *我洗脏了衣服。(初级　日本)

(36) *中国的水果很便宜,比韩国便宜很多。但是,昨天我把西瓜买贵了。(中级　韩国)

(37) *我以前不是这样,因为第一次学时候,只我是跟中国人说一句话也很高兴,而且他把我说的汉语听得懂,这很惊异。(中级　缅甸)

(38) *这个时候我也想"痛了就成熟了",时间都把问题解决得了。(中级　韩国)

(39) *我把这个蛋糕吃得了。(中级　印尼)

(40) *这段故事描写了十分清楚它的形象。(初级　印尼)

(41) *他们受了不少苦才养我们如此有前途。(中级　韩国)

(42) *我带来全家照片的事忘得干干净净的。(中级　泰国)

（43）＊城市的人们洗窗户洗得干干净净的，然后把它们关得很固，刮什么风都不会近（进）来了。（中级　印尼）

（44）＊由于人们把满意和幸福之间的这种假想的因果关系看得认真，所以他们处处把满足心里的各种欲望看作是获得幸福的主要手段。（中级　俄罗斯）

（45）＊城市的人们把窗户洗得干干净净的，然后把它们关得很固，刮什么风都不会进来了。（中级　缅甸）

（46）＊每年到了3月份，我们在电视里时常看到刚考完的考生被采访的情况，他们常讲把学过的东西忘得九霄云外了！（中级　印尼）

（47）＊他们开玩笑地把火柴吹，不让新娘顺利地点烟。（中级　韩国）

四、表达廓时事件的"把"字句：

（1）＊今天是女朋友的生日，他把一件红色的衣服穿了。（中级　俄罗斯）

（2）＊作业很多，我把课文写了，还有写句子。（中级　老挝）

（3）＊从此以后，我不敢把米饭掉了。（高级　韩国）

（4）＊他把淘气的儿子关半天，心里却又很后悔。（中级　泰国）

（5）＊把春联在门上贴好几年，今年要换一副新的。（高级　老挝）

（6）＊我家里还有各种果树，春夏秋冬（我们）都能把水果吃了。（中级　蒙古）

（7）＊我最讨厌人家在我的前面吸烟。每一次碰到这种情况，我都把他们狠狠地骂了一顿。（中级　日本）

（8）＊平常老师把他批评了，他还是笑。（初级　坦桑尼亚）

（9）＊所以总之，大人有义务把他们好好长大了。（中级　俄罗斯）

（10）＊他把这条路走着$_1$，虽然有电动车在学校。（中级　俄罗斯）

（11）＊他把我打量着$_1$，好像以前没有见过。（中级　印尼）

（12）＊他把衣服上的脏搓着$_1$，很生气的。（高级　缅甸）

（13）＊你正在把衣服带。（初级　美国）

（14）＊你别老把手机拿，上课也看。(中级　越南)

（15）＊正在把碗端着$_2$，可乐在旁边。(中级　印尼)

（16）＊老师把作业本数过$_1$，然后拿走了。(中级　老挝)

（17）＊我把书给过$_1$他，他怎么说没有？(初级　韩国)

（18）＊妈妈把全家去看电影的计划取消过$_1$。(中级　日本)

（19）＊我把那只猫养过$_2$，一年后死了。(中级　日本)

（20）＊大家把那首歌唱起来，祝贺他。(中级　印尼)

（21）＊我们把汤喝起来，没有辣。(中级　韩国)（22）＊大家把课文读起来，老师没有说话，很生气。(初级　韩国)

谓语中心为心理动词的"把"字句

[摘 要] 本文对谓语中心为心理动词的"把"字句做了计量考察，将由心理动词做谓语中心的"把"字句概括为构式"A 把 B+V$_{心理}$+C"，对 A、B、C 分别做了考察，并对众多学者提到的某些心理动词不能进入"把"字句的现象作出解释。我们认为情绪心理动词中，只有那些在人的内在心理力的作用下，作用于致使者自身的心理动词才能构成"把"字句，即致使"把"字句。意愿类心理动词不能构成"把"字句是因为 B 不具有自立性；认知心理动词进入"把"字句的比率比情绪心理动词高与其动态性增强有关。

[关键词] 句式 致使 自立性 动态性

一 引言

关于谓语中心为心理动词的"把"字句，目前学界尚无系统的研究。范晓、胡裕树（1995：244）提到"从句法结构形式的构成上看，心理动词不能同心理动词、也不能同其他动词组合为连动式。一般也不能构成'把'字句，除非它带上补语。"陈昌来（2003：110）指出："感事（及物心理动词的主体所体验、感受、经验的对象）跟动词之间没有'受动'关系，一般不能构成'把'字句，如'*我把她爱上了/*我把她想念死了'。但'忘记、记、记住'等少数几个可以构成'把'字句。"其中原因未作解释。也有学者从动词的自主性、非自主性角度提出动词能否进入"把"字句式，金立鑫（1997）认为能够用于"把"字句的动词大多是自主动词，不能用于"把"字句的动词大部分是非自主动词。我们认为由于心理的复杂性，心理动词中的情绪心理动词本身就很难区分自主性和非自主性，所以［±自主］很难用来解释为何有些心理动词能进入"把"字句，而另一些却不能。

二 进入"把"字句的各类心理动词的计量统计

笔者（2008）对《现代汉语词典（第 5 版）》（2005）、《汉语动词用法词典》和《现代汉语语法信息词典详解》进行了穷尽性的考察，重新界定了 259 个心理动词，把心理动词分为情意类心理动词和认知类心理动词。情意类又分为情绪心理动词和意愿心理动。认知类心理动词又分为感知心理动词和意志心理动词。我们在北京大学汉语语言学研究中心现代汉语语料库（简称北大语料库，本书例句均来自此语料库）中作了穷尽性的统计，得出可用"把"字句的情意类心理动词为情绪心理动词，它们是：气、爱、恨、惊、吓、怕、想、羞、馋$_2$、担心、愁、小看、轻视、羡慕、惭愧、讨厌、了解、佩服、迷、迷惑、熟悉、心疼、感动、激动、感激、后悔，共计 26 个，占情意类心理动词（共 155 个）的 16.7%。以下选取的是较为典型的例子：

(1) 类似的事情一件连一件，把婆婆气得心口作疼。
(2) 检验人员随意拿出一根让其自由落体掉到地上，当即断为数截，把在场的人惊得目瞪口呆。
(3) 这些话传到李林甫那里，李林甫把张九龄恨得咬牙切齿。
(4) 营长一番话，把丁火旺羞得满脸通红。

考察中我们未发现意愿心理动词做谓语中心的"把"字句。

认知类心理动词中的感知心理动词可做"把"字句谓语中心的比率要比情绪心理动词高得多，占认知类心理动词 40.4%，如：盼、辨别、辨认、比较、猜、测量、揣摩、分析、对比、估计、合计1（商量）、合计2（盘算）、衡量、怀念、幻想、回味、回想、回忆、计算2（考虑、筹划）、鉴别、鉴定、记、假设、假想、考虑、牢记、联想、盘算、判断、权衡、思考、推测、推敲、推想、忘、忘掉、忘记、误会、误解、琢磨、想象、琢磨2（估计 猜测），共42个，典型例句如下：

（5）我们早把他的话忘了。
（6）你不是也说了，整整两天了也没能把我猜透？
（7）盼星星，盼月亮，总算把这一天盼来了。
（8）专家指出，不能把中国股市与国外股市比较。

意志心理动词"打算、坚持、坚信、克制、决定、计划、默认、默许、企图、屈服、忍、忍受、忍耐、容许、试图、同意、反对"中"坚持、忍、忍耐"、"忍受"和"克制"能进入"把"字句做谓语中心，占认知类心理动词的29.4%。如：

（9）他一年挣9万块钱，所以才把这份苦活儿忍受下来。
（10）可是又不得不把眼泪忍着，往肚里倒流。

"打算、坚信、克制、决定、计划、默认、默许、企图、屈服、容许、试图、企望、同意"不能进入"把"字句做谓语中心。如：

（11）*有一些农民把退水还耕打算，但人数很少。
（12）*秦王苻坚把统一全国企图，于公元383年发动百万大军南下攻晋。

由上统计得知，可作为"把"字句谓语中心的心理动词的比率依次为：感知类（40.4%）＞意志类（29.4%）＞情绪类（16.7%）＞意愿类（0%）。

三　从整体句式角度对心理动词"把"字句的考察

以往学者们指出的"把"字句句式中动词的处置性、宾语的有定性、谓语动词的非光杆性、动作的肯定性等并非是互无关联的个别特征。句式语法认为句式的意义既不是其组成成分的简单加合，也不是能从其他结构中推导出来的。沈家煊认为一个句式是一个完形，只有把握句式的整体意义，才能解释许多小类未能解释的语法现象，才能对许多对应的语法现象做出相应的概括。张伯江（2000）从"句式语法"的角度重新概括了"把"字句的句式意义：由 A 作为起因的，针对选定对象 B 的，以 V 的方式进行的，使 B 实现了完全变化 C 的一种行为。这种概括是语法分析"综合观"的结果。在这一指导思想下，我们把心理动词为谓语中心的"把"字句概括为"A 把 B+V$_{心理}$+C"，并从整体句式角度对 A、B、C 分别作考察，并验证张伯江所概括的"把"字句的句式意义的概括力。

（一）情绪心理动词"把"字句式中的 A

情绪心理动词为谓语中心的典型"把"字句，如：

(13) <u>不孝的儿子</u>把他老爹活活地气死了。
(14) <u>中央电视台《正大综艺》的一首主题歌《爱的奉献》</u>曾把无数的人感动得热泪盈眶，也曾被无数的人长时间地传唱。
(15) <u>老师的一番话</u>把我惭愧得恨不得一下消失了。
(16) <u>他这一走</u>，把我担心得整夜整夜睡不着觉。
(17) <u>检验人员随意拿出一根让其自由落体掉到地上，当即断为数截</u>，把在场的人惊得目瞪口呆。

上述例句中的 A 可概括为三类：（一）人或具体事物；（二）抽象事物；（三）事件。

通过对情绪心理动词为谓语中心的"把"字句的考察，我们发现 A 大多数表示事件和抽象事物，少数指人，这和大多数学者认为的致使句的主语一般为事件的结论相接近。同时也发现情绪心理动词为谓语中心的"把"字句大多具有致使义。关于广义的致使含义，范晓（2000）认为作为语法的致使结构反映了一种客观事实——某实体发生某种情状（包括动作行为、活动变化、性质状态等）不是自发的，而是受某种致使主体的作用或影响而引发的。此处的致使主体就是指 A，后一事件是由 A 影响的结果，是被致使的事件，可以用"→"表示致使关系。比如：

（18）类似的事情一件连一件→使婆婆气得心口作疼。

（19）检验人员随意拿出一根让其自由落体掉到地上，当即断为数截，（这种场景/情况）→使在场的人惊得目瞪口呆。

在以上"把"字句中，心理动词的语义指向是"把"后的宾语 B，"把"可以换成"使"，而以下两例则不能将"把"换成"使"。比如：

（20）乌丘见了那位太太也很喜欢，又听他朋友口口声声赞美她，→*不由得使她爱上了。

（21）这些话传到李林甫那里，→*李林甫使张九龄恨得咬牙切齿。

由上可见，谓语动词的语义指向是"把"字句的主语 A，"把"不能转换为"使"。但它们仍然体现"主体对实体的作用或影响"的关系，即致使关系。所以我们认为情绪心理动词构成的"把"字句是致使"把"字句。

情绪心理动词"把"字句式中的 A 是"把"的宾语 B 发生变化的引起者，对于事件的发生负有责任，因此具有 [+ 使因] 的语义特征。如例（1）"类似的事情一件连一件发生"这种状况引起了"婆婆气得心口作疼"。我们还发现情绪心理动词"把"字句中的 A 往往是无意识的，因此它对 B 的影响是无意识的影响。尽管是无意识的，但它仍具有 [+ 使因] 和 [+ 影响] 的语义特征。这也验证了张伯江概括的"把"字句句式中"A 作为起因"的观点。

(二) 大部分情绪心理动词不能构成"把"字句的解释

我们在谓语中心为心理动词的"把"字句的统计中得知：由情绪心理动词构成"把"字句的比率仅为 16.7%，大部分词不能构成"把"字句，这也是学界一直认为心理动词大多不能构成"把"字句观点的数据反映。但同属于情绪心理动词，为何少数能构成"把"字句而大部分词不能构成"把"字句呢？我们通过对能够构成"把"字句的情绪心理动词的考察，发现它们构成的"把"字句属于致使"把"字句。致使"把"字句是一个具有致使义的框架。致使包括四个基本要素：致使者（力的来源）、致使力（致使者对被使者的驱动力）、被使者（力作用的对象）和致使结果（被使者在致使者作用下发生的变化）。致使力有四种类型：物理力、言语力、心理力和泛力。致使力由物理力通过人类的认知隐喻扩展到言语力、心理力和泛力。致使力有相应的致使动词充当，分别是：动作致使动词、言语致使动词、心理致使动词、泛力致使动词。心理致使动词是指通过人的心理行为传递致使力的动词，如"气、想、吓、恨、愁"等，多是单音节的。它表现的是人的内在心理力的作用，作用于自身，是返身性的。比如例（1）：

<u>类似的事情一件连一件</u>→（使）婆婆气得心口作疼。

例中"类似的事情一件连一件"作为诱因，通过致使力"气"作用于被使者即致使力的发出者自身"婆婆"自身，使其"心口作疼"，"类似的事情一件连一件"是致使力涉及的对象，但并没有导致其发生变化。又如文章引言部分提到的"我把她爱上了"不成立，而"我把她爱得死去活来"却成立，是因为在后例中的"爱"具备返身性，即致使者发出致使力"爱"，致使者自身发生"死去活来"的心理状态变化。而致使力的涉及对象"她"却没有发生变化。

所以，我们认为情绪心理动词中，只有那些在人的内在心理力的作用下，作用于致使力发出者自身的心理动词才能构成"把"字句，亦即致使"把"字句。而大部分情绪心理动如"感谢、鼓励、顾忌、挂念、关心"等在人的内在心理力的作用下，不能作用于自身，不具备返身性，它们则不能构成致使"把"字句。

（三）认知心理动词"把"字句式中的 A

通过考察，我们发现认知心理动词"把"字句式中的 A 可隐现，通过上下文能够补足。它不同于情绪心理动词的致使"把"字句，因为后者必须出现致使者 A。这里的 A 都具有 [+ 述人] 的语义特征，如以下例句中的画线部分。

（22）我们早把他的话忘了。

（23）你不是也说了，整整两天了（你）也没能把我猜透？

（24）尚未完全腐败的鱼又无法用化学的方法检查出来，问（我们）是否可以用嗅觉把它辨别出来。

上述各例的主语都是具有意识的人，它对宾语 B 的影响都是有意识的影响，它可以使其支配的对象或主体 B 发生某种变化、处于某种情状、产生某种结果。因此，认知类心理动词的"把"字句式"A 把 B+V$_{心理}$+C"中的"A"同样具有 [+ 使因] [+ 影响]。此类心理动词的"把"字句是处置"把"字句，其中的"把"不能转换为"使"。

能进入"把"字句的认知类心理动词（分别占本类成员的 40.4% 和 29.4%）要比情意类心理动词（分别占其成员 16.7% 和 0）的比率高得多，这与它们内部成员的动态性强弱的比例有关。崔希亮（1995）《"把"字句的若干句法语义问题》一文提出用六项指标来检测动词的动态性，即动词与结果补语、趋向补语、动量补语、重叠、V—V、介词共现的情况。具备动态性的动词必然具有施力性，使"把"后的宾语发生某种变化、处于某种情状、产生某种结果。如感知类心理动词"忘"具备使存在于大脑中的信息从有到无的过程，可以与"了"共现；"猜"和"辨别"则体现了从未知到已知的过程，可以与趋向补语共现，如"猜/辨别出来"，与结果补语共现如"猜对了"、"辨别完了"，与动量补语"一下"共现，可以重叠等。

而情绪类动词大部分词不能有这些共现形式,意愿类心理动词则无一例可以和崔文提到的六项指标形式共现,施力程度是最弱的,因此不能构成"把"字句。

(四)对"A 把 B+V 心理+C"中 B 的考察

1. B 的 [+ 位移] 语义特征

张伯江(2000)对"把"字句进行了统计,得出谓语形式为动趋式的"把"字句占最大比例,相当于其他谓语形式数量的总和。并且根据原型理论,指出"把"字句趋向义以外的其他意义都是从"空间位移"意义引申出来的。张旺熹(2001)利用语料库统计分析的方法,对 2160 个"把"字句的内部语义问题进行了深入的考察,发现其中有 1121 个"把"字句表现的是物体的空间位移。因此,在吸纳以往学者观点的基础上,张旺熹先生提出了"把"字句空间位移图式的观点,并且认为这种空间位移图式通过隐喻拓展形成了"把"字句的系联、等值、变化和结果等四种变体图式,因此空间位移图式是"把"字句最基本的语义认知图式。

心理动词 VP 为结果补语或状态补语的"把"字句是距离空间位移图式比较远的变体形式。根据崔希亮(1995)的解释,这种"把"字句的语义是"某一行动带给或将要带给 B 的结果"、"某一行动使 B 或将使 B 的状态发生改变"。我们把这两种语义统一为"人或物体在某种心理力作用下发生性质或状态的局部改变"。相对于改变前的情况来说,改变后的情况也是经历了一个位移过程的,只是这个过程在人或物体内部发生,往往很难直观显现,是被忽略了而已。

2. B 的 [+ 自立] 语义特征

从例(1)—(4)和例(13)—(17)对情绪类心理动词"把"字句中的考察,可知 B 是:(一)人称代词:我。(二)专有名词:张九龄、丁火旺。(三)关系名词:婆婆、他老爹爹。(四)一般名词:在场的人、无数的人。

它们都具有 [+ 述人] 的语义特征。这是因为 B 是作为情绪的感受者而存在的,它必然是人。但也有特殊的例子。如:

（25）娟子真不习惯她这种热情，把脸羞得血红，但也笑着拉住对方的手，可一时想不出说什么好。

（26）他这一走，把我的肠都后悔青了。

我们认为"把脸羞得血红"实际上是指"把娟子羞得脸血红"，"把我的肠都后悔青了"是一种修辞，实际上是指"把我后悔得肠都青了"。"脸"和"肠"都是人体的一部分，有时为表达的需要，采用转喻的修辞手法和认知手段，它们同样具有［+ 述人］的语义特征。

认知类心理动词的"把"字句中，B 的情况则有不同。例（5）—（10）的 B 是：（一）人称代词：我。（二）时间名词：这一天。（三）物质名词：眼泪。（四）抽象名词：他的话、中国股市和国外股市、这份苦活儿。

这类体词并不局限于［+ 述人］这一语义特征。这是因为 B 是作为认知的对象而存在的，认知的对象不局限于人类本身。

传统的看法认为"把"字句的宾语必须"有定"，但是这受到很多人的质疑，不断有人提出"无定"形式的例子，比如："一+量词"。在汉语语法论著中的"有定""无定"的概念也是模糊的，没有很好地区分是说话人自己能识别的，还是说话认为听话人能识别的不同情况。张伯江根据 Dowty（1991）原型施事的五项特征（自主性、感知性、使因性、位移性、自立性），证明了"把"字句宾语具有［+ 自立］的特征。"自立性指的是事物先于行为而存在，不能是行为的结果或者随着行为的进程而成为事实的东西。[①]"我们用心理动词"把"字句来验证这结论，并对某些心理动词不能构成"把"字句作出解释。

在"A 把 B+V$_{心理}$+C"句式中，B 是"把"字句的宾语，对 B 的"自立性"不能作无限制的理解，要把"自立性"放在事件图景里

[①] 张伯江：《论"把"字句的句式语义》，《语言研究》2000 年第 1 期。

看，即看一个事物脱离事件是否独立存在。情绪心理动词"把"字句，如例（1）～（4）中的B都是作为个体或群体的人，他们先于行为动作而存在。如"类似的事情一件连一件，把婆婆气得心口作疼。"，"婆婆"是先于"气得心口作疼"这一事件而存在的人类个体。同样，对认知类心理动词"把"字句的典型例子进行验证，如"我把他的话早忘了"，宾语"他的话"是先于"忘了"这一事件而存在的；"把苹果和梨比较""苹果和梨"是先于"比较"这一事件而存在的；"把中国股市和国外股市比较"中，"中国股市和国外股市"是先于"比较"这一行为而存在的。

3. [+自立] 对部分心理动词不能构成"把"字句的解释

意愿心理动词不能够成"把"字句。如：

（27）*看到记者文章中有个叫侯改霞的小女孩想上学，我很把帮助她愿意。

（28）*每个人都把自己是完美的希望，也都不同程度地追求自我完美。

（29）*我把多出点钱乘坐'小巴'情愿，即方便舒适，心里也感到踏实。

从语义角度解释，如例（27）中的"帮助她"并没有在"愿意"这一行为动作前发生，例（28）中的"自己是完美的"还不是事实，（29）中"多出点钱乘坐'小巴'"是一种意愿，尚未实现。它们作为"把"字句式"A 把 B+V$_{心理}$+C"中的B不具有[+自立]，因此不能构成"把"字句。

意志心理动词中谓宾动词不能构成"把"字句。如：

（30）*有一些农民把退水还耕决定，但人数很少。

（31）*秦王符坚把统一全国企图，于公元383年发动百万大军南下攻另外还有"打算、企图、坚信"等是谓宾动词，不可构成"把"字句，和意愿心理动词同理。而另一部分词能构成"把"字句。如：

（32）"宦身有吏责，筋事遇嫌猜"，他只能把<u>生命深处那种野朴的欲求</u>克制住。

（33）我们一方面要把 <u>MBA 联考工作</u>坚持下去，另一方面要不断地加以改进和完善。

上述例句中的画线部分先于其后的心理动词而存在，因此具有[+自立]的语义特征，符合构成"把"字句的要求。

（五）对"A 把 B+V$_{心理}$+C"中 C 的考察

据考察，句中 C 不能是简单形式，主要由以下三类构成：

1. 述补结构形式（结果补语；趋向补语；动量补语；情态补语）

（34）到了这时，呼天成似乎是把一切都想清楚了。

（35）尚未完全腐败的鱼又无法用化学的方法检查出来，问是否可以用嗅觉把它辨别出来。

（36）我又把这个问题重新思考了一遍。

（37）此刻，他站在河湾里，把巧珍恨得咬牙切齿：坏东西啊！

典型的"把"字句是包含述补结构的"把"字句，述补结构是句子的语义焦点所在，而在述补结构中，语义焦点又总是在后面的成分补语上。整个述补结构是一个描述性语段，其功用在于说明 B 在某一行动的作用下所发生的变化。

2. 动词重叠

（38）确实应该从主观上、工作上、思想上把它很好地分析分析，认识认识。

这类"把"字句中的 C 其实是由整个谓语中心的重叠形成。重叠后表示一个有明确动量的短时性认知行为，其终点明确，无论是持续进行的，还是交替反复的，都可以在一有限的时间内自行结束，并且对处置对象产生影响，结果中隐含着对象的状态发生了变化；这类"把"字句主要由感知类心理动词构成。而如"＊你把她爱爱/＊你把她恨恨"等之所以不成立，是因为句中的心理动词往往表示一个无确定时量的经常性行为，其终点不明，不会对对象产生影响，更谈不上使对象的状态发生变化。

3. 单个动词+虚义补语（着$_2$/了$_2$）

（39）可是又不得不把眼泪忍着，往肚里倒流。

（40）我们早把他的话忘了。

过去的相当长一段时间里，语法论著在概括"把"字句的形式特点时，总要提到"把"字句的动词不能是光杆形式，这是 A 的"影响性"语义要求的句法结果：光杆动词往往表示无界行为，无变化性可言；动词后面带上表示结果或状态意义的词语，才能表达事件所带来的状态变化。这些变化在形式上就由 C 来表现。这正体现了"把"字句是一个整体的句式，各部分之间是紧密联系的整体观。我们通过对"A 把 B+V$_{心理}$+C"句式中的 A、B、C 的考察也正反推了"把"字句式的整体意义。

四 结语

在文中，我们对能进入"把"字句的心理动词进行了计量统计，将由心理动词作谓语中心的"把"字句概括为"A 把 B+$V_{心理}$+C",从整体句式角度对 A、B、C 分别作考察,并对众多学者提到的某些心理动词不能进入"把"字句的现象作出解释。我们认为情绪心理动词中,只有那些在人的内在心理力的作用下,作用于自身的词才能构成"把"字句,即致使"把"字句,而大部分词在内在心理力的作用下,不能作用于自身,不具备返身性,所以不能构成致使"把"字句;意愿类心理动词不能构成"把"字句,是因为 B 不具有自立性;认知心理动词进入"把"字句的比率比情绪心理动词高,与其动态性增强有关。

参考文献

陈昌来:《现代汉语语义平面问题研究》,学林出版社 2003 年版。

范晓:《论"致使"结构》,《语法研究和探索》,商务印书馆 2000 年版。

孟琮、郑怀德:《汉语动词用法词典》(2005),商务印书馆 2005 年版。

中国社会科学语言研究所词典编辑室:《现代汉语词典》(第 5 版),商务印书馆 2005 年版。

Dowty, D. Thematic Proto-roles and Argument Selection. Linguistic Society of America. 1991

Goldberg, A:《构式:论元结构的构式语法研究》,吴海波译,北京大学出版社 2007 年版。

崔希亮:《"把"字句的若干句法语义问题》,《世界汉语教学》1995 年第 3 期。

胡裕树、范晓:《动词研究》,河南大学出版社 1995 年版。

金立鑫:《"把"字句的句法、语义、语境特征》,《中国语文》1997 年第 6 期。

刘培玉:《关于"把"字句的语法意义》,《汉语学习》2009 年第 3 期。

杨素英：《从情状类型来看"把"字句（上）、（下）》，《汉语学习》1998年第2、3期。

张伯江：《论"把"字句的句式语义》，《语言研究》2000年第1期。

张旺熹：《"把"字句的位移图式》，《语言教学与研究》2001年第3期。

张谊生：《"把+N+Vv"祈使句的成句因素》，《汉语学习》1997年第1期。

心理动词中的通感隐喻探微

[摘　要] 汉语的心理动词中普遍存在着通感隐喻，通感隐喻可以作为一种构词的方式和理据。通过对心理动词的考察，我们发现各类感官词构成的心理动词数量不等，在数量上未完全体现通感层级分布的规律，这主要体现在嗅觉类感官词上。本文从隐喻的具身化理论和生理神经学两个角度对此作了解释。

[关键词] 心理动词；通感隐喻；嗅觉词；层级

一　引言

目前对于通感隐喻的研究多以英语语言为研究对象，而传统修辞学对通感的研究侧重于句子层面。也有学者开始着手对短语中的通感隐喻现象进行研究。句子和短语中的通感隐喻现象是临时的语言现象，而汉语的词汇中也普遍存在着通感隐喻，通感隐喻可以作为一种构词的理据，以固定形式的词得以体现。

二　通感式隐喻

生理学意义上视、听、嗅、味、触等五种感觉各司其职，但从心理学角度讲，这些感觉是彼此相通，互相影响的。大脑相应部位的神经细胞之间发生共鸣，会产生一定的心理联想，正是人类生理器官的这种共同作用为隐喻提供了生理基础。人们把对外界事物的感知与贮存在大脑中的已知经验联系起来，通过"意象图式"结构进行记忆和推理，在不同层次，不同抽象程度对事物、事件认知的完形。王志红在其《通感隐喻的认知阐释》一文中指出，人的经验中的大量的意象图式是通感产生的心理基础。

这一过程反映在语言的创造和运用中，就产生了所谓"通感式隐喻"。像其他隐喻一样，"通感式隐喻"也是语言中新词产生、词义变化的重要手段之一。它丰富了语言的词汇，填补了许多词项空缺，扩大了词语的语义范围。

（一）通感式隐喻在心理动词中的体现

心理意义是抽象的、不易捉摸的。人们对心理意义的理解和表达如何在词汇上得以体现？我们对《现代汉语词典（第5版）》（2005）、《汉语动词用法词典》（孟琮、郑怀德等）作了考察。统计出由各类感官词作为语素构成的心理动词如下：

表1　　　　　　各类感官词作为语素构成的心理动词

视觉	明白　明了　明知　通晓
	暗想　暗算　暗恋　灰心　盲从
	仇视　重视仰视　蔑视　藐视　渴望　盼望　期望　失望　顾忌　顾怜顾念　顾虑　顾惜憧憬　欣赏　看重　小看　窥探　关照　观摩　瞻仰
听觉	静心　静思　静想　默念　默认　默许　默哀
	听从　听命　听话　听信　听任
触觉	心疼　心痛　心痒　心醉眼热　热爱
味觉	心甘　心酸尝试　体味
嗅觉	臭2

由表可见五类感官词除嗅觉外其他四类均可作为语素构成的心理动词。我们没有发现表心理活动的词作为语素构成五类感官词。由各类感官词构成的心理动词数量不等，其中以视觉类最多，嗅觉类最少。序列如下：视觉>听觉>触觉>味觉>嗅觉

从统计结果来看，心理动词基本为双音节合成词，构成语素全部是实语素，都具有词汇意义。汉语中的通感隐喻造词法具有一定的系统性，往往由一个相对集中的语素作为构词语素。

通过对心理动词的考察，我们发现人们对抽象的、不可见也不可意会的心理动词用具体可感的感官词作为构词语素。通感式隐喻在人类最原始的感官和心理之间架设起了一道桥梁，为人类经验进一步的范畴化和概念化提供了可能。

Eve Sweetser 认为英语中视觉词多与智力活动有关，听觉词多具有接受、听从等意义，嗅觉词、味觉词、触觉词常可表示个人主观感受、喜好等意义①。汉语感官词与心理动词之间具有的对应关系证明了这一观点，同时也体现了汉语自身的特点。

（二）视觉词与心理动词

汉语中视觉范畴词"明"、"暗"、"视"、"盲"、"看"、"见"、"视"、"睹"、"窥"、"顾"、"瞻"、"赏"、"观"等可作为语素构成心理动词。这类词汇丰富，根据语义可分为三类：

（1）视觉喻"知晓"义

视觉所需的物理条件"明"义构成心理动词"明白、明了、明知、通晓"等；"暗"原意为光线不足，隐喻秘密地做某事，由其构成的心理动词有"暗想、暗算"；"盲从"隐喻没有主见，随意听从。光线的明暗是影响视觉观察效果的主要物理条件。光线充足，能见度高，则观察更清晰，对事物的了解更细致、更准确，有助于人们形成符合客观实际的概念、作出正确的判断。所以"明亮"这一物理条件便通过视觉而与思维发生联系，含有对思维活动作积极、正面评价的引申意义。而"暗""盲"、"灰"等影响视觉正常观察，则相应的带上了对思维活动作消极、负面评价的引申意义。如"暗想、暗算、灰心、盲从"等。

（2）视觉词喻"情感"义

由视觉词作语素构成的心理动词有"仇视、重视、渴望、期望、失望、欣赏、看重、瞻仰、顾恋、顾怜、顾惜、顾忌、顾虑、顾念"，这类词具有很强的形象性，体现了人内在的主观感受。"眼睛是心灵的窗户"很好地说明了视觉与情感的紧密联系。

（3）视觉喻"思考"义

视觉是获取外界信息和知识的最为重要的手段，"窥探、关望、

---

① Eve Sweetser（2002），FROM ETYMOLOGY TO PRAGMATICS – Metaphorical and Cultural Aspects of Semantic Sructure，Cambridge University Press.（《西方语言学丛书— 从语源学到语用学：语义结构的隐喻和文化内涵》）

观照、观摩"等心理动词体现了人类在获取外界信息和知识时伴随着智力活动。

（三）听觉词与心理动词

"听"可表"听取、听信、服从"义。心理动词"听从、听命、听话、听信、听任"都具有［+受控］这一语义特征。属于非自主动词。英语中描述听觉方面的词语常常与知识、接受、服从等概念范畴之间发生联系。

Eve Sweetser 在分析其原因时指出：首先，在日常生活中，我们不可能事事都亲力亲为，在许多情况下，我们需要他人的协助来完成工作、事务。这就需要用我们的语音器官来发出各种各样的请求、问询、命令来向别人传达我们的信息、意愿。这些信息、意愿以语音的形式作用于他人的听觉器官，然后传到他们的大脑，最后我们所传的信息被理解、接受后才有可能达到我们的意愿。因此，物理听觉方面的接收就自然渐渐与内在抽象的接受、听从、服从紧密联系起来。在汉语中不乏这样的词语和词组，如"听从"、"听命于某人"、"俯首听命"、"听天由命"，它们都由"听"作为构成成分组成表示"服从、顺从"义的词语和词组。同时，听觉范畴的词语与视觉范畴的词语相似，也与智力活动、客观知识有密切的联系，因为听觉也是人们获取信息的重要途径之一。大量的经验、信息、知识都来源于听觉。在汉语中表现为如"传闻"、"新闻"等，也有把听觉与视觉并列提出作为知识、信息的说法，如"所见所闻"、"见闻"、"亲眼所见，亲耳所闻"等。

（四）触觉词与心理动词

触觉词"疼""凉"、"痒"、"醉"可构成心理动词和表示心理活动的短语。如"心疼"隐喻"疼爱，舍不得"；"凉"可隐喻"灰心、失望"，如"心凉了"隐喻"伤心、失望"；"热"隐喻"着急、烦躁"。"热"还可以表示"羡慕、急于得到"，如"眼热"。"眼热"隐喻看见喜爱的事物而生妒忌之心，由视觉词"眼"和触觉词"热"共同组成了隐喻情感的心理动词"眼热"。"心醉"

隐喻"因喜爱而陶醉"。"心痒"则隐喻"急切地想做某事"。这些都属于从直接的感官体验到抽象的精神、心理体验的映射。由触觉词构成的心理动词多为贬义的情感类动词，如由"心+触觉词"构成的心理动词有"心疼、心痛、心痒、心凉、心醉、眼热"等。另外，触觉词还可与"心"构成心理形容词，如"心酸、心硬、心软、心寒"等。

（五）味觉词与心理动词

由味觉词及相关词构成的心理动词有"尝试、体味、心甘"等。"尝"原义是"吃一点试试"的味觉行为，与"试探"、"经历"意构成的心理动词"尝试"，是从具体事物的品尝隐喻精神心智的抽象品尝。味觉一般是和"口"、"嘴"等器官相关，与身体的"体"属于超常组合，构成一个隐喻"体会"义的心理感知动词。"心甘"中"甘"是指"甜"的意思，与"苦"相对。"心甘"表示"愿意做某事"，愿意做某事一般是带着好心情，而"甘"、"甜"一般是隐喻美好的事物，所以和"心"构成"心甘"。

（六）嗅觉词与心理动词

我们没有发现由嗅觉范畴的词如"嗅"、"闻"、"香"、"臭"等作为语素构成的心理动词。但"嗅"和"闻"都具有"发现、感觉、察觉"的隐喻义。"臭"本身也有心理动词的用法。如：

（1）郭芙蓉：不用换，就是你，好好说啊（咬耳朵）往死里臭他，千万别留情啊！

（2）当时推辞已毫无意义，总得有人来救场，我就豁出去了，要臭就臭我一人。

另外，由嗅觉范畴词"香"构成的"吃香"一词属心理形容词。在汉语中，"香"常用来喻指美好的事物或心理感受，经常有"吃香"一说，喻指某事物或某人受欢迎。而"臭"这个原本属于嗅觉的形容词获得使动用法后则具有了"反感"义。

三　心理动词的通感隐喻遵循从低层次认知域到高层次认知域的规律

通感隐喻是指某一感官范畴的认知域向另一感官范畴的认知域的映射，也就是感官中的某些特征从某一感官映射到另一感官。通感隐喻包含了两个层次的认知域的映射：即基本认知域之间的映射和从基本认知域到复杂认知域之间的映射。五官感觉到心理层面的映射属于后者。尽管通感发生在不同层次的认知域之间，但是它们都遵循着从低到高的规律，即：

视觉→心理　听觉→心理　触觉→心理　味觉→心理　嗅觉→心理

而反方向的映射即高层次的心理认知域到五官感知的认知域的映射则不成立。这支持Ullmann所提出的假设，即多数通感隐喻遵循从低级感官向高级感官迁移的规律，这与Lakoff和Johnson的隐喻理论所提出的隐喻的普遍映射方向（从简单认知域到复杂认知域）是一致的。

四　各类感官词作语素构成心理动词的不同频率

我们对《现代汉语词典》（2005年版）、《汉语动词用法词典》（孟琮、郑怀德等，2005年版）所作的考察结果显示，各类感官词都能作为语素构成复杂、抽象的心理认知域，但构词的数量却出现不均衡的现象。由统计得出序列如下：视觉>听觉>触觉>味觉>嗅觉

Williams（转自Roger Lass，1999）从历史的角度对通感转移及语义演变规律进行研究，提出了著名的通感的层级分布和映射方向的图式：

通感从触觉（touch）开始，依次向较高级感觉"挪移"，即：视觉>听觉>味觉嗅觉>触觉。大体上呈单向性，不可逆转。

按此图式，触觉、味觉、嗅觉属于低级的感官，听觉和视觉属于较高级的感官。较高级的感官刺激能引起较低级感官反应，表现在语言上通常是用表示低级感觉的词来修饰表示较高级感觉的词，所以越

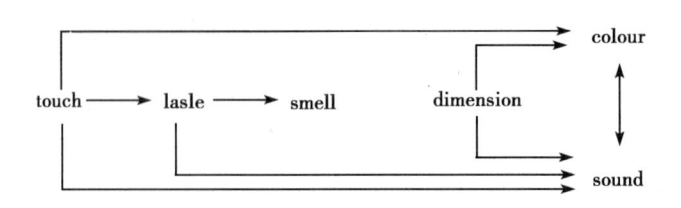

图 1 通感的层级分布和映射方向

是高级的感觉词汇量越丰富，而越是低级的感觉词则越少。而在我们的考察中，由嗅觉隐喻而来的心理动词只有一例"臭2"。另表动词的有"闻"和"嗅"和形容词"香、臭、腥、臊"等。这些词构词能力不强，以单纯词形式居多。而被大家普遍接受为最低等级的触觉，其词汇量则多得多。如热、温、暖、冷、凉、轻、重、松、紧、痛以及由这些词作为语素构成的大量合成词。

（一）隐喻的具身化理论的解释

Lakoff在《女人、火和危险的事物——范畴揭示了思维的什么奥秘》一书中反复强调身体，特别是感知能力、运动能力、身体经验在思维、概念化、意义中的作用。具身化在该书的内涵是思维、概念、意义是基于身体特别是感知运动能力，基于身体的经验。

人类能够使用熟悉的事物去理解不熟悉的事物，穷根溯源是因为人们最初熟悉的事物就是我们的身体。身体以及身体同世界的互动提供了我们认识世界的最原始的概念。例如，上下、左右、前后、高矮、远近都是以身体为中心；明暗、音量大小、冷热、甘苦、香臭都是身体的五官感受。以这些身体中心的原型概念为基础，发展出其他一些更抽象的概念。人们借助于表示具体事物的词语表达抽象的概念，形成了不同概念之间相互关联的隐喻语言。通感遵循着从基本认知域到复杂、抽象认知域投射这一隐喻认知基本规律。在心理动词的通感隐喻中，体现了人类运用较低级的感官的概念体验去表达一些较高级的感官的概念体验。因为越是较低级的感官，感知者与被感知者之间的关系越直接，感知者获得的信息更富质感，理解起来更容易；

越是运用较高级的感官,感知者与被感知者之间的关系更间接,感知者所获取的信息就更抽象。

(二)嗅觉在神经生理学中的特殊性

现代神经生理学研究表明在五个感官中,嗅觉的适应性最强,敏感度下降得最快。一种气体袭来,人的嗅觉最初一刻是有感觉的,但这种感觉很快就减弱,甚至消失了,这就是敏感度下降,也叫感觉适应。而视觉和听觉的感觉适应就没那么快。嗅觉的感觉记忆消失要比其他更快,对人们的心理冲击程度要比其他小,所以把它和心理联系就少了。嗅觉很少影响我们的心理活动。

其次,嗅觉缺失后的危害性不如另四种感官大。在五种感官中被重视的程度最小。古诗文中的景物描写,嗅觉类所占比例不到10%,而视觉、听觉所占的比例则高达45%和33.7%,可见各感官受到的重视程度不同。在人的生命过程中,嗅觉对人的生命经验不经常起作用,所以用嗅觉经验建构的隐喻性概念也就不多。

五 结语

通过对心理动词的考察,我们发现各类感官词都能作为语素构成复杂、抽象的心理动词,但构词的数量却不均衡。由统计得出序列如下:视觉>听觉>触觉>味觉>嗅觉。较高级的感官刺激能引起较低级感官反应,在语言上通常表现为用表示低级感觉的词来修饰、构造表示较高级感觉的词,所以越是高级的感觉词汇量越丰富,而越是低级的感觉词则越少。从词汇的数量上来说,汉语心理动词中的通感规律并不完全符合被普遍公认的Williams的通感层级分布的规律。我们从隐喻的具身化理论和生理神经学两个角度对此作了解释。嗅觉对人的生命经验不经常起作用,所以用嗅觉经验建构的隐喻性概念也就不多。

参考文献

Ullmann. S Language and style Oxford, Balsil Blackwell, 1964.

Lakoff, George. Women, Fire, and Dangerous Things [M]. Chicago: Chicago University Press, 1987.

Roger Lass. The Cambridge History of the English Language, (Volume 3) [M]. Cambridge University Press, 1999.

李国南:《论"通感"的人类生理学共性》,《外国语》1996年第3期。

宋德生:《通感单向映射的工作机制》,《外语与外语教学》2006年第8期。

汪少华:《隐喻推理机制的认知性透视》,《外语与外语教学》2000年第10期。

王霜梅:《汉语定中短语通感隐喻探微》,《学术交流》2010年第4期。

王志红:《通感隐喻的认知阐释》,《修辞学习》2005年第3期。

谈对外汉语多义词教学

摘　要：在多义词的对外汉语教学中，如何让学习者有效区别和记忆各个义项一直是两个难点。本文以高频词汇"爱"为例，提出"求同存异"的教学策略。在分析"爱1"与"爱2"的句法、语义区别的同时，建议把隐喻作为多义词教学的切入点，把汉语词语意义形成的认知过程展示给汉语学习者。这不仅有助于区别词语之间的差异，同时有助于培养学习者的隐喻能力，提高词汇的记忆效果。

关键词：隐喻　多义词　区别　记忆

一　引言

一词多义现象在语言中普遍存在，它是指一种词汇形式拥有两个或者两个以上相互关联的义项，而这些拥有两个或两个以上意义的词就叫多义词。在多义词的对外汉语教学中，教师如何有效区别名目繁多的义项，帮助学生高效记忆和正确使用这些词一直是个难点。本文以高频词汇"爱"为例，提出"求同存异"的教学策略，以帮助汉语学习者提高多义词学习的效果。

"爱"是汉语中的高频词汇，是表情绪的心理动词。"爱"在《现代汉语词典（第五版）》(2005) 中的解释如下：

①动词，指对人或事物有很深的感情；
②动词，喜欢；
③动词，爱惜；
④动词，常常发生某种行为；容易发生某种变化；
⑤名词，姓。

第⑤义项作为特殊用途的姓氏，不在本文考察范围。①②③义项具有［情感］的语义特征，④则不具备。吕叔湘也对这个义项作过解释①：容易发生。必带动词、形容词宾语，宾语通常是说话人主观上不愿发生。这一义项的"爱"可以用"容易"替换。如：

（1）铁爱生锈。　　　　　→　铁容易生锈。
（2）他是平足，走远路爱累。→他是平足，走远路容易累。

以下两例则可以用"习惯"替代，如：

（3）他那乡下来的阿姨爱穿睡衣去买菜。　→他那乡下来的阿姨习惯穿睡衣去买菜。
（4）南方人爱吃米饭，北方人爱吃面食。　→南方人习惯吃米饭，北方人习惯吃面食。

不管是例（1）、（2）中表"容易"义的"爱"，还是例（3）、（4）中表"习惯"义的"爱"，由它们构成的句子都可表惯常义。"惯常"是一种活动，被视为持续一段时间的情况，在英语中用"used to"及一些词汇标记如"often"、"frequently"等来表达。②汉语中的叠结式、每当……会……、每……都……、一（量）……一（量）……是表惯常义的形式标记，"常常、往往、回回"等是表惯常义的词汇标记。

由于"爱"是个高频词汇，在《（汉语水平）词汇大纲》里属于甲级词汇，留学生较早学习。我们发现，前三个义项的"爱"使用准确率较高，而义项④却很少使用，使用后的准确率也很低。由于前三项具有［情感］的语义特征，可以归为一个认知域，义项④不具备，属于另一认知域。为区分不同，我们把它分为"爱$_1$"和"爱$_2$"。

---

① 吕叔湘：《现代汉语八百词》2005年版，第49页。
② 戴维·克里斯特尔：《现代语言学词典》，沈家煊译，1999年版，第167页。

对"爱"的对外汉语词汇教学,首先要区分句法功能,搞清楚其在语言的实际运用中和别的语言成分相互之间的关系。

一 "爱₁"和"爱₂"的句法上区别

(一) 是否可带"着"、"了"、"过"

(5) 她为人规矩,死心塌地地爱₁着孤儿出身、比她小几岁的庆生。

(6) 在这样的情形之下,我爱₁了别人,与他有什么相干?

(7) 她一生只爱₁过他一个,而他却无情地伤害了她。

*(8) 北方人爱₂着/了₂/过吃面食,南方人爱₂着/了₂/过吃米饭。

由语料可知表情感义的"爱₁"可带时体标记,而表惯常义的"爱₂"则不能。

(二) 是否可带宾语和受程度副词修饰的

"爱₁"可以带名宾和谓宾,也可受程度副词修饰。"爱₂"后只可跟谓宾,且不可受程度副词修饰。

(9) 多数人很爱₁他,一些人不喜欢他,但没人真的恨他。

(10) 孙福明也很爱₁穿运动服,连毛衣也订成运动服式样。

*(11) 小孩和老人很/最爱₂早起早睡,年轻人则很/最爱₂晚起晚睡。

"爱₂"可受频度副词"往往、常常、通常、老、总是"修饰,却不能受程度副词修饰,而"爱₁"虽可受程度副词修饰却不能受频度副词修饰。如:

*(12) 他妈妈通常爱₁他的大哥。

（13）有的药品厂家的说明书不是直接注明每次服用几片、几粒，而往往爱$_2$用克、毫克之类的单位。

（三）是否可以进入兼语句

"爱$_1$"可带兼语，兼语后多是形容词短语，"爱2"表示原因，则不能。

（14）他也不是爱$_1$她投毒，而是爱$_1$她有一颗需要拯救的灵魂。

＊（15）我爱$_2$他勤奋好学。

（四）是否加程度补语

判断心理动词能否带程度补语的框架有"～得很/～极了/～多了/～得多/～得要命/～一些/～一点"，我们拿前两个测试能力较强的"～得很/～极了"，看它们与爱$_1$、爱$_2$的组合情况：

爱$_1$得很　　　爱$_1$极了

＊爱$_2$得很　　＊爱$_2$极了

（五）有无否定形式

"爱1"前加"不"和"没"表否定，如：

（16）他看上去很笨重，平时也不爱$_1$活动。

（17）我上大学的时候就认识他，一开始真没爱$_1$上他。

由"爱$_2$"作谓语动词构成的句子表达一个肯定的规律，而在其前加上否定标记形式则意味着该惯常命题表达一个否定的规律。所以，严格地说，惯常事件是没有否定的。如：

（18）她在睡前爱$_2$把被子塞得严严实实。

＊（19）她在睡前不爱$_2$把被子塞得严严实实。

"她在睡前爱把被子塞得严严实实。"是一个习惯（一条规律），但是"不"和谓语结合后"她在睡前不爱把被子塞得严严实实。"是表达了一条新的规律，而不是否定整个命题。

三 "爱₁"和"爱₂"的语义区别

（一）主语有无［述人］［有生］语义特征

"爱₁"具有［+述人］的语义特征是因为它是人对客观世界和内心世界的体验，是对各种刺激物的一种心理反应，但这种心理反应往往缺乏有意识的行为预测，所以不可与能愿动词"要"组合表达一种有意识的行为，如"要爱₁"。"爱₂"主语可以由［-述人］［-有生］充当，也可以由［+述人］［+有生］充当，如：

（20）她一到夏天就爱₂遭蚊子。
（21）夏天这儿爱遭蚊子。

（二）相关成分的可重复性要求

"爱₁"是一种心理状态，是"续点和终点很弱的心理动词"[①]。比如："我爱看电影"中的"看电影"不能分割为一个一个独立的有界事件，不能说"我今天爱看电影""我明天爱看电影"。"我爱看电影"指的就是当下的状态。而"爱₂"后的事件可以分解为一个一个独立的有界事件，如："夏天这儿爱遭蚊子"指的是每年一到夏天蚊子就来这儿，一年四季的轮回正体现了爱₂后的事件的可重复性。

因此"爱₂"要求相关的成分都具有可重复性。首先是要求其后事件中的动词具有可重复特征，如"咳嗽、感冒、不停地眨眼睛"都是可重复的动词，不可重复的动词，如"出生、死亡"不能出现在爱₂构成的事件里。另外，对修饰成分，如时间词的选择也要考虑

[①] 王红斌：《现代汉语心理动词的范围和类别》，《晋东南师范专科学校学报》2002年第4期。

到是否可以体现事件的可重复性。

（22）有段时间我闻到花香总爱₂打喷嚏。
（23）前几年我老爱₂往医院里跑。

句中的时间词都表示时间段，不表示时间点，使得其后的事件在一个有界的时间段内具有发生的可重复性。

以上分析的是"爱₁"和"爱₂"在句法和语义上"存异"之处，把握形式区别对正确使用词语具有重要意义。通过对"爱₁"和"爱₂"考察，我们认为：一方面对外汉语教师要有扎实的语言学功底，能够对不同义的词汇在本体上作细致入微的分析，找出差异，即"存异"之处，并且能够提炼出最简略的形式，让汉语学习者一目了然，方便使用。另一方面，多义词的学习也不能割裂各个义项之间的联系，而隐喻在它们之间起了架起了一座隐形的桥梁。它可以让学习者在学习一词多义的词汇的过程中参与语言内部规律的探究和认知加工过程，积极思考，而不是被动接收和机械记忆。这是多义词学习的"求同"过程。

四 隐喻和"爱"的对外汉语词汇教学

隐喻认知理论认为人们是从认知基本范畴的事物开始认识世界的。最初的词汇多表示具体可视化的事物和直观的行为，是身体直接体验的结果。随着客观世界和人类内心世界的越来越复杂，需要更多的词汇来表达。人类将未来的概念和已知的事物相联系，通过始源域和目标域这两个认知域的相似性，利用隐喻的创造性来认知新事物、发展词义。

（一）"爱₁"到"爱₂"的隐喻

多义词常包含着极其丰富的隐喻现象。学习这类词汇时，可以通过激活该词的多个义项之间的隐喻理据，更加生动、形象地习得词汇的多个含义。我们来看"爱"的各个义项，它们之间是紧密联系的。

义项①是情感因素最强的义项，指"对人和事物有很深的感情"，与之组合的是具体可感的人和事物。义项②"喜欢"，其后可跟抽象的事件；义项③指"爱惜、爱护"，其后可跟具体的事物也可跟抽象的事物。②③义项中虽含有情感因素，但强度已经次于义项①了。这三项可以构成一个语义链[①]即：①→②→③。而义项④不含情感因素，后接的是表示一种倾向性、高频率发生的行为。那么，从始源域"情感"到目标域"非情感"的跨概念的域的映射是如何实现呢？人们首先认识的是直观和具体的事物，之后由联想把已知事物与新认识的抽象的事物相联系起来，找到两者之间的相关点，这样就有了两个认知域之间的映射，因此产生了新义。隐喻是基于人的日常经验的，基于日常经验的联想告诉我们非情感因素义项④与带情感因素义项①②③有一定的联系：和某事物有很深的感情必然产生与之接触的想法，继而是高频率的接触直至惯常行为。即符合"对人和事物有很深的感情→倾向性接触→惯常性"这一思维轨迹。从始源域"情感"到目标域"非情感"的跨概念的域的映射便是建立在"倾向性接触"这一相似点上完成的。"爱$_2$"获得了新的意义，即表惯常义的词汇标志，抽象程度达到最高，完成"爱$_1$"到"爱$_2$"的隐喻过程。

（二）隐喻在对外汉语词汇教学中的作用

拼读词汇→解释词义→罗列词的各种搭配和用法→进行单句操练是传统的对外汉语词汇教学步骤，它往往将词语作为一个孤立的语言单位进行教学，使得学习者难以留下深刻的印象，尤其是对非汉字圈的汉语学习者。隐喻作为一种认知手段，是一个互动的交流过程，所以能够激发学习者去思考目标域和始源域之间的相似性，帮助学生用更具体、更有高度组织结构的事物来理解相对抽象的、无内部结构的事物。学习者能按这一方式从一个多义词的已知义项中更好地理解其在具体的语境中的未知意义，从而推导出它的意义。"猜词"就是阅

[①] Taylor, John. 2003 Linguistic Categorizaton: Prototypes in Linguistic Theory. Page108-111. Taylor认为一词多义的词汇各义项之间呈链锁状，即前一个义项是后一个义项的基础。

读中一个很重要的能力，它从一个角度反映了隐喻在词汇学习中的重要性。

在表示惯常义"爱$_2$"的对外汉语词汇教学中，区别"爱$_1$"和"爱$_2$"句法特征和语义的特征，在形式上给予使用的规范固然重要，但仅有这些还不够，因为词汇是有理据性的，词汇习得应该充分发挥学习者的认知能力和学习主动性。心理语言学认为关联模型（associative models）是人类记忆的基础，在这些模型里，记忆的内容一般包括一些项目的心理表征以及与之有关的链接。所以，教师在讲授等级较高的"爱2"时要和以前学过的"爱$_1$"的其他义项联系起来，用浅显的语言、例子或者形象化的图片来表达"对人和事物有很深的感情→倾向性接触→惯常性"这一符合认知规律和日常经验的词义之间的联系和脉络，把一个词的多层意义连贯起来，是一个系统有效地理解过程，避免了孤立地、机械地学习和记忆。

五 结语

在对外汉语词汇教学中，一方面要注重本义"爱$_1$"和引申义"爱$_2$"在形式上的区别，这是"存异"之处，另一方面要利用隐喻作为词汇多义词形成的方式来"求同"，找出词义间的联系，提高教学效果。因为隐喻是人类共同的认知活动和思维手段，在很多语言中都存在隐喻现象。教学时，可以借助这一认知共性提高学生的隐喻意识，把汉语多义词不同意义形成的手段介绍给留学生，这有助于他们在今后的词汇学习中做到举一反三，有利于学生更好地掌握词语，更好地使用和交际。

参考文献

蓝纯：《认知语言学与隐喻研究》，外语教学与研究出版社2005年版。

李福印：《认知语言学概论》，北京大学出版社2008年版。

任俊香：《隐喻认知过程与外语词汇教学》，《十堰职业技术学院学报》2008年第2期。

王寅、李弘：《语言能力、交际能力、隐喻能力"三合一"教学》，《四川外语学院学报》2004年第6期。

朱淑媛：《隐喻认知策略在大学英语词汇教学中的应用研究》，《安徽工业大学学报》（社会科学版）2010年第1期。

王晓凌：《论非现实语义范畴》，博士学位论文，复旦大学，2007年。

后 记

齐老师在序中提出:"把"字句的语法项目的选取和排序如何体现出针对性来？如何充分考虑到不同的母语影响这个因素？如何设计和归纳出不同母语背景的学生习得"把"字句时的规则？如何在"把"字句教学中体现"从意义到形式"，体现"组装的语法"、"讲条件的语法"？他希望我通过对些问题的探讨，将"把"字句的本体研究和应用研究相结合，解决对外汉语教学中实际存在的问题。完成这个任务需要相当的勇气和魄力，因为"这些问题可以说是整个对外汉语学界都在关注和思考的问题。"

由于解决对外汉语教学中的实际问题，需要花费大量的时间在实验和测试环节上，当时迫于毕业和就业，本人的博士论文最终选择了相对封闭的思辨模式，即基于认知语义相关理论——Talmy的概念结构理论。据于大规模的中介语语料库，从偏误语料来反推把字句的本体研究存在的问题，以此来"窥视""把"字句偏误的深层原因，在认知上找到母语为不同语言类型的学习者造成偏误的共同理据，而这点研究可谓是"把"字句研究问题中的冰山一角。韶光如流，博士毕业将近四年，常为怠惰所厄，又为水平所囿。此刻，在论文即将付梓之时，回看那些曾经让自己魂牵梦绕，寝食难安的一个个问题，难免心生惭愧和遗憾，它们将继续鞭策我在"把"字句的研究之路上继续前行。

我一直确信自己是个随性而又缺乏意志力的柔弱女子，做一篇几十万字的语言学学术论文不曾出现在我的人生规划里。然而，我不得不相信命运，是机缘和巧合让我走上了这条曲折艰辛却又风光旖旎的山路，现在的我已渐渐爱上了这段旅途，并且下定决心要好好走完它。

在这段旅程中我领悟到了一个珍贵的道理：如果你真的想做一件事，全世界都在帮助你。

2003年我还在宁波大学上学，尚未完成本科学业。古代文学课的傅明善老师见我长相酷似他多年前的一位学生，于是热心牵线，协助我寻得一位"姐姐"，她就是阮咏梅教授。因此缘分，阮老师成为了我人生中不可多得的良师益友。她独立、清雅，在学术上也颇有见解。多数时候，我是作为学生或者妹妹的角色聆听她对学术和一些人事的看法。阮老师不但在方言研究上颇有建树，而且人美，音质好，还是一名普通话测试员，教授留学生汉语。从她那儿我最直观地感受到了语言学的魅力。受她影响，我报考了上海师范大学对外汉语学院的语言学及应用语言学硕士研究生。后来，她去苏大攻读博士学位，我又追随"姐姐"来到了苏大。博士毕业之后，经过辗转调动，我最终来到了我的母校——宁波大学，成为了一名对外汉语教师，和阮老师共事对外汉语教学，继续向她学习教学和语言研究。十余年间，她在生活和学习上给予了我莫大的帮助，"感谢"二字无法表达我内心的感激之情，惟愿她今生安好，幸福。

命运让我遇到人生中的又一位贵人——齐沪扬教授。2005年，我有幸成为了齐老师门下的弟子。齐老师睿智大气，指导学生自有一套独特的方法。他引导学生广泛阅读、自由思考，鼓励和营造讨论的学习氛围，让我从中学习到了发现问题和分析问题的一套方法。在硕士阶段，齐老师为我开阔了学术视野，并在我攻读博士期间继续允我"回娘家"，参与师门学术沙龙，汲取语法知识并感受浓厚的学术氛围。生活中，齐老师幽默风趣、文采飞扬，是个十足的性情中人。他撰写的一副副喜联成为众多弟子们新婚时最为雅致和珍贵的礼物，我和爱人也有幸珍藏一幅。对联巧妙地结合了我的博士论文中有关"把"字句的语法术语，并融汇夫妻双方的姓名和典故。齐老师也是一个责任心极强的人，他总有操不完的心。他待学生犹如子女，学生也愿意与他谈谈学习之外的事。记得谢白羽师姐在她的博士论文后记中写道"对我而言，齐老师亦父亦师"，我能切身感受到这短短一句话中所饱含的情意。虽然我不是齐老师名下的博士生，但一日为师，终生为父。入师门至今十年有余，老师陪伴我一路前行，给予我最大的鼓励和支持。他对我做人上的教导和学术上的启发，我将终生受益。

感谢我的博士生导师张玉来教授，忝列师门是我的幸运。2009年，我因热爱语言教学辞去浙江大学国际教育学院的教学秘书一职，投入到紧张的考博复习中。由于时间紧迫，对结果不抱希望，不料有幸成为张门弟子。张老师视野开阔，博古通今，上课不按部就班，往往一开讲就过了钟点，以至于我们在下边饥肠咕噜他仍滔滔不绝；张老师爱抽烟，也戒过无数次烟，办公室放置电脑的角落至今留有一块被烟雾熏黄了的"烟墙"，那也是他学术上的赫赫战绩。他每年要禁足几名临毕业的学生，要求学生和他一同在办公室里读书、写作。不过禁闭期间，他会亲自驾车带领学生下馆子，给清苦的孩子们改善伙食，所以大家都乐得被关禁闭。"禁闭"充分体现了老师对学生的严厉和慈爱，而我还未来得及被"禁闭"，张老师便调离苏大，去了南京大学任教。不过，他在南大也不时给我发来短信督促和鞭策，定期检查论文。论文完成后，正逢他赴台湾讲学一个月，他带去了三名博士生一叠厚厚的论文稿件，连夜在我们粗糙的文章上做了细致的批改，而后用航空快递至各自手中。那些密密麻麻的红字和另附一纸的鼓励话语给我最后冲刺阶段注入了无穷的力量。

感谢参加我博士论文开题和预答辩的汪平教授、朱景松教授、陆庆和教授、王建军教授、江学旺教授、高永奇教授，这篇博士论文的选题和修改得益于老师们的指导意见。汪平老师对我论文的题目作了指导性的修改；朱景松老师给予的指点使得其中一篇小论文顺利发表于语言学核心刊物；陆庆和老师为我的论文提供了留学生作文语料，她还不辞辛苦，出差一回来就审阅了我的预答辩稿件，作了细致的批注，从对外汉语语法教学角度给我的论文提出了许多宝贵意见；高永奇老师在繁重的教学和科研任务下，仔细阅读了我的论文，给出了不少建设性的意见；王建军老师和江学旺老师也指出了论文中的不当之处。

2010年，我在上海师大旁听期间，有幸和2010级的博士生一起听课，从吴为善教授和陈昌来教授那儿得到了不少启发。我还有幸听了一个学期九十高龄的张斌先生给博士生们的授课，他自称"九零后"，对语法事业的热爱和付出感动着在座的每一位学子。感谢同门学长吴念阳老师、刘慧清老师、姚占龙老师、胡建锋老师、赵国军老师、谢白羽老师，他们给我的论文提出了不少建设性的意见。感谢李文浩对我论文所提供的切切实实的帮助。无论他有多忙，不管问题大小，他都给予认真地思考和尽快地回复。当然，也难忘丁萍、刘亚辉、黄建秦、崔维真一起学习、吃饭、散步、购物、同游那段苦中作乐、其乐融融的日子。外籍同门陈仙卿、渡边昭太也给我的论文提供了对比语料，袁舫和张汶静在生活上或直接或间接的帮助，给予了极大的方便，在此一并致谢。

博士同门蔡晓臻、朱晓琴、黄亮、崔金明、刘存雨、张璐、马乐乐，我们一起快乐学习的日子让人怀念无比；只见过一面或几面的师兄师姐高龙奎、于建松、路建彩、勇涌、史俊、耿军、张亚蓉、杨慧、陈俊杰，我们相聚时刻的温馨画面至今历历在目。感谢这份同窗情意。

我还要感谢北京语言大学张旺熹师兄和张宝林老师提供的HSK作文语料；感谢南京师范大学肖奚强教授提供的南京师范大学中介语偏误信息语料；感谢厦门大学苏新春教授和李安同学提供的对外汉语教材语料；感谢上海外国语大学的博士生丁健、王瑶，宁波大学的潘峰老师和王林哲老师提供的语料和细致的翻译。

好友陈云、王赢君不但为我的博士学位论文的校对付出了辛苦的劳动，还在我沮丧时给我安慰，紧张时帮我减压。感谢你们一路相伴。

我还想说，我很庆幸自己成长于一个充满爱的大家庭，因为这份祖辈和父辈传承下的宝贵财富一路相随，我才有勇气跌跌撞撞一路前行。我的父亲是一个血气方刚而内心无比善良的男人，是个精明却又不拘小利的商人，他因健康问题，在我大学期间永远地离开了。关于他的故事，我相信在他女儿现有的人生体验里还是无法深刻讲述的，他所经历的苦难都被他化为了坚毅而又幽默的笑谈，他给我们营造了一个温馨而又充满笑声的家庭氛围。至今，每每回想起我的童年，我都会把它当成世界上最美丽的房屋，我是从那儿走向生活的。在我走向生活大道时，父亲教我懂得了正义和善良，使我能分辨是非善恶，能够有主见又善于听取他人的意见，渴望知识；我的母亲和姑母们坚强乐观，亲如姐妹，用她们自身的言行诠释着最好的生活态度。我的姑父，在我读博期间被派往新疆负责喀伊高速公路的修建工程，他对我的鼓励和帮助主要体现在一种精神上的榜样：白天他或穿梭于风沙弥漫的修路现场，或伏案工作，夜来只有青灯和孤影与之相伴。金秋时节，他终于站在西域纯净的蓝天之下，面对着建成后的现代化高速公路，英雄般挥别苍茫的天山，那是他梦想成真的地方。修路亦修炼，我们曾举杯互表心愿：他修完路，我写完论文，共同完成这一千多个日日夜夜的心灵历练。不负相约，我们相继"凯旋"，当举杯相贺！

感谢爱人的支持，每每疲惫和无助时，他所传递给我的爱让我倍感温暖；他的爱让我内心宁静而愉悦，以平和的心态面对学习和工作上的压力和困难。相识十余载，他所给予的持久的付出让我深感幸福。女儿的降临，让我体味了对生命从未有过的欣喜和期待，也我让体验了新手妈妈被无止境的琐碎占用而极度地迷茫，遭受诸如孩子深夜哭闹不止、让人抓狂不已的种种育儿窘态。但是，就是这个小小的人儿，她也让我逐渐领悟了一个道理：爱就是恒久忍耐，更是永不止息，要用爱心、耐心、恒心来期待她的成长。从某种意义上来说，论文也是我们的孩子，这个道理同样适用。

我还要感谢我的母校、老师和同事。宁波大学是我梦想成长的地方，白鹭林，红钟楼以及片片绿荫，让我感觉自己每一天都仍处白衣飘飘的学生时代，始终没有停下青春的脚步，因为我希望自己"永远不要长大，但也不要停止成长"；周志峰老师、都兴宙老师、王苹老师这些增经引领我进入语言学殿堂的前辈们，他们依然在自己的岗位楷模着并激励着我；同事们友善融洽，以诚相待，给予我诸多关照，点点滴滴犹记在心。

本书获得宁波大学中国语言文学学科建设经费资助，感谢这份宝贵的精神鼓励和经费资助。

由衷感谢中国社会科学出版社为本书的出版提供机会，感谢任明先生和各位编辑老师为本书的出版所付出的辛勤劳动。

论文即将付梓，掩卷回首求学之路，那是一段温暖而又百感交集的生命旅程，沮丧和欢欣交替，艰辛和感恩相伴。感谢你们，一路上给予我无私帮助的良师益友。感谢你们，一路陪伴我体验这段生命的至亲至爱。

丁　薇
二零一七年五月于宁波寓所